危機のアメリカ「選挙デモクラシー」

社会経済変化からトランプ現象へ

吉野　孝・前嶋和弘 編著

早稲田大学 地域・地域間研究機構

東信堂

プロローグ

吉野　孝

　1990年代中頃以降，アメリカは多くの政治混乱を経験している。ギングリッチ下院議長に代表される共和党保守勢力の台頭と政府閉鎖，選挙民の保守・リベラルへの2分化，連邦議会政党の2極化と政府閉鎖，ティーパーティ運動の台頭とオバマ政権のリベラル立法アジェンダの挫折，トランプ大統領の誕生と通商・移民政策の見直しなどが，その主要事例である。現在，これらの政治混乱は，アメリカ政治の分極化の一側面とみなされている。これらの政治混乱は，また，アメリカ政治が対決型となり，合意に基づく政策形成・政治運営が難しくなったという意味で，アメリカのデモクラシーが危機に直面していることを物語っている。

　多くの論者や研究者はこれらの政治混乱に無関心ではなかった。たとえば，選挙民の保守・リベラルへの2分化は，アメリカ社会の保守化，メディア報道の規制緩和に由来するメディアの2分化から説明されることが多く，連邦議会政党の2極化は，選挙民の2分化，メディアの2分化から説明されることが多かった。また，ティーパーティ運動の台頭は，アメリカ社会の保守化とオバマ大統領の医療保険制度改革法（オバマケア）の制定から説明された。しかし，これらの説明は政治混乱の個別的説明として必ずしも十分なものではなく，また，多くの政治混乱間の関係を解明するものでもなかった。

　なぜアメリカではこのような政治混乱が起こっているのか。なぜ1990年代中頃以降にこれらの政治混乱が続発したのか。これらの疑問への答えを導き出すためには，アメリカに固有のデモクラシーの理念と制度に目を向ける必要がある。

　アメリカのデモクラシーは,「選挙民ができるだけ多くの公職者をできるだけ頻繁に交代させることが民主的である」という伝統的な理念に基づく「選挙デモクラシー」である。それは,公選公職の種類と数の多さ,主要政党の候補者指名への予備選挙の義務づけ,2党競争,連邦議会における政党規律の弱さなどを特徴とし,多くの種類と数の公職が2年間の任期でスケジュール化された日程で選挙され,そのように選出された公職者が政党のゆるいコントロールのもとで政治運営にあたるデモクラシーと定義される。このような仕組みの中では,公職者と政党の合意に基づく多数派形成と超党派型妥協が迅速な法案の決定と政策の実施を可能にする。

　選挙デモクラシーが作動しなくなった理由は,社会経済の変化の中で,公職者と政党の合意に基づく多数派形成と超党派型妥協が難しくなったからである。たとえば,1950年代以降のマイノリティと女性の要求の増大は,それまでの白人男性中心の政策や政治認識の見直しを迫り,民主・共和の2大政党は大統領候補者指名手続きを改革し,合衆国最高裁判所(以下,最高裁と略称する)は新しい判例を提示した。また,1980年代以降のアメリカの保守化は,1990年代にクリントン政権に中道政策の採用を促し,2000年代以降には,アメリカ建国期以来の「小さな政府」理念を復活させた。こうした変化が蓄積された結果,選挙デモクラシーは機能障害に陥り,政治の沈滞が続いた。このような視点に立つと,トランプ現象——多くの問題や批判にもかかわらず,トランプが大統領選挙で勝利した——も選挙デモクラシーの機能障害を修正する一過程であるとみなすことができる。

　アメリカでは,1950年代より社会経済のさまざまな変化が繰り返し起こり,その効果が次から次へと政治の領域へ押し寄せている。社会経済変化が激しく,選挙デモクラシーがうまく機能しなくなったとき,混乱が発生する。このとき,これまでの政治のあり方と異なるという理由で,特定のアクターの行動を批判するだけでは不十分である。アメリカに固有の選挙デモクラシーがなぜ機能しなくなったのか,それがどのよ

うな意味で現在の政治混乱を引き起こしているのか，なぜそのようなア
クターの台頭を許してしまったのか，そして，そのようなアクターを誕
生させないために何が必要か，などのいくつかの重要な問いに答える必
要がある。

　本書の目的は，アメリカのデモクラシーの危機の意味を解明し，選挙
デモクラシーの再起動の可能性を探ることにある。本書は，5 部 10 章
から構成されている。

　第 I 部「選挙デモクラシーの定式化」の第 1 章では，選挙デモクラシー
の仕組みとアメリカ政治の関係が論じられる。まずアメリカで支配的な
多元主義デモクラシーの概念が説明された後，「選挙民が大統領，連邦
下院議員，連邦上院議員を政党の視点から結びつける『選挙デモクラシー
の構造』が存在」すること，そして，そこでは当選後，大統領，連邦下
院議員，連邦上院議員は，まずは政策選好，政党所属に基づいて重要法
案について多数派を形成する，それが不可能な場合，大統領，連邦下院
または連邦上院の多数党指導部が協議して，妥協法案の形成に努力する
と想定されていることが明らかにされる。

　第 II 部では，2 章にわたり経済社会変化に伴う入力変化が分析される。

　第 2 章では，多文化主義の流れと政治の分極化の進展が，選挙デモク
ラシーの作動を妨げた要因であると論じられる。まず，アメリカでは
1950 年代より多文化社会を受け入れの動きが始まり，それが公民権運
動と女性解放運動で頂点に達したこと，その後，多文化主義の進展に対
する反動として，アファーマティブ・アクションと移民の急増への白人
の不満が高まったことが明らかにされる。次に，多文化主義の評価をめ
ぐり 1970 年代から政治の分極化が少しずつ起こり，それがギングリッ
チの対決型政治につながったこと，その結果，動かない議会が出現し，
それを批判するティーパーティ運動が台頭し，その結果として，さらに
動かない政治が出現したことが明らかされる。

　第 3 章では，最高裁と選挙デモクラシーの関係が論じられる。まず，
公教育における人種統合を事例に，1950 年代より最高裁が画一的基準

のもとに人種統合を推し進める判決を下し，それが政治対立激化の要因であったことが明らかにされる。次に，選挙結果の成否，大学入学差別の是正，同性婚の是非などの重要政治争点に関して最高裁が積極的に判断を下しつつも，これまで保守とリベラルの均衡が保たれてきたことが証明される。そして，最高裁の違憲審査権行使がアメリカの政治過程に深く根ざし，保守とリベラルがそれぞれの政策実現のために最高裁を利用する状況がこれからも続くことが示唆される。

　第Ⅲ部では，4章にわたり主要アクターと制度の対応が分析される。

　第4章では，政治とメディアの関係の変化と選挙デモクラシーが論じられる。まず，1990年代からメディアの分極化傾向が現れ，保守派メディアは保守派選挙民が求める情報を提供し，リベラル派メディアはリベラル派選挙民が求める情報を提供するようになり，その後の選挙においては，候補者と政党は「味方メディア」と「敵メディア」を峻別し，「敵メディア」を批判するようになったことが明らかにされる。次に，2016年の大統領選挙において，トランプ，ヒラリー・クリントンの間で各候補者に関する報道の信憑性が疑問視されたことが明らかにされる。最後に，このようなメディアの分極化と情報の信憑性に関する相互不信の高まりが選挙デモクラシーの作動を阻害していると結論される。

　第5章では，大統領候補者指名と選挙デモクラシーの関係が論じられる。まず，アメリカでは，建国以来，大統領候補者指名手続きが発達する過程でアウトサイダーの参加と活動の余地が拡張され，1970年代初頭の女性・マイノリティの代表性を高める改革の中でもその本質が変わらなかったことが明らかにされる。次に，民主党と共和党の代議員選出配分規則の差異が大統領候補者の指名に少なからぬ影響を及ぼしたことが明らかにされる。そして，世界の主要国の政党規制が比較され，アメリカの大統領候補者指名手続きの改革案が検討される。

　第6章では，新しい選挙運動様式としてのアウトリーチと選挙デモクラシーの関係が論じられる。まず，アウトリーチ戦略がテレビCM中心の選挙運動の欠陥の是正を意図するものであったことが指摘され，2012

年にはオバマ陣営がこの戦略をうまく使い，大統領選挙に勝利したことが明らかにされる。しかし，2016年大統領選挙の場合，両党ともに候補者指名競争がエリート対非エリートの戦いになった結果，候補者競争が選挙デモクラシーに反するものになり，アウトリーチ戦略が逆効果になってしまったと論じられる。

　第7章では，連邦議会における手続的分極化の進展と選挙デモクラシーの関係が論じられる。まず，連邦議会では議員のイデオロギー的分極化の程度以上に手続的分極化が進み，オバマ政権時には立法の膠着状況を回避するために議会の特別多数を必要とする議事手続きを迂回するさまざまな立法・行政上の試みがなされたことが説明される。そして，手続的分極化を是正するためには，お互いに熟知した議員の間で合意形成が必要となるものの，かつてそのような構造として機能した委員会制度が，議員の間での政策志向の高まり（議会指導部の強化）と民主化要求（委員長の任期制限）の中で弱体化し，議会内での合意形成がきわめて難しくなっていることが論じられる。

　第Ⅳ部では，2章にわたりトランプ大統領が支持された理由と彼の外交政策転換の特質が検討される。

　第8章では，まず，2016年大統領選挙でトランプが勝利したのは，彼が白人労働者層のアイデンティティに訴えたからであるという通説には十分な根拠がないと論じられる。そして，たとえ現状よりも悪くなる可能性があるとしても，大胆な現状変更を未知数のトランプに賭けたいというリスク受容的な白人労働者がトランプに投票したという仮説を立て，それが妥当性をもつことがインターネット調査のデータによって明らかにされる。そして，このようなリスク受容的な投票者が選挙デモクラシーに対してマイナス効果をもつ——トランプ政権の穏健化を制約し，政策的混乱を招く——ことが指摘される。

　第9章では，まず，トランプ外交の本質は国家安全保障戦略や国家国防戦略など行政府が策定した戦略プランとは無関係であり，大統領とその支持者の世界観に派生するものであると論じられる。次に，政治トー

ク番組ホストのタッカー・カールソンに体現される現在のアメリカの苛立ち——外交安保エスタブリッシュメントに対する不信感, アメリカを主導するエリートに対する嫌悪感——がトランプ外交と不可分の関係にあることが指摘され, トランプが察知しカールソンが言語化したこの「気分」を多くの有権者が共有しており, たとえ民主党政権になっても, 「民主党版」アメリカ・ファーストが全面に出てくる可能性があることが指摘される。

第V部「結論」の第10章では, これまでの議論に基づいて選挙デモクラシーの機能障害と政治の分極化, トランプ大統領の当選との関係が説明され, 選挙デモクラシーの再起動の可能性とその方法が, 制度改革と政党対立争点の刷新の両面から論じられる。

本書は, 1990年代以降のアメリカの政治混乱=デモクラシーの危機の原因をアメリカに固有の選挙デモクラシーの機能障害に求めるという統一テーマのもとに編集されており, ただ単なる論文集ではない。各章は執筆者の専門と関心に基づいて書かれた独立論文になっているものの, 全体を読んでもらえると, 現在のアメリカのデモクラシーの危機とその原因が分かる構成になっている。

なお, 本研究は, 日本学術振興会科学研究費助成金・基礎研究B「危機のアメリカ『選挙デモクラシー』: 社会経済的変化と政治的対応」(2011〜2015年) (課題番号23330046) の成果である。

危機のアメリカ「選挙デモクラシー」：社会経済変化からトランプ現象へ／目次

第 6 章　新しい選挙運動様式としてのアウトリーチ

第 7 章　連邦議会における手続的分極化の進展と

　　　選挙デモクラシー

危機のアメリカ「選挙デモクラシー」：
社会経済変化からトランプ現象へ

第Ⅰ部　選挙デモクラシーの定式化

第1章　選挙デモクラシーの仕組みと
　　　　　アメリカ政治

第1節　これまでのアメリカ政治研究の個別性

　これまでのアメリカ政治研究の特徴は，多くの研究者が特定政治現象を個別的に研究することにあり，アメリカ政治全体がデモクラシーのような包括的な視点から論じられることは少なかった。選挙民の保守・リベラルの2分化，メディアのイデオロギー的分極化，共和党指導部の対決型アプローチ，連邦議会における合意形成の難しさなど，アメリカ政治が多くの深刻な問題を抱える現在においても，この傾向に変わりはない。特定政治現象をどれほど詳細に分析し，どれほど真剣にその問題を論じても，それだけでは，アメリカ政治全体の理解には結びつかないのである。

　たとえば，投票行動研究は多数の研究者が関心をもつ主要な特定研究領域の1つである。ここでは投票決定プロセスや決定要因の変化と並んで，マスメディアや選挙運動メッセージにより有権者が操作される可能性が指摘されている。しかし，多くの研究は，このような有権者操作がアメリカ政治にどのような意味をもつのか，それがアメリカ政治全体にどのような効果を及ぼすのかといった問題について触れていない。また，現在，連邦議員の行動が合理的選択理論に基づいて分析されることが多い。しかし，個人の合理的選択が立法全体にどのような効果を及ぼすのかについての考察はなく，また，議員が個人として決して合理的に選択しないとしても，アメリカ政治全体にとって必要な立法があるという論点への言及はない。

　このような特定政治現象の個別的研究が一貫して行われ，アメリカ政

治全体として理解しようする姿勢が見られないのは，研究者の関心がますます専門化し細分化しているからである。また，ある政治現象の含意よりも分析手法の説明能力を重視する方法論も研究者のこの姿勢と無関係ではない。いずれにせよ，このような傾向が続く限り，アメリカ政治全体を理解しその問題状況を把握することはますます難しくなるであろう。

　最近，注目すべきことに，アメリカにおいてはデモクラシーという用語をタイトルに含む多くの著作が刊行されている。これらの著作は 2 種類に分類することができる。

　第 1 は，デモクラシー概念を理論的に検討する著作である。たとえば，リチャード・S・カッツ (Richard S. Katz) は『デモクラシーと選挙』(1997年) の中で，デモクラシーが想定する 4 価値——国民主権，リベラリズム，個人発展，コミュニティ——にはそれぞれ対応する選挙制度が存在し，それらの価値は両立しえないと論じた (Katz 1997)。また，イアン・シャピロ (Ian Shapiro) は『デモクラシー理論の状態』(2003年) の中で，これまでデモクラシーの目的は選好を集計する，または集合的熟議をつうじて公益を追究することにあると言われてきたものの，デモクラシーの本来の目的は，社会をつうじての支配が最小になるように権力関係を管理することにあると論じた (Shapiro 2003)。

　第 2 は，最初からアメリカをデモクラシー体制と捉え，それに「負」の形容詞を冠して政治の劣化を指摘する著作である。たとえば，マシュー・B・クレンソン (Matthew A. Crenson) とベンジャミン・ギンズバーグ (Benjamin Ginsberg) は『縮小するデモクラシー：どのようにしてアメリカは市民を周辺に押しやり，公的部門を民営化したのか』(2002年) の中で，これまでの集合的市民という力強い理念が，個人的で自治的なデモクラシー——政治過程への積極的参加ではなく，裁判，ロビイング，任期制限をつうじて政治変化が達成される——の概念に道を譲ったと論じた (Crenson and Ginsberg 2002)。また，ラリー・M・バーテルズ (Larry M. Bartels) は『不平等デモクラシー：新しい金箔時代の政治経済』(2008年)

の中で，最近の不平等の増大は，経済的諸力の結果ではなく，党派的イデオロギーと富裕層の利益によって支配される政治システムおける広範な政策選択の産物であると論じた (Bartels 2008)。

　要するに，アメリカにおいては特定政治現象の個別的研究が中心であり，アメリカ政治全体がデモクラシーという包括的な視点から論じられることは少なかった。最近ではデモクラシーが研究対象になる場合，理論的に論じられることが多く，また，アメリカ政治が研究対象になる場合，アメリカがデモクラシー体制であることが当然のこととみなされ，それが実際にどのようなものであるのかは論じられていない。

　そろそろアメリカ政治全体をデモクラシーという包括的な視点から捉え直し，アメリカ政治がどのようなデモクラシー体制であり，どのような理由からどのような問題に直面しているのかを明確にする必要がある。ただ単に個別現象の分析を繰り返し，また，それらを蓄積するのではなく，アメリカ政治全体を見通すことができる図式を設定し，アメリカ政治全体の仕組みを理解し，そこからアメリカ政治全体の問題を考える時期にきている。

第 2 節　アメリカ政治を分析するためのデモクラシー概念

　アメリカ政治を説明し分析するためのデモクラシー概念として，これまでもっとも注目されまた受け入れられてきたのは，多元主義 (pluralism) に基づくデモクラシー概念であろう。

　周知のごとく，植民地時代よりアメリカ社会は事実において「多元的」あり，言語・文化・習慣の異なる移民からなる多くのコミュニティから構成された。独立戦争を経て 13 州が合衆国を建国するさいには，多数者の専横を抑制し少数者の権利を擁護する方法として権力分離と抑制均衡の制度が採用された。その後，さらなる移民の流入や都市化・工業化にともない多様な集団が形成され，集団が政治過程に参加するようになると，アメリカでは多元主義が当然のこととみなされ，とくに 1950 年

代には，アメリカ政治を多元主義の視点から理論化しようという動きが
起こった。

　まず，多元主義の視点からアメリカ政治における集団の役割をより
明確に理論化しようとしたのが，ディビッド・B・トルーマン（David B.
Truman）であった。彼は『政治過程』（1951 年）の中で，利益団体の定義と
起源，組織形態とリーダーシップ，影響力を行使するための戦術を詳細
に検討した後，重複加入の概念と潜在利益集団の機能を強調した。個人
が同時に複数の団体に所属しているので，個々のメンバーは特定団体に
全面的な忠誠をささげない。その結果，団体の指導部は活動を抑制され
る。この意味で，「組織化された利益団体の間での重複加入，そして組
織化された利益団体と潜在集団の間での重複加入は，アメリカのような
多元集団社会における主要な平衡力」（Truman 1951: 520）となっている。

　また，政党研究にも多元主義の理念を見出すことができる。アメリカ
政党の研究には，現行政党を改革して政策プログラムをもち組織的に凝
集力のある西欧型「政党政治」を実現しようという立場と，多元主義の
視点から規律のゆるい現行政党を高く評価して現状を肯定しようという
立場があった。後者の立場を代表するのが，レオン・D・エプスタイン（Leon
D. Epstein）である。彼は『西欧民主国における政党』（1967 年）の中で次の
ように論じた。アメリカ政党は利益団体と分業関係にあるので完全な政
策形成機関である必要はなく，連邦議会政党が凝集的でないので大統領
中心の政府機構は作動する。ゆるく組織化され，政策志向ではなく，凝
集的でないアメリカ政党は，「それらの特徴によって，多元主義デモク
ラシー概念にしたがって機能することが許されている」（Epstein 1967: 251,
吉野 1989: 266-267）。

　さらに，選挙や投票行動の研究においても，多元主義の理念は浸透し
ていた。一般選挙民は十分な知識や関心をもたないとしても，選挙結果
にまったく意味がないわけではない。多元主義者は，政治エリートが実
際の政策決定を行い，民主的市民の役割は主として交代可能な政治リー
ダーの間で選択を行うことにある，と仮定する。「選挙が重要であるのは，

それらが市民の政治運営への直接的なかかわりを提供するからではなく，それらが市民に誰が自分たちの支配者になるのかを選択する機会をあたえるからである。多元主義者にとって，この仕組みは，政治リーダーが国民の一般的選好に対応的である一方で，国民の介入なしに知的な政策決定を下す柔軟性をもつことを保証するのである」(Hudson 2013: 14)。

　それでは，なぜ1950年代のアメリカにおいて多元主義が政治過程研究の主要なパラダイムとして受け入れられたのであろうか。

　アメリカ政治，多元主義，利益団体の関係を理念的・経験的に研究したセオドア・J・ローウィ (Theodore J. Lowi) によると，アメリカ政治における多元主義モデルは，次の3仮定から構成されている。①組織化された利益は同質的で定義しやすく，しばしば一枚岩的である。誰であれ正当に選ばれた特定の利益の代弁者は，すべてのメンバーを代弁するとみなされる。②組織化された利益は，かなりの程度にまで現代生活の大半のセクターを代表する。その結果として，ある組織化された集団は，社会に対して要求をする場合，その他の組織化された集団に対して明確に応答し牽制しているとみなされる。③政府の役割は，とくにもっとも効果的に組織化された利益へのアクセスを確保し，競争するリーダーとその要求の間でつくりだされた合意と調整を承認することである。最後の仮定は，アメリカのデモクラシーがどのように作動し，そして，それがどのように作動すべきかについて体系的に述べたものである。まとめると，これらの仮定はアダム・スミスの「見えざる手」モデルを集団に応用したものになる (Lowi 1969: 71)。

　彼によると，多元主義は3つの理由から20世紀のアメリカで大きな影響力をもつイデオロギーとして受容された。第1に，多元主義は現実生活と一致しており，集団と不完全競争は否定できない事実である。第2に，多元主義のもとでは集団競争が政治にポジティブな効果をもたらし，これがアメリカに伝統的なマディソンの立場——政府への不信——をマイナスからプラスに変換した。そして，第3に，多元主義社会は自動制御的 (automatic) であり，集団が競争を行うと均衡（公共利益）が達成

される可能性が高い。こうしてアメリカにおける 19 世紀の公式哲学であった資本主義の「見えざる手」と多元主義の「見えざる手」が握手して形成されたのが，利益団体リベラリズムという 20 世紀の新しい公共哲学であり，これが 1937 〜 67 年までのアメリカ政治における合意の基盤となったのである（Lowi 1969: 46-47）。

　次に，多元主義に基づくデモクラシー概念を「多元主義デモクラシー」として精緻化しようと試みたのが，ロバート・A・ダール（Robert A. Dahl）とイェール大学の彼の弟子たちであった。

　ダールは『誰が支配するのか：アメリカの 1 都市におけるデモクラシーと権力』（1961 年）の中で，経験的研究に基づいてコネチカット州ニューヘイブンの政治を以下のように特徴づけた。「今日の政治システムには，政治資源における不平等が残っているものの，それは非累積的で」あり，「1 世紀の間に，1 組の凝集的なリーダーたちによって支配されていた政治システムは，多くの異なるリーダーの組み合わせ――各人が異なる政治資源の組み合わせにアクセスをもつ――によって支配される政治システムに道を譲った。これは多元主義システムであった」（Dahl 1961: 85-86）。さらに，ネルソン・W・ポルズビー（Nelson W. Polsby）とアーロン・ウィルダフスキー（Aaron Wildavsky）は，この議論がその他の都市や国政レベルにも当てはまると主張した（Utter and Lockhart 2002: 76）。

　このように 1960 年代にアメリカ政治を説明し分析するためのデモクラシー概念が一応の完成をみたと思われたものの，それらは直後から批判されることになった。

　最初に批判が向けられたのは，ダールらが構築した多元主義デモクラシー概念であった。批判点は多岐にわたっているものの，それらのうちの主要なものは，①エリート支配の定義が厳格であり，それが満たされないと社会は多元主義とみなされている，②権力の定義が一面的であり，目に見える活動だけが権力の行使とみなされている，③都市ごとに権力構造は異なり，1 都市の知見を都市レベルや国政レベルに一般化することはできない，などであった（Burtenshaw 1968: 577-578, 580, 583）。

　次に，多元主義概念それ自体にも批判の目が向けられた。第 1 に，アメリカ社会が「多元的」であるのは事実であるとしても，集団競争が均衡を生み出すというのは仮説に過ぎない。第 2 に，ローウィによると，資本主義，大きな政府，リベラリズムから構成される利益団体リベラリズムの政治には，大きな欠陥がある。①政策決定権がもっとも関係する当事者に最初からあたえられる結果，民主的コントロールの制度が委縮してしまう。②継続的に活動する大規模な利益団体に特定政策領域の代表権と決定権があたえられるため，古い特権構造が維持され，新しい特権構造が創出される。③民主的コントロールが弱まり，特権が維持される結果，現状が維持され政策刷新が起こらない (Lowi 1967: 85-93)。

　要するに，多元主義デモクラシー概念には問題があり，また，アメリカ政治やデモクラシーを考えるさいの前提となっている多元主義は，社会に安定 (均衡) をもたらさないどころか，非民主的な弊害をもたらすことが明らかにされた。集団競争が安定 (均衡) を誘発するという仮説を研究者たちが事実とみなしてしまったのは，彼らが 1950 年代から 1960 年代初頭の特殊な政治状況——経済利益団体の間で負担と配分をめぐる競争が好景気の中でうまく調整された——を目撃したからであろう。

　1950 年代はリベラル・コンセンサスの時代と称された。1952 年に当選した共和党のドワイト・D・アイゼンハワー (Dwight D. Eisenhower) 大統領は，民主党のニューディール政策を受け入れ，上下両院の民主党多数党指導部と協力しながら，政府の経済への介入，福祉政策の維持拡大を行い，他方で，保守派民主党議員から構成される「南部連合」からも支持を動員して，反共外交政策を含む保守寄りの政策も追及した。また，1960 年に当選した民主党のジョン・F・ケネディ (John F. Kennedy) 大統領も，共和党議員を閣僚に加え，多くの政策領域で超党派路線を採用した (吉野・前嶋 2009: 4-5)。

　しかし，その後の現実は一変した。1960 年代後半より若者，黒人 (アフリカ系)，女性が政治化し，少し遅れて 1970 年代には宗教右派が政治化して競争を繰り返した。その過程では，たとえ対立が先鋭化したとし

ても，社会の自己制御が作動することも安定(均衡)が誘発されることもなかったのである。

　さて，このようにかつての多元主義に基づくデモクラシー概念や多元主義デモクラシー概念の有意性と説明能力が失われる中で，現在注目されているのが，政治における選挙の重要性を強調し，さらには選挙を政治の原動力とする選挙デモクラシー（electoral democracy）の概念[1]である。この概念は，当初，国家の民主化カテゴリーとして用いられ，その後，ある国の選挙過程の重要性やその特質を重視する分析概念として利用されるようになった。

　最初にこの概念を提示したのは，アメリカを基盤に活動するフリーダム・ハウス（Freedom House）という団体である。この団体は，複数の指標に基づいて世界各国の政治的自由権と市民的自由権の度合いの変化を測定し，一定以上の政治的自由権と市民的自由権のスコアをもつ国を「選挙民主国」と定義し，毎年，世界各国の自由化度・民主化度，選挙民主国の数を公表している[2]。そして，アンドレアス・シェドラー（Andreas Schedler）は，この指標を応用して，民主化圧力の中で権威主義体制の間では選挙によってリーダーを選出することを認める体制が出現したと指摘し，それを伝統的な権威主義体制と区別して選挙民主国と名づけた（Schedler 2006: 5）。

　また，カナダ社会科学人文研究協議会は，2012 年から「選挙デモクラシーを作動させる（Making Electoral Democracy Work）」という国際協同研究プロジェクトを実施している。これはカナダ，西欧諸国，アメリカの経済学者，政治学者，社会学者が参加して，5 か国(カナダ，フランス，ドイツ，スペイン，アメリカ)の 26 選挙を研究するプロジェクトであり，その目的は，①ゲームのルール(とくに選挙制度や選挙コンテキスト，選挙競争)が政党(政党間調整，選挙運動戦略，動員，候補者選択)と投票者(投票選択，選好，戦略的考慮，政治態度，政治意識，選挙制度評価)にどのような効果をあたえるのか，そして，②特定のゲームのルールの下で政党と投票者はどのような相互作用をしあうのか，を分析することにある[3]。

　アメリカの研究者の間でも，最近になってようやく選挙デモクラシーの概念が使われ始めた。おそらくこの用語がタイトルに用いられた最初の著作は，マイケル・B・マックエン（Michael B. MacKuen）とジョージ・ラビノウィッツ（George Rabinowitz）が編者となった『選挙デモクラシー』（2003 年）であろう。彼らによると，本書は「一時的な民衆扇動，世論変化，不規則な出来事を経験してきてはいるものの，アメリカ政治は国民一般の広範な要求を反映すると同時に，経済的・社会的発展に有用な安定を維持してきた。そのような事実があるのにもかかわらず，選挙民は公的事項にほとんど関心をもたない市民から構成されている」（MacKuen and Rabinowitz 2003: 1-2）という従来の理念と研究結果のずれから出発する。そして，同書の目的は，アメリカの選挙デモクラシーの中で一般市民とエリート政策形成の間の結びつきがどの程度安定し，どの程度規則的であり，どの程度制度化されているのかを検討することにある。

　とくに同書の第 9 章で，ジョン・H・オルドリッチ（John H. Aldrich）は政党制の再編成の視点から，「選挙デモクラシーによって私が意味するのは，国民一般の信条と選択，候補者および公職者として選挙されたエリートの信条と選択，エリートが選んだ政策（およびその他の政府アウトプット），そしてこれらの選択の後の信条と選択への帰結である。過去 50 年以上におよぶ政治学研究，とくに行動科学および選択理論革命の成果により，選挙デモクラシーの概念を真剣に考慮することが可能になった。選挙デモクラシーの均衡（連続）部分と不均衡（不連続）部分を結びつけることは，より大きなコンテキストの内部においてのみ可能である」（Aldrich 2003: 279）と論じた。

　また，マシュー・J・ストレブ（Matthew J. Streb）は『アメリカの選挙デモクラシー再考』（2008 年）の中で，①1 人 1 票制，②競争選挙の潜在性，③透明性，④ルールの簡略性という「モデル選挙デモクラシーの基準」を挙げ，アメリカの政治制度や手続きがこれらの基準を満たしていないと指摘する。そして，アメリカ政治を選挙デモクラシーに近づけるためには，①投票機器の標準化，選挙人制の廃止と全国プライマリーの導入，

②非党派委員会による区割り変更手続きの採用，選挙運動寄付制限の撤廃，③非党派委員会の審議過程の公開，候補者への寄付の公開，④公選公職の種類の削減，非党派選挙の廃止などの改革を提案した (Streb 2008)。

　しかし，アメリカの政治制度や政治慣行を詳細に検討し，もし選挙デモクラシーという概念をもっと広義に捉え，ただ単に代表を選挙で選ぶデモクラシー（代表デモクラシーと同義）という意味においてではなく，選挙を政治の原動力とする動態的なデモクラシーと定義するなら，それはこれまで挙げた著作以上にアメリカ政治全体をよりよく説明する可能性がある。というのは，アメリカではただ単に大統領と連邦議会が独立して選挙されるということだけではなく，オーストラリア型投票用紙（Australian Ballot）と予備選挙をつうじて選挙民がこれらの機関の公職者を政党の視点から結びつける「選挙デモクラシーの構造」が存在しているからである。次節で，アメリカ政治全体の仕組みを理解し，アメリカ政治全体の問題を考えるために，アメリカのデモクラシーを選挙デモクラシーとして再定式化することにしよう。

第3節　選挙デモクラシーの制度と慣行

　なぜアメリカ政治を選挙デモクラシーの視点から捉え直すことができるのかは，2つの点から説明することができる。

　第1に，アメリカでは大統領および連邦議会という法律制定と政治運営にかかわる公職者が選挙で選出されるからである。「選挙民ができるだけ多くの公職者をできるだけ頻繁に交代させることが民主的である」という伝統的なアメリカの制度理念に注目するなら，アメリカのデモクラシーを制度の側面から「選挙デモクラシー」と特徴づけることに異論はなかろう。

　第2に，大統領選挙とそれと同時に行われる連邦議会議員選挙，またはその2年後の中間選挙の結果により，それまでの分割政府が統一政府に変わり，逆に，それまでの統一政府が分割政府に変わり，公職者の意

向や努力にもかかわらず，政策の方向と政治運営の様式が短期的に大き
く決まってしまうことがあるからである。最近の中間選挙だけを例に
挙げても，クリントン（Bill Clinton）政権は1995年，ブッシュ（George W.
Bush）（子）政権は2007年，オバマ（Barak Obama）政権は2011年のそれぞ
れ1月に連邦下院の多数党の交代による分割政府の出現に直面し，政治
運営の方向を変更せざるをえなかった。

　短期的に変化が発生するのは，選挙を2年ごとに行うという制度規定
に由来するものの，そのような選挙結果が生じた理由や，その後の法律
制定や政治運営の変化は，個別的に検討しなければならない。ここでは
制度を中心に，いかにアメリカのデモクラシーが選挙とそれに付随する
多様な制度によって動かされるのかを明らかにしておこう。

　周知のごとく，厳格な権力分離制を採用するアメリカでは，執行権を
行使する大統領と立法権を行使する連邦議会は別々に選挙される。両者
はそれぞれが独立し，大統領には連邦議会を解散する権限はなく，連邦
議会にも重大な犯罪にかかわる弾劾を除き大統領を解任する権限はない。
また，連邦議会は下院と上院から構成され，議員が代表する単位も任期
も異なり，それぞれが独立した権限をもつ。そして，法案はすべて議員
立法として下院または上院に提案され，各院の責任のもとに審議される。
下院と上院で同一の法案を可決し，大統領がそれに署名しない限り，可
決された法案は法律にならない。このままでは大統領，連邦下院，連邦
上院に制度上の凝集化要因はなく，連邦政府が積極的に法律を制定し円
滑に政治運営を行うためには，何らかの仕組みが必要である。

　これら独立した政府機関を間接的に結びつけてきたのが政党であり，
それを具体的に可能にしているのが，選挙で2大政党に特権的地位をあ
たえるオーストラリア型投票用紙と予備選挙である。

　アメリカでは，すでに1840〜50年代に，ほとんどすべての州で投票
に政党が準備した用紙が用いられていた。各党の投票用紙の色と大きさ
が異なっていたので，投票の秘密は確保されず不正腐敗が横行した。そ
こで1888年に，マサチューセッツ州で初めてオーストラリア型投票用

紙が採用された。これは州があらかじめ候補者氏名を記載した投票用紙を印刷し，地方選挙管理委員会が投票所でそれを配布する制度であり，アメリカの場合，選挙で選ばれる公職の種類が多かったので，投票用紙には候補者氏名に加えて政党名や党章も記載されることになった[4]。1892 年になると同投票用紙を採用する州の数は 32 に達した。

　さて，選挙の投票用紙に候補者の所属政党名を記載するために，州政府は何をもって政党とみなすかの基準を必要とした。そこで州法において前回選挙で一定の投票率（1 ～ 10％）を獲得した組織が政党と定義された。継続的に一定の投票率を獲得する政党は 2 大政党しかなかったので，ここに各州の 2 大政党に，申請手続きだけで同党の候補者氏名があらかじめ投票用紙に印刷されるという特権があたえられることになった。1896 年には，州法で政党を定義し規制する州が 47 に増加した（吉野 1992: 288）。

　2 大政党に特権的地位をあたえる第 2 の制度は，予備選挙である。アメリカでは 1860 年代後半より，政党ボスや政党マシーンと称される強力な選挙区組織に対する批判が高まり，それらを選挙過程から排除する方法が模索された[5]。最終的には革新主義運動の中で，1903 年にウィスコンシン州で，州公職全体を対象とする最初の予備選挙法が制定された。翌年，2 州で選択型予備選挙法が制定され，1907 年と 1909 年には 13 州で強制型予備選挙法が制定され，1917 年には 48 州のうち 44 州で予備選挙法が制定された（吉野 1992: 289）。

　州が管理運営する予備選挙にどのような組織が参加するかは，やはり州法によって規定された。1926・1927 年の調査によると，予備選挙法を制定していた 44 州のうち，36 州が前回の選挙で一定の投票率（1 ～ 30％）または一定の得票数を獲得した政党を「政党」「大政党」または「有資格政党」と定義し，それらの政党に予備選挙で候補者を指名することを義務づけた（吉野 1992: 290）。ここに各州の 2 大政党に，連邦公職選挙のある年の春から夏にかけて，州が管理運営する予備選挙で，11 月の本選挙の候補者を選出するという特権があたえられた。なお，予備選

挙は大統領候補者選びにも拡張された。一時的に大統領予備選挙を廃止する州の数が増えたものの，1970年代以降，候補者指名過程の民主化を求める改革の中で，大統領予備選挙を採用する州の数が増加している。

　要するに，アメリカでは大統領，連邦下院議員，連邦上院議員が選挙で定期的に選出される過程で，オーストラリア型投票用紙と予備選挙をつうじて選挙民がこれらの公職者を政党の視点から結びつけている。これを「選挙デモクラシーの構造」と名づけようよう。この構造の中で，選挙民は特定政策の実現を求めて公職者を選出する。強い政党一体感をもつ選挙民は，その一体感にしたがって公職者を選ぶ。強い政党一体感をもたない選挙民は，実績に満足できれば公職者を再選し，不満であれば公職者を交代させる。

　この構造は，候補者にとっても有用である。小政党や無所属の候補者が本選挙に立候補する場合，一定数の署名による請願が必要であるのに対して，2大政党の場合，候補者を選出する予備選挙は州によって管理運営され，候補者氏名は簡単な書類申請だけで本選挙の投票用紙に記載される。また，各州では2大政党の活動家が本選挙運動を支援し，大半の選挙民が2大政党の支持者であるので，一旦政党候補者の指名を獲得すると，候補者は当選する可能性が高くなる。しかも，この公職・候補者・政党のネットワークが州公職から連邦公職まで張り巡らされているので，「選挙デモクラシーの構造」の中で政治家はキャリアの上昇を図ろうとするのである（吉野 2005: 19）。

　当選後，大統領と連邦議会が多数派を形成する手段は，交渉と説得である。アメリカでは伝統的に議会政党の規律は弱く，議会政党の指導部が多数派を形成しようとする場合，特定議員と交渉し，党派性へのアピール，票の取引の誘いなどをつうじて説得が試みられる。大統領が多数派を形成しようとする場合，たとえ大統領と同一の政党が下院または上院の多数党であっても，自動的に多数派が確保されるわけではない。大統領は議会両院指導部と協力し，交渉と説得をつうじて票を積み上げる必要がある。他方，大統領と同一の政党が下院または上院の少数党である

とき，大統領は交渉と説得をつうじて多数党のメンバーを切り崩して彼らを支持グループに取り込む必要がある。いずれの場合であっても，国民の間での支持率が高いとき大統領は議員から支持を獲得しやすく，再選が危うい議員は大統領との取引に応じやすい。

　ところで，たとえアメリカの選挙デモクラシーの特質が当選後に大統領，連邦上院議員，連邦下院議員が交渉をつうじて合意を形成することにあるとしても，その作業がつねに静態的であったわけではない。政治経済状況や特定大統領の当選がダイナミックな政治を生み出すこともあった。たとえば，その顕著な事例は，フランクリン・D・ルーズベルト (Franklin D. Roosevelt) の大統領への選出とその後の大きな政策刷新である。

　アメリカが 1929 年に経済大恐慌に見舞われたとき，現職大統領は共和党のハーバート・フーバー (Herbert C. Hoover) であった。彼は連邦農業規制委員会の強化，復興金融公庫の設立，フーバー・モラトリアムの宣言などの対策を講じたものの，政策効果は現れず，経済混乱を収拾することはできなかった。国民の大統領への大きな不満を背景に，1932 年にルーズベルトが民主党大統領候補者に指名されると，彼は選挙運動をつうじて新規まき直し (a new deal) を訴え，11 月の選挙で大統領に当選した。同選挙で多数派となった連邦議会両院の民主党議員の支持を背景に，1933 年からルーズベルト大統領は，失業者対策，農産物価格維持政策，テネシー川流域開発公社の設立，復興金融公社の融資による銀行立直し，全国産業復興法の制定など，ニューディール政策と称される一連の大胆な政策を打ち出し，連邦政府の役割と政策優先順位を大きく変えることに成功した。

　別の事例は，1960 年のケネディ大統領の誕生である。彼はアイルランド系のカソリックであったにもかかわらず，若さと「ニューフロンティア (新しい政治)」のスローガンを打ち出して大統領に選出され，彼の当選は新しい「若いアメリカの誕生」を象徴するものとして多くの有権者の喝采を受けた。1934 年選挙以降，数年の例外を除き民主党は連邦議会両院の多数党の地位にあり，1960 年の連邦下院選挙で民主党は議席

を減らした[6]ものの，ケネディ大統領の登場は連邦下院を活性化した。彼はアイゼンハワー大統領の超党派路線を踏襲しつつも，同大統領の超党派政治に不満をもっていた下院リベラル勢力と協力し，アメリカの政治と政策をリベラル路線に向けることに成功したのであった。

　ここで，選挙デモクラシーを次のように定義することができるであろう。

①選挙民が大統領，連邦下院議員，連邦上院議員を政党の視点から結びつける「選挙デモクラシーの構造」が存在している。この構造の中で，選挙民は特定政策の実現を求めて公職者を選出し，公職者はキャリアの上昇を図る。

②当選後，大統領，連邦下院議員，連邦上院議員は，まずは政策選好，政党所属に基づいて多数派を形成しようとする。それでも数が足りない場合，大統領，連邦下院または連邦上院の多数党指導部が特定議員と交渉し，多様な方法をつうじて説得を行う。

③交渉に基づく多数派形成が選挙後につねに静態的に行われるわけではなく，政治経済状況や特定大統領の当選がダイナミックな政治を生み出し，ときには新しい政策争点の発生により政治が活性化され，政策アジェンダが大きく変更されることもある[7]。

　このように詳細に考察すると，歴史的にアメリカには，制度と選挙民の政党支持態度に支えられた「選挙デモクラシーの構造」と「集団競争の構造」が併存していたことが分かる。「選挙デモクラシーの構造」は，アメリカ政治を動かす公式アクターを党派性の視点から2年ごとに選ぶ基礎的構造であり，「集団競争の構造」は，そのようなアクターに多数の集団が日常的に要求を伝達する構造である。厳格な権力分離制が採用され，政府レベルでの政党の力が弱いアメリカでは，選挙デモクラシーの公式アクターは，必ずしも政策形成の主導者とはみなされなかった。そこで，集団の活動と競争に注目し集団競争の効果に期待した利益団体研究者は，「選挙デモクラシーの構造」とその機能を過小評価し，「政府の役割は，とくにもっとも効果的に組織化された利益へのアクセスを確保

し，競争するリーダーとその要求の間でつくりだされた合意と調整を承認することである」と論じたのであろう。

　しかし，現在では，集団競争が安定(均衡)を誘発するというのは単なる仮定に過ぎないことが明らかになり，また，何らの社会的な自己制御は行われずに，黒人(アフリカ系)，女性，宗教右派，最近では反税団体など実に多様な集団の要求が直接に候補者と公職者と政党に向けられているのである。まさに，ここに「集団競争の構造」ではなく「選挙デモクラシーの構造」に目を向ける理由がある。

　なお，アメリカの選挙デモクラシーに問題や欠陥がないわけではない。選挙デモクラシーの注目すべき主要な特徴は，選挙民は特定政策の実現を求めて公職者を選出するものの，公職者は連邦政府内での多数派連合を形成しながら，支持者の利益と自身の政策選好を実現することが求められる。しかし，選挙民の利益が多様化し，政策領域が複雑に絡み合う現代において，これらの目的を実現することは容易ではない。まさにこれは，いわば小さな政府の時代の政治運営の発想であり，これが選挙デモクラシーの限界と言えるであろう。

第4節　選挙デモクラシーの機能障害

　アメリカ政治が現在どのように深刻な問題を抱えているのかを理解するために，アメリカ政治全体を包括的に理解する必要があり，現在のアメリカのデモクラシーを選挙デモクラシーとして定式化した。しかし，現実に目を向けると，選挙民の保守・リベラルの2分化，メディアのイデオロギー的分極化，共和党指導部の対決型アプローチ，連邦議会における合意形成の難しさ，連邦政府の閉鎖など，アメリカ政治がこれまで経験しなかったような混乱が起こっている。これは選挙デモクラシーがアメリカ政治の現実にうまく対応していない証拠であり，まさに選挙デモクラシーが危機に瀕していることを意味している。

　本書が答えようとする疑問は，次の2つである。

　第1の疑問は，なぜ1960年代後半以降，アメリカの選挙デモクラシーがうまく機能しなくなってしまったのかである。アメリカの選挙デモクラシーがうまく機能することができたのは，かつてのアメリカ政治はいわば白人男性の専有物であり，何を政治問題とみなし，それをどのように解決するべきかについては，ある程度の社会的・政治的合意が存在していたように思われる。これを大きく変化させたのは，おそらく次の変化であろう。

1) かつてのアメリカ政治は白人男性の専有物であり，ワスプ (WASP) という表現が示すように，「白人・アングロサクソン・プロテスタント」がアメリカのエリートとみなされた。そして，それ以外の者も同じやり方で成功すれば (いわゆるアメリカン・ドリームの実現)，アメリカ社会に受け入れられた。しかし，このような社会規範が崩れ始めたのは，1960年の中頃であった。ベトナム反戦運動，公民権運動，女性解放運動が激しさを増し，従来の社会規範に異議が申し立てられた。新しい多くの集団が組織化され，価値をめぐる新しい要求が主張され，それらが政治アジェンダに登り始めた。

2) このような事態の中で，かつては政治介入に慎重であった司法が，方針を積極的介入に変更した。たとえば，1973年の最高裁のロー対ウェイド事件判決は，産むか産まないかは自己選択であるという女性の主張を認めて彼女らの運動をサポートし，その一方で，活発な女性の活動と主張に危機感をもった宗教右派の対抗的組織化を促した。その他の判決も，個人や社会の在り方や行動様式に大きな効果を及ぼした。

3) このような大きな変化の中で，アメリカのイデオロギー構造が変化した。1960年代から1970年代初頭にかけてリベラリズムがアメリカ政治を風靡したものの，1980年代から保守化の波が押し寄せた。こうしたイデオロギー構造の変化は，集団の力関係や主張，連邦政府の政策アジェンダにも大きな効果を及ぼした。

　要するに，アメリカの選挙デモクラシーが機能障害に陥り危機の瀬し

ている理由は，1960年代後半以降，何を政治問題とし，それをどのように解決するかについての社会的・政治的合意が失われ，アメリカ人の社会や政治についての考え方や行動様式が大きく変化してしまったことにある。これら社会経済の変化にともない要求の質と量がどのように変わったのかは，本書の第2部で詳細に分析される。

　第2の疑問は，利益の多様化と意見対立の激化に，選挙デモクラシーの主要政治アクターがどのように対応し，合意形成様式や実際政策にどのような変化が起こったのか，である。この疑問に取り組む前に，選挙デモクラシーがうまく作動するために，メディア，政党，選挙民，連邦議会議員という主要政治アクターがこれまでどのような役割を演じてきたのかをある程度明確にしておく必要があろう。

1) デモクラシーの運営におけるメディアの役割は重要であり，アメリカのように国土が広く，産業構造や人種構成が州ごとに異なる国では，メディアは，たとえリベラル・バイアスがあることが指摘されたとしても，これまで「中間的」意見を代表し，多様な考えをもつ選挙民の多くに求心力をあたえてきたと考えられる。したがって，そのようなメディアがまず1960年代後半以降の利益の多様化と意見対立の激化にどのように対応したのか，次に，メディア自体が1980年代になぜイデオロギー的に分極化したのかを明らかにすることが重要である。そして，これら一連のメディアの対応が選挙デモクラシーにどのような効果を及ぼしてきたのか――危機を緩和したのか否か，もし緩和したとするならどのように緩和したのか――を検討しなければならない。

2) 政党はこれまで，政策・イデオロギー的志向が強まる選挙民の間での政党制の再編成期を除いて，多様な意見や要求を集約し，穏健な政策選択を行うという役割を演じてきた。また，選挙における勝利連合を形成するため，政党は実際にも穏健な中道派政治家を候補者に指名し，交渉と妥協をつうじて包括的な政策綱領を作成することが多かった。したがって，そのような政党が1960年代後半以降

の利益の多様化と意見対立の激化にどのように対応して，どのような選挙勝利連合を形成したのかを明らかにすることが重要である。そして，その対応が選挙デモクラシーにどのような効果を及ぼしてきたのか——危機を緩和したのか否か，もし緩和したとするならどのように緩和したのか——を検討しなければならない。

　なお，1960 年代以降に政党マシーンが衰退し，1970 年代以降は候補者中心選挙運動様式が台頭した結果，候補者指名と選挙運動は事実上異なる組織のもとで行われるようになった。したがって，政党の利益の多様化と意見対立の激化への対応の検討と効果の評価は，大統領候補者指名過程と選挙運動過程に分けて行う必要がある。

3) 選挙民はこれまで，政策・イデオロギー志向が強まる選挙民の間での政党制の再編成期を除いて，政党支持態度に基づく投票をつうじて 2 大政党の維持安定を図ってきたと考えられている。そして，選挙民は，再編成期には政党支持を変更することにより選挙デモクラシーを刷新するアクターでもある。したがって，選挙民はまず 1960 年代後半以降の利益の多様化にどのように対応し，次に意見対立の激化と保守化にどのように対応してきたのか，また，どのような投票や政党支持の変更をつうじて政党選択の力関係を変えようとしたのかを明らかにすることは重要である。そして，これら一連の投票行動が選挙デモクラシーにどのような効果を及ぼしてきたのか——危機を緩和したのか否か，もし緩和したとするならどのように緩和したのか——を検討しなければならない。

4) 連邦議会議員はこれまで，ゆるい議会政党規律のもとで，交渉と妥協を繰り返し，社会的コンセンサスを公式政策として登録した。連邦議会議員はこれまで多様な集団から価値をめぐる要求を直接向けられることはなく，この意味では受動的であった。しかし，1960 年代後半以降，多くの集団は，政党と同様に連邦議会議員に対しても直接は新しい要求を突きつけた。したがって，連邦議会議員は個人としてまたは集団として，これら新しい多様に要求にどのように

対応し，どのように対立を調整したのかを明らかにすることが重要である。そして，これら一連の連邦議会議員の対応が選挙デモクラシーにどのような効果を及ぼしてきたのか——危機を緩和したのか否か，もし緩和したとするならどのように緩和したのか——を検討しなければならない。

　利益の多様化と意見対立の激化に主要政治アクターがどのように対応し，その結果として要求や決定過程がどのように変わり，選挙デモクラシーにどのような効果があたえられたのかは，第 3 部で詳細に論じられる。

注

1　選挙デモクラシーという用語はかなり曖昧に用いられ，代表デモクラシーと同義に使われることが多い。本書では，選挙デモクラシーの概念を，ただ単に代表が選挙で選ばれるという意味（これは代表デモクラシーと同義）ではなく，選挙を政治の原動力とする動態的なデモクラシーという新しい意味で用いる。実際，筆者はこれまでのアメリカの主要政治文献を調べたものの，そのようなデモクラシー概念の用法を見いだすことができなかったし，そもそも electoral democracy という用語が索引に掲載されていないことも少ない。

2　この団体は 1941 年にアメリカで設立され，世界におけるデモクラシー，政治的自由，人権の実現状況を調査し，それらを促進することを目的としている。ウェンデル・ウィルキー（Wendell Willkie）とエレノア・ルーズベルト（Eleanor Roosevelt）が初代名誉委員長を務めた。詳細は，www. freedomhouse.org を参照。

3　共同研究結果の詳細は，https://dataverse.harvard.edu/dataverse/MEDW を参照。

4　州政府が候補者氏名も記載された投票用紙を印刷するためには，投票日が同一であることが望ましい。アメリカでは，それまで州ごとに別々に実施されていた連邦下院議員選挙が 1880 年に偶数年に実施されることが決定された。大統領選挙では，早い時期の選挙人選びの結果が，遅い時期の選挙人選びに影響を及ぼすので，1845 年法で「西暦の閏年の 11 月の最初の月曜日の次の火曜日に選挙人を選出する」ことを義務づけた。その後，「11 月の最初の月曜日の次の火曜日に投票を行う」原則が，1892 年から連邦下院議

員選挙, 1914 年から連邦上院議員選挙に適用された。

5　1868 年にペンシルベニア州のクロフォード郡で政党候補者の直接指名制度が採用され, 1871 年には同州のランカスター郡で最初の直接予備選挙法が制定 (選択制) された。1880 年代に西部および南部の 1 部の州と多くの郡で, 政党規則による直接予備選挙制が採用された。

6　1932 年から 1995 年までの期間において, 1949 〜 1951 年, 1953 〜 1955 年の 2 議会会期を除き, 連邦下院で民主党が一貫して多数党であった。1960 年選挙で, 連邦下院民主党は多数派を維持したものの, 議席を 283 から 262 に減らしている (Ornstein 2008: 46-47)。

7　かつてアメリカでは, 政党政治が周期的に活性化されたことがあった。たとえば, 選挙民の世代交代が進み, 新しい選挙民が参入した場合, 連邦議会議員の世代交代が進み, それまでとは異なる政策選好をもつ若手議員が増加した場合, また, 新しい政策争点が台頭し, 政府や政党に対応が求められる場合, 2 大政党の対立争点と競争条件が組み替わり, 「選挙デモクラシーの構造」と内容が刷新された。これがアメリカの研究者によって「選挙民の間での政党制の再編成」と称される現象であり, とくに 1860 年, 1896 年, 1932-36 年が再編成選挙とみなされている。現在, その概念の妥当性やメカニズムをめぐり議論が展開されており, ここでは「選挙民の間での政党制の再編成」が選挙デモクラシーに特有の現象である, あるいは, 両者は密接な関係にある, と主張するのを控えておく。

参考文献

Aldrich, John H. 2003. "Electoral Democracy during Politics as Usual--and Unusual." In MacKuen and Rabinowitz. eds. *Electoral Democracy*. University of Michigan Press.

Bartels, Larry M. 2008. *Unequal Democracy: The Political Economy of the New Gilded Age*. Princeton University Press.

Burtenshaw, Claude J. 1968. The Political Theory of Pluralist Democracy." *The Western Political Quarterly* 21 (4) : 577-587.

Crenson, Matthew A., and Benjamin Ginsberg. 2002. *Downsizing Democracy: How America Sidelined Its Citizens and Privatized Its Public*. Johns Hopkins University Press.

Epstein, Leon D. 1967. *Political Parties in Western Democracies*. Praeger.

Hudson, William E. 2013. *American Democracy in Peril: Eight Challenges to America's Future*. 7th ed. CQ Press.

Katz, Richard S. 1997. *Democracy and Elections.* Oxford University Press.

Lowi, Theodore J. 1969. *The End of Liberalism: Ideology, Policy, and the Crisis of Public Authority.* W. W. Norton.

MacKuen, Michael B., and George Rabinowitz. eds. 2003. *Electoral Democracy.* University of Michigan Press.

Ornstein, Norman J., Thomas E. Mann, and Michael J. Malbin. 2008. *Vital Statistics on American Congress 2008.* CQ Press.

Schedler, Andreas. 2006. *Electoral Authoritarianism: The Dynamics of Unfree Competition.* Lynne Rienner.

Shapiro, Ian. 2003. *The State of Democratic Theory.* Princeton University Press.

Streb, Matthew J. 2008. *Rethinking American Electoral Democracy.* Routledge.

Utter, Glenn H., and Charles Lockhart. 2002. *American Political Scientists: A Dictionary.* 2nd ed. Greenwood Press.

吉野孝．1989．「レオン・D・エプスタインの政党研究」『早稲田政治経済学雑誌』第 300 号．254-281 頁．

―――．1992．「アメリカにおける政党の法的規制の展開とその理念」『早稲田政治経済学雑誌』第 309・310 合併号．283-318 頁．

―――．2005．「アメリカ政治学における政党的リクルートメント研究」『早稲田政治経済学雑誌』第 358 号．14-31 頁．

吉野孝・前嶋和弘編著．2009．『2008 年アメリカ大統領選挙：オバマの当選は何を意味するのか』東信堂．

第Ⅱ部　経済社会変化にともなう入力変化

第2章　1950年代以降の利益の多様化と　政治の分極化

前嶋和弘

第1節　はじめに

　本書のさまざまな章で議論されているアメリカ政治における選挙デモクラシーのあり方の変容の根本を理解するためには，1950年代後半以降の社会運動の台頭と利益の多様化を抜きにしては語れない。さまざまな社会運動の台頭と利益の多様化がもたらした価値観とは多文化主義に他ならない。そして，この多文化主義がアメリカ政治に徐々に浸透することも一因になって，政治的分極化が徐々に進んできた。そしてオバマ(Barak Obama)，トランプ(Donald J. Trump)両政権ではこの政治的分極化が極まることとなり，アメリカ政治における選挙デモクラシーが機能不全に陥っている。

第2節　1950年代後半以降の社会運動の台頭と利益の多様化：　多文化主義をめぐって

(1) 多文化主義とアメリカの理念

　アメリカはいうまでもなく，移民が作り上げた国であり，多様な人々が共存している。多様性が国の活力を生み出すという信念は，たとえば，アメリカの政治権力が分散されているというプルーラリズム(多元主義)を是とする論理につながっていく。硬貨などに刻まれている国是のラテン語の「エ・プルビウス・ウヌム(E pluribus Unum：多様の中の統一)」は，アメリカの民主主義を支える根底に移民を受け入れる姿勢があることを示している。

　その多様性の中で，自分の肌や目の色だけでなく，家族が代々引き継

ぎ，慣れ親しんだ宗教・生活などの文化的伝統などは「自分が誰である
か」「他の人とどう違うか」「自分と同じグループは誰なのか」など，「自
分らしさ」を示す規範となっている。そのため，人種・エスニシティ[1]は，
日常の生活をおくる上で自分のアイデンティティの中核となる最も重要
な要素の 1 つとなっているのはいうまでもない。自己のアイデンティ
ティを希求することは，生活上の行動原理となっているだけでなく，世
界観を決定づける要因でもある。そして，その異なる世界観をもつグルー
プが多元的に共存し，対立を超え，共通の価値観を見つけていくことが，
アメリカの政治的伝統の根幹にある[2]。この文化的多様性の徹底を目指
すのが多文化主義である。

　多文化主義とは法的な機会の平等（スタートラインの平等）を求める動き
と，それ以上に文化や生活の中でも徹底した平等主義（ゴールの平等）を希
求していく動きの 2 つがある。この 2 つはほぼ同時に 1950 年代から進ん
でいった。1960 年代以降，アメリカではさまざまな価値観の多様化を求
める社会的な運動が次々に対応した。その中でも公民権運動に代表され
るような人種融合的な政策を求める運動がもっとも代表的なものである。

　建国以来 240 年以上の歴史を通じて，アメリカの経済が拡大していく
中で，最も遅くアメリカに移り住んだ層が主に肉体的な労働に従事し，
それまで肉体労働を行っていた層が管理する側に代わっていく。この過
程を繰り返すことで，移民たちの社会経済的な地位は少しずつ上昇して
いった。そうして，移住した順番で経済的・社会的地位がある程度定ま
る「セニオリティ（seniority）」といえる現象がアメリカでは成立してきた。
19 世紀から 20 世紀半ばにはアメリカに移民として渡った，イタリア系，
アイルランド系，東欧系などの「エスニック・ホワイト」の多くは，か
つては社会の底辺に近かった「マイノリティ」だったが，この社会的可
動性のため，現在では，「優勢集団（dominant group）」の一部と考えること
も多い。

(2) 公民権運動をめぐって：機会平等を求める動き

　一方，奴隷貿易での強制的な移住という過去をもつ黒人（アフリカ系）に関しては，「エスニック・ホワイト」のような「セニオリティ」の階段を上がっていく状況とは大きく異なっていた[3]。南北戦争終了後のいわゆるリコンストラクション憲法修正条項群（Reconstruction amendments：憲法修正 13 条の「奴隷制廃止」，憲法修正 14 条の「法の下の平等」，憲法修正 15 条の「投票権を与えるときに人種などを原因とした妨害禁止」）で，黒人に対する平等は確保されたはずだった。しかし，南部の場合，奴隷解放以降も続く差別的な政治的文化が根強く残り，白人と有色人種の結婚に制限や，有色人種の公共施設利用の制限などを課していた州もあった。

　この不平等を打開したくても，投票の権利を識字テストなどで制限する各種の通称「ジムクロウ法（Jim Crow Law）」があったため，南部諸州のアフリカ系の選挙権があたえられないまま，既得権を重視する白人政治家が「人種隔離」を支援している状況であり，選挙デモクラシーそのものが機能していなかった。第二次世界大戦後，超大国となったアメリカの中でこのような機能不全は当然問題になっていった。選挙権，被選挙権,他の人々が持つ権利は「公民（citizen）」としての当然の権利であり，「本当の平等」を求める公民権運動（civil rights movements）が展開されていった。

　社会運動としての公民権運動には，政治運動として成功を収めるためのさまざまな要因があった。上述の南部諸州の諸問題に対して，黒人はそもそも自分の意見を政治家という代理人に託すための選挙すら行うことができなかったという事実は明らかな不平等として目立つ。それが，ローザ・パークス（Rosa Parks）の逮捕に端を発するアラバマ州モンゴメリーでのバス・ボイコット運動（1955-56 年）などで公民権運動という争点が政治的議題として大きくなっていった理由である。バス・ボイコット運動ではキング（Martin Luther King Jr.）牧師らリーダーが利益集約・表出する役割を担い，ボイコット運動だけでなく，公民権運動そのものの旗振り役として全米に名が知られるようになった。また，ボイコット運動の調整役となった全米有色人種地位向上協会（National Association for the

Advancement of Colored People：NAACP) などの利益団体も平等な法制度改革
のため，政治的に直接訴えていく機能を担っていった。

　さらに，司法による後押しもあった。公共の施設における人種隔離に
ついて「別々でも平等 (separate but equal)」とした 1896 年の「プレッシー対
ファーガソン判決 (Plessy v. Ferguson)」裁判を覆し，公教育においては「別々
なのは不平等 (separation is unequal)」とした 1954 年の「ブラウン判決 (Brown
v. Board of Education)」は，公民権運動を正当化する法的基盤となっていっ
た。ブラウン判決によって，それまで行われていた公立学校における白
人と黒人の分離教育が違憲となり，全米各地で白人と黒人が同じ学校に
通う融合教育化が進められるようになった。1957 年に白人だけが通っ
ていたアーカンソー州リトルロックのセントラル高校に黒人の生徒が登
校する際には，州政府と連邦政府が対立し，黒人生徒が連邦陸軍に守ら
れる物々しい事件となり，アメリカだけでなく，世界に南部の黒人の状
況が伝えられることになった。

　また，アフリカ系の客に食事を出さないドラッグストアのランチ・カ
ウンターでの座り込み運動 (シット・イン：Sit-in movements) などを経て差
別撤廃を訴える黒人と白人のグループがバスに乗って，首都ワシントン
から南部に向かう「フリーダム・ライド (Freedom Ride)」運動がメディアに
よって広く伝えられる中，白人の多くも賛同し，北部，西部からの支援
が増えていった。そうすることで，デモに参加し，自分の意見を表明し
ようという動きが急速に拡大し，公民権運動のすそ野が広がっていった。

　このようにして，1950 年代後半から 1960 年代半ばは平等を求める公
民権運動は幅広い共感を生み，1964 年の公民権法 (Civil Rights Act of 1964)，
翌 65 年の公民権投票法 (Civil Rights Voting Act of 1965) として結実していっ
た。67 年の最高裁のラビング判決 (Loving v. Virginia) で異なる人種間の結
婚が完全に認められた。さまざまな社会的なルール上での平等は達成し
ていく。また，あらゆる面での平等を求める考え方は法的改正だけでな
く，重要な価値観としてアメリカ社会に定着していった。

　黒人が先鞭をつけて，積極的に推し進めた公民権運動はアフリカ系

にとどまらず，多文化主義を求める運動として，他の人種的マイノリティ（ネイティブ・アメリカン，アジア系，ヒスパニック系）や性的マイノリティ（女性，LGBT）の権利拡大運動に共鳴していく。女性が「女らしさ」の抑圧に声をあげた女性解放運動（women' lib movement：ウーマンリブ運動）は世界的な広がりをみせ，1960年代から現在まで続く女性の権利としての妊娠中絶擁護（プロチョイス運動）や，憲法修正は実現できなかったものの，運動が求めた多くの権利が達成された1970年代から80年代にかけての男女平等憲法修正条項（Equal Rights Amendment：ERA）をめぐる運動などにつながっていく。同性愛運動の端緒となったニューヨークの「ストーンウォールの反乱（Stonewall rebellion）」（1969年）などがいくつかの経緯を経て，性的少数者の権利拡大運動につながっていく。

　ヒスパニック系（ラテン系），アジア系，ネイティブ・アメリカンの場合，機会の平等のほか，貧困対策なども訴えてきた。また，「マイノリティ」としての協力も進み，全米各地の都市で黒人の市長が誕生した70年代からは，ヒスパニック系の市民団体が黒人の候補者を応援するという選挙協力も一般的になった（Browning, Marshall, and Tabb 1990）。そのうち，もっとも代表的なものが，黒人のトマス・ブラッドリー（Thomas Bradley）が当選した1973年のロサンゼルス市の市長選である。この市長選では，黒人とヒスパニック系が全面協力し，強力な組織を作ったことで有名になった。さらに，ユダヤ人を中心とする白人のリベラル層やアジア系も協力し，「ブラッドリー連合（Bradley Coalition）」と呼ばれた。支援組織の構成が多彩だったため，一時は人種的マイノリティの選挙運動や政治活動のモデルとして評価された[4]。

(3) 多文化主義への「反作用」：行き詰まる「ゴールの平等」主義

　多文化主義的な動きには，1960年代ならこのような各種の社会的リベラル路線を強く反映した争点に対しては，国民の一定数は積極的に受け入れていった。しかし，ちょうど反作用といえるような反発も強くなっ

ていく。

　その代表的な例が，上述の「公民権法」で法制化された「アファーマティ
ブ・アクション (積極的差別是正措置)」である[5]。「アファーマティブ・ア
クション」とは，社会的不平等是正のため，黒人や女性など少数派を制
度的に優遇する措置の総称であり，雇用や大学入学の際の少数派優遇や
少数派経営企業の政府の調達対象優先などを定めている。この措置の背
景には少数派が経験してきた長年の不公平な歴史により，経済的・社会
的影響が大きく，なかなか社会的可動性が思うように得られないという
状況に対する是正措置の必要性があり，社会的可動性を生み出す大学入
学や就職などに適用されている。公民権法成立時のジョンソン大統領の
「偉大な社会 (The Great Society)」政策の象徴的存在がこのアファーマティ
ブ・アクションでもある。

　アファーマティブ・アクションのために，大学側はさまざまな形で少
数派を優遇していく。その中には学生選抜に一定の少数派枠 (クォータ)
を設定，共通テスト結果での少数派の加点措置などが導入されていった。
アファーマティブ・アクションについて見る見方は，機会の平等だけで
はなく，結果の平等まで求める「ゴールの平等」主義に基づいているも
のである。

　しかし，白人や男性にとっては不当な「逆差別」になりうる。そのため，
「ゴールの平等」に対する反作用といえるような動きが次第に大きくなっ
ていく。そして司法の場でも何が合憲で違憲かが大きな争点になってい
く。連邦最高裁では次第にアファーマティブ・アクションに制限を加え
る動きが進んでいった。医学部入学を断られた白人男性の起こした訴
訟[6]についての 1978 年バッキー判決 (Regents of the University of California v.
Bakke) では，連邦最高裁は，アファーマティブ・アクションそのものは
合憲だが，クォータを設けることが違憲とする判決を行った。2003 年
のミシガン大判決 (Gratz v. Bollinger と Grutter v. Bollinger[7]) では，連邦最高裁
はアファーマティブ・アクションそのものを合憲 (「人種は選考時にプラ
スの要素の 1 つ」) としたものの，少数派の志願者には自動的に 150 満点

の20点を加点していた制度は違憲とした。また，2013年テキサス大判決 (Fisher v. University of Texas) では優遇する際の基準を「やむを得ない場合」と厳格化した。また，州レベルでも1996年には優遇措置そのものを廃止するカリフォルニア州法 (Proposition 209) が成立した[8]ほか，98年にはワシントン州も廃止 (Initiative 200)，2000年にはフロリダ州も教育の場での優遇を廃止 (One Florida Initiative) した。

　アファーマティブ・アクションについては，自分自身の存在そのものを過度に政治化していく「アイデンティティの政治 (identity politics)」であるという議論も増えていく。「結果の平等まで求めるのは行き過ぎである」という見方と，「優遇措置を遅らせると黒人，ヒスパニック系などの学生の比率が下がる」という見方が激しく対立していく。

　さらに，第二次世界大戦前後からのニューディール政策以降続いてきた所得再分配的な考えに基づく政府の強いリーダーシップによる福祉国家化（経済リベラル路線）についても，国民世論は大きく分かれていく。リベラル層は強く支持しているものの，保守層は強く反発し，特に「レーガン革命」以降には「小さな政府」への志向が強まっていく。保守派（伝統主義者）とリベラル派（進歩主義者）の間における，価値観の衝突である「文化戦争 (culture war)」が国民世論を分断させていくようになる。妊娠中絶，同性婚，銃規制，移民，政教分離，地球温暖化などの「くさび形争点 (wedge issues)」は，この文化戦争の戦いの中心に位置する[9]。

(4) 移民の急増が生んだ「白人ブルーカラー層」の反発

　国勢調査局によれば，ヒスパニック系やアジア系移民の急増でアメリカの総人口の中で白人の人口の割合は現在の7割程度から2050年には5割程度に下がり，その代わりに，マイノリティ人口が増え，同年にはヒスパニック系は22.5％，黒人は15.7％，アジア系は10.3％程度になると推定されている。ヒスパニック系の人口の増加のペースは目覚ましく，1980年から2000年の20年間で42％増加している。増加した数そのものはヒスパニック系ほど多くないが，韓国系移民の急増などで，アジア

系も 1980 年から 2000 年の 20 年間で倍以上 (104%) 増加している。2001年から 2010 年までの 10 年間に永住権を与えられた移民の数は 1,050 万人を超えており，10 年単位ではアメリカの歴史上もっとも移民の数が多くなっている[10]。

　ヒスパニック系移民やアジア系移民の増加が増えていけば，当面は低賃金労働を行う層となるとみられているため，所得再分配的な政策を選ぶ傾向が強い。そのため，所得再分配的な政策に積極的な民主党の支持層が増えていくという見方もある。過去のアメリカの歴史をみると，有権者の多くは共和・民主の 2 つの選択肢で常に揺れており，本当に民主党支持者が増えているかは，今後数回の選挙を経てみないとはっきりはしないが，共和党側もより移民に寛容な政策を打ち出していかなければ時代に追いつけなくなってしまう可能性が高くなっている。

　2016 年大統領選挙でも共和党はテッド・クルーズ (Ted Cruz)，マルコ・ルビオ (Marco Rubio) 両上院議員といったヒスパニック系 (いずれもキューバ系) が立候補し，善戦した。民主党の方のサンダースの主張は，移民労働者の待遇改善 (最低賃金引き上げ) や移民 2 世の選択肢拡大 (公立大学の無償化) の声にも支えられている。

　一方，雇用を奪われた白人ブルーカラー層がトランプ支援に集まっているという構造もある。アメリカの人口動態の急激な変化に対する反作用の象徴がトランプという存在であるといっても過言ではない。「メキシコ国境に万里の長城建設」という公約などはなかなか実現が難しいものではあるが，それでも移民に対する不満層の声を適格に救い上げている。また，同様に「ムスリム入国禁止」についても，イスラム過激派のテロにおびえている一部の国民の声を代弁したのは事実であろう。このように，アメリカという大きな国の変化の縮図が 2016 年選挙にも確実に現われていた。

第3節　政治的分極化と選挙デモクラシーの機能不全

(1) 政治的分極化

　これまで論じた多文化主義的な考え方を受容する社会への変化を背景
に，政党支持についても 1970 年代後半以降再編成が進んでいく。それ
以前の南部は南北戦争以前から続く，民主党の地盤であった。民主党内
でも保守を掲げる議員が南部に集まっており，東部のリベラルな民主党
議員と一線を画する「サザン・デモクラット（Southern Democrats）」として
党内の保守グループを形成していた。しかし，1980 年代以降，キリス
ト教保守勢力と緊密な関係になった共和党が南部の保守世論を味方につ
け，連邦議会の議席を伸ばし，州政府も圧倒する。こうして，「サザン・
デモクラット」に代わり，南部の共和党化が一気に進んでいく。東部の
穏健な共和党の議員が次第に引退するとともに，「民主党＝リベラル＝
北東部・カリフォルニアの政党」「共和党＝保守＝中西部・南部の政党」
と大きく 2 分されていく。

　このようにして，政治・社会における政治的分極化（political polarization：
両極化）が進んでいくことになる。この現象は，国民世論が保守とリベ
ラルという 2 つのイデオロギーで大きく分かれていく現象を意味する。
保守層とリベラル層の立ち位置が離れていくだけでなく，それぞれの層
内での結束（イデオロギー的な凝集性）が次第に強くなっているのもこの現
象の特徴でもある。この現象のために，政党支持でいえば保守層はます
ます共和党支持になり，リベラル層は民主党支持で一枚岩的に結束して
いく状況を生み出している。政治的分極化現象はここ 40 年間で徐々に
進み，ここ数年は，ちょうど左右の力で大きく 2 層に対称的に分かれた
均衡状態に至っている。

　他の先進民主主義国と同じように，アメリカでも政党は有権者にとっ
ては政策そのものを示す「レッテル」である。ただ，2 大政党制が定着し
ているため，「政党というレッテル」に対する愛着度は，有権者の政治
参加の度合いやイデオロギーなども示す指標となっている。実際，出身

地，職業，年収，人種・エスニシティなど，有権者の属性そのものも政党への支持態度（政党帰属性）をみれば明らかになる。アメリカの選挙の場合，民主・共和いずれかの党への帰属性が高ければ高いほど投票に行く確率が高いだけでなく，政治に対する知識や関心も高い。また，共和・民主いずれかの党に強い政党帰属性をもっている人は，ほぼ自分の帰属性の高い政党に投票するため，政党帰属性を見れば選挙の大まかな部分が予測できる。これが民主・共和両党にとっては，自分の党を支える「コア」となる層である。この「コア」層以外の「中道」を抑えるのが選挙での「方程式」である。

　政治的分極化は進んだが，中道派そのものが消えたわけではない。近年，アメリカでも「無党派層」が増えており，「中道」は有権者のほぼ3割を占めている。ギャラップの調査によると，2011年現在，「共和党」への政治的帰属性を示すのが27%，民主党には31%，これに対して「独立（無党派）」と自己回答しているのは40%となっている[11]。

　しかし，「中道」といっても政治的な傾向をさらに分析すると，「共和党（保守）寄り中道」「中道の中の中道」「民主党寄り中道」に3分の1ずつ，3つに分かれている（もちろん，選挙区によってこの割合は異なっている）。「共和党寄り中道」は基本的には共和党，「民主党寄り中道」は基本的には民主党にそれぞれ投票する確率が高い。一方「中道の中の中道」は無関心層にあたり，そもそも政治や選挙には関心が低く，棄権する確率も高い[12]。つまり，第三政党の候補者や無党派候補が獲得する得票は政治文化的に非常に限られているといえる。

(2) 政治エリートの分極化

　分極化については，過去10年間の政党や議会研究の最も重要な研究対象の1つとなっており，さまざまな分析がなされてきた[13]。その中でもこれまで述べたような「世論の分極化」という国民側の変化以上に，議員や政党指導部のような政策エリートの方の分極化の方が激しいという研究者の指摘も少なくない[14]。政策エリートにおける分極化は国民に

先んじる形で進んできた。

　分かりやすい例が，連邦議会下院選挙区割りが生み出した党派性の高い議員の増加である。10年ごとの国勢調査を基にした選挙区割り改定を担当するのは各州議会で多数派となっている政党であり，その多数派党が自分たちにとって有利な選挙区割りを行うケースが目立ってきた。ゲリマンダーに近い区割りの選挙区は議員の政治イデオロギーの純化を意味し，当然ながら，民主・共和どちらかの政党との凝集性は極めて高くなる。このようにして，分極化が進んでいくというメカニズムがある。

　また，1980年代末から連邦選挙規制法の枠外にある献金の総称であるソフトマネーが政党に入り込むことによって，政党の全国委員会の権限が一気に大きくなっていった（前嶋 2011: 124-125）のも分極化の要因の1つと考えられている。政党本部と地方組織の提携が緊密化し，候補者のリクルート活動から，選挙，立法活動のすべての段階に全国政党が関与し，統一的な戦略を組むようになってきた。日本などの議院内閣制の国に比べると，アメリカの政党は法案投票で党内がばらばらになるのは日常茶飯事だったが，全国政党組織の活性化で，共和党は共和党で，民主党は民主党で結束する形となっていった。

　その中で重視されたのが政治マーケティング的な手法であり，議会内では対立党との異なる点を強調し，自分たちの政党への国民からの支持を高めていく議会戦略もニュート・ギングリッチ（Newt Gingrich）下院議長の強力なリーダーシップで知られる第104議会（1995年1月から1997年1月）のころから完全に定着していった。また，これ以前にも1980年代のレーガン（Ronald W. Reagan）大統領のあたりから，テレビなどのメディアを通じて国民に直接に訴えて世論の支持を取り付けることで議会の対立党を動かそうとする「ゴーイング・パブリック戦略（going public strategy）」が一般的になっていた（Kernell 2006）。アメリカの政治システムは，大統領と議会との権力分立が基本となっているが，上下両院のどちらか，あるいは両方の多数派が大統領の政党と異なるという分割政府（divided government）の場合，大統領の政策運営が大きく滞ってしまう。こ

の事態を回避するのが，大統領の「ゴーイング・パブリック戦略」だが，
議会の方も次第にテレビのスクリーンの向こう側にいる支持者に向けて，
大統領やその党を強く非難するようになったことで，政治そのものがよ
り劇場的になっていった。

　政治の劇場化とともに，2000年代に入ってからは，政治の各種情報
が左右の政治的な立場を明確にしたものになっていく。つまり，「分極化」
が政治情報にも及んでいく。

　これについては，4章で詳しく論じるが，共和党と民主党という政党
だけでなく，各種利益団体や一部のシンクタンクも，「味方のメディア」
と「敵のメディア」を峻別し，提供する情報を大きく変えている。さらに，
保守のティーパーティ運動，リベラル派のウォール街占拠運動のいずれ
も，近年の左右の政治運動が拡大していく際には，保守，リベラルのそ
れぞれのメディアが政治的なインフラとなっていった。

(3) 動かない議会とティーパーティ運動

　こうして，この30年間で大きく状況は変わっていく。世論の変化や
政党再編成の結果を反映して，連邦議会内では，民主党と共和党という
2つの極で左右に分かれるのと同時に，党内の結束も強くなっていった。
主要な法案の賛否については，自分の政党でまとまる「政党結束投票
（party unity vote）」の率は，1970年代には民主党も共和党も，上下両院で5
割から6割程度にとどまっていた。つまり，同じ政党内でも半分近くが
法案の賛否で分かれていたことになる。しかし，分極化が進む中で，こ
こ数年は9割近くが自分の政党と同調することが一般的になっている[15]。

　厄介なことに，ここ数年，両党の議席数は比較的近い。さらに，上院
では，対立党を止めるためのフィリバスター（filibuster：議事妨害）も頻繁
に使われるようになってきた。どちらの党が上下両院で多数派を取った
といっても，60議席がなければ，議事妨害中止（クローチャー：cloture）が
できない。つまり，41議席があれば，少数派党であっても多数派党の
主導の法案をほぼ完璧に封じることができる。過去20年間で多数派党

が上院で60議席以上をとったのは，オバマ政権初期の111議会（2009年
1月から2011年1月）の中のうちの数か月しかない[16]（無党派だが民主党と
統一会派をとる2議員を含む）。実際，主要な政策の立法化が止まる「グリッ
ドロック」が起こりやすいという構造となっている。民主党と共和党と
が激しくぶつかり合い，この「政治的分極化」がここ数年間で極まり，まっ
たく妥協できない状況が続いている。かつては民主・共和両党ともに中
道保守的な傾向があり，両党の間の妥協が比較的容易だったのはおとぎ
話のようでもある。

　妥協が見出せないまま，議会は停滞する。ティーパーティ運動の台頭
で共和党が下院で多数派を奪還した2010年中間選挙以降，民主党と共
和党の対立激化で，法案が立法化される数もここ数年，大きく減ってい
る。第112議会（2011年1月から2013年1月）の284，113議会（2013年1
月から2015年1月）の296は，南北戦争以降，最低のワースト1，2の数
を記録している。

　これまで論じた長期的な分極化の構造に加えて，上述のティーパー
ティ運動こそ，議会の膠着状態を生み出した短期的な元凶であるといっ
ても過言ではなかろう。この運動に支持され，「反医療保険改革」「反増
税」「小さな政府」を主張する候補者たちが2010年中間選挙で下院を中
心に議席を奪って以来，議会の状況が大きく変わった。この運動に支持
されたいわゆる「ティーパーティ議員」たちは，いずれも共和党の議員
だが，共和党の穏健派の議員とは明らかに一線を画していた。一言でい
えば，民主党側との妥協を一切許さない強硬姿勢を行動原理とする議
員たちであった。当初は「下院ティーパーティ議員連盟（Congressional Tea
Party Caucus）」として，その後は「下院自由議員連盟（Congressional Freedom
Caucus）」として名前を変え，共和党内保守をけん引していく。「下院自
由議員連盟」は，民主党との妥協を図っているとして何度もジョン・ベ
イナー（John Boehner）下院議長降ろしを企て，2015年夏のベイナー議長
退任後にはポール・ライアン（Paul Ryan）新議長を擁立するなど，議会内
での勢力を伸長させてきた。

(4) 動かない政治

　共和党内の最保守であり，分極化の"鬼っ子"ともいえる存在として2011年以降急成長したティーパーティ運動は，「小さな政府」を強く求め，政府支出の削減を大きく主張してきた。このように，この財政健全化の中での国防予算はかつてのような聖域でなくなっている。

　第112議会の最終段階の2012年末から2013年年明けにかけての「財政の崖（fiscal cliff）」をめぐるオバマ政権と共和党との交渉は，ティーパーティ議員を中心とする反発で困難を極めた。「財政の崖」とは，財政的な非常事態のことであり，①ブッシュ前政権時代に時限立法として延長されてきた所得税やキャピタルゲイン・配当税などの大型減税（ブッシュ減税）の失効と，②財政赤字問題の今後の対応を決めた「2011年予算管理法」に定められた実施予定の自動一律歳出削減のスタート期限が2012年末に同時に迎える，という2つの要因があった。ティーパーティ議員の意向を反映し，増税に反対し社会保障削減を強く主張する共和党と，富裕層への増税を公約としてきたオバマ政権が対立し，「財政の崖」を回避するための話し合いは難航した。

　結局，「財政の崖」協議は期限ぎりぎりに，超富裕層の減税措置の停止を見返りにブッシュ減税を恒久化する形で何とか回避された。しかし，一律歳出削減は2013年3月1日まで先送りされただけであり，3月に歳出を自動削減する強制削減措置が発動された（その後のトランプ政権でこの措置は一部緩和されている）。

　外交政策を進める上でも分極化は影響を及ぼしている。分極化の影響は外交政策の国内政治化でもある。外交政策についても，国内政治と同じように，世論重視という傾向が徐々に強くなっている。分極化を背景に，ここ数年だけでも，シリア・アサド政権への攻撃，イスラム国やウクライナ問題などさまざまな安全保障政策についても議会や世論が大きく分かれ，オバマ政権の足を引っ張る形となっている。分極化を背景にした議会の反発があるため，たとえば，イラク，シリア内で増殖するイスラム国に対しても空爆を中心にした対応にとどまり，地上軍はなかな

か派遣できる状況ではない。もし，本格介入した場合，泥沼化は避けられず，世論や議会の大きな反発が予想されるためである。長期化したイラク，アフガニスタン両戦争で疲弊したアメリカ国内には，現在，厭戦気分が蔓延している。第二次世界大戦以降の冷戦期から比較的長い間，大統領の外交政策に対して，議会はできるだけ，それを受け入れ，対立を避けようとする「冷戦コンセンサス（Cold War Consensus）」が存在したが，それは完全に過去の話となっている。

　「世界の警察官を辞めたのではないか」とも非難されるオバマ・トランプ両政権の外交政策の行動原理の背景には，分極化で生まれた「新孤立主義」といった状況がある。オバマ外交を「現実的」とみる民主党支持者が少なくないのに対して，共和党支持者の多くは「弱腰」とみる。両者の間の共通理解はきわめて少ない。一方で，ロシアや中国の思惑に対して，どうしても後手となってしまっているオバマ外交を不安視する見方も2016年初めの段階では少しずつ広がりつつある。

　一方で，政策形成で世論が重視されるということは，もし政治的争点に対する賛否が分かれていない場合には，うまくいき，そうでない場合には頓挫する。たとえば，キューバとの国交回復は世論の流れを見ても容易に想像できた。各種調査をみても，国交回復を打ち上げた後も，国交回復と経済制裁解除を望む声はさらに増えているため，キューバとの関係改善については今後も比較的うまく進んでいく可能性もある。逆に，トランプ政権発足直後に脱退した環太平洋戦略的経済連携協定（Trans-Pacific Partnership: TPP）については海外への雇用流出，労働環境の悪化，ゆるい環境規制，ジェネリック医薬品の導入の遅れ，為替操作に対する措置機能の欠如など，リベラル側からも反発が大きかった。

(5) 分極化と選挙デモクラシーの危機

　現在のアメリカ社会には，政治に対する強い不満が渦巻いている。その背景には政治的分極化による妥協ができない政治の中，法案がまとまらない機能不全にある。景気は回復しているが，各種世論調査では「ア

メリカのこれから」に対する強い不満がみえる。政治的分極化は 60 年
代から徐々に進行してきたが，ブッシュ（George W. Bush）（子）政権，オバ
マ政権，トランプ政権でより顕著となってきて，今，固定化されつつあ
る。各種世論調査の結果からオバマ大統領もトランプ大統領も，支持者
からは「最高の大統領」，不支持者からは「最低の大統領」とみなされて
いることが分かる。オバマ大統領はさしずめ，「分極化」の時代の「国民
が統合できない象徴」となっている。

　過去 40 年間で政治的分極化は進み，イデオロギー的凝集度が強くなっ
た。という議院内閣制と同じプリズムで政策過程を眺めるようになって
いる。大統領は強い政党凝縮性の中，「政党のリーダー」として議会の
自分の政党と組みながら，立法リーダーシップに積極的となっている。
このような大統領をリチャード・スキナー（Richard M. Skinner）は「党派的
大統領制（partisan presidency）」と読んでいる（Skinner 2009）。ブッシュ大統領
の後半やオバマ大統領の時代は明らかにこの傾向が強かった。さらにト
ランプ政権ではこの傾向に拍車がかかっている。

　政党間の対立が激化する中，アメリカ政治のアクターは「大統領とそ
の政党」対「対立党」現在のアメリカは南北戦争以来の国が 2 分されてい
る状況と言ってよい。保守とリベラル派は世論でも政治エリートの間で
も数字上で拮抗している。そのため，政治過程の膠着（グリッドロック）
を生んでいる。そのため，世論の分極化動かない政治の中，アメリカ社
会に巣食う閉塞感や政治不信は非常に大きい，2014 年 11 月の中間選挙
では，共和党が躍進し，それまでも多数派だった下院で議席を伸ばした
うえで，8 年ぶりに上院でも多数派を奪還した。さらに，全米の多くの
州で同時に行われた知事選などでも共和党が優勢だった。民主党・オバ
マ政権に対する批判が共和党の躍進を支えている。ただ，出口調査の結
果などをみると，オバマ批判だけでなく，連邦議会に対する不満も非常
に高いという非常に異質な選挙であったことが明らかになっている。そ
もそも，2014 年中間選挙では歴史的に低い投票率を記録したほか，中
間選挙後も勝ったはずの共和党指導部に対する強い不満が世論調査で

はうかがわれる。さらにドナルド・トランプの劇的な勝利で終わった2016年アメリカ大統領選挙の結果は，アウトサイダーに対する国民の希求を象徴している。

　この状況は1章で論じられている選挙デモクラシーそのものの危機に他ならない。選挙デモクラシーとは，公職のポストを求めて選挙で2大政党が競争し，選挙後は緩い政党規律のもとで時には政策ごとの多数派を形成して，政治運営を行うデモクラシーである。選挙デモクラシーで重要なものは，政策を生み出すための情報のインプットである投票者の政党支持態度だけでなく，政策選好などを通じて，それを実際にまとめ上げていく多数派形成機能である。この多数派形成機能が行き詰ってしまっているため，新しい政策課題が生まれにくい状況にある。2016年選挙のトランプ現象を新しい選挙民や新世代の政治家として考えられないことはないが，政治的分極化の中で，トランプ政権のいまのところ新しい政策アジェンダをなかなか進めることができず閉塞感が続いている。

　それでは分極化は今後どうなっていくのだろうか。研究者の中には，分極化を長期的なスパンの中で考えてその意味を考えようとする見方もある。議会研究者のローレンス・ドッド（Lawrence Dodd）は，政党中心の政治と委員会中心の政治の両極で揺れ動くと指摘する。ドッドの説を説明すると次のようになる。まず，国民を割るような政治的な争点が浮上した場合，賛否それぞれの主張を代弁してくれる政党を国民は2つに分かれて支持する。しかし妥協がないまま政策は膠着してしまうため，結局，政策は生まれない。そのため，この膠着状態を合理的に回避するため，国民は分極的な行動を辞め，政策を効率的に生み出す議会の委員会中心の政治を志向するようになる。「政党中心の政治」が政治的分極化であり，「委員会中心の政治」が超党派の政治であり，この両者は循環的（cyclical）であるという説である（Dodd 2015: 311-323）。

　ドッドの説は，アンソニー・ダウンズ（Anthony Downs）の合理的選択理論（Downs 1957）を現在の分極化の分析に応用したものである。ドッドによると，過去にも南北戦争以降のリコンストラクション期にも分極化が

進み，その後，委員会中心の政治になっていったという例もある。ただ，一方で，民主党が東部のリベラル派とサザン・デモクラットが共存した時代の方が例外的である，という他の研究者の見方もある[17]。ただ，議員にとっては，そもそも「動かない」連邦議会への国民世論の批判がこれだけ強い中，超党派の妥協を訴えていくことは，自分の議席を守るために合理的な選択という見方もできるであろう。

このような純粋な理論的な議論以外でも，分極化の今後について，さまざまなシナリオが考えられている。長期的に考えれば，現在，拮抗している民主党と共和党のバランスが変わっていく要因はいくつかある。その代表的なものが移民の存在である。アメリカを目指す移民の数は現在，歴史上，最も多くなっており，一種の移民ブームとなっている。2001年から2010年までの10年間に永住権を与えられた移民の数は1,050万人を超えており，10年単位ではアメリカの歴史上もっとも多くなっている[18]。

もちろん，既に共和党は必死にヒスパニック系やアジア系のつなぎとめを急いでいる。また，移民は一枚岩ではない。ヒスパニック系の中でも，とくに，革命をきっかけに移ってきたキューバ系の中には反共主義の人も多く，共和党支持は根強い。上述のように2016年の大統領選挙の共和党候補者指名争いに立候補をしたマルコ・ルビオ，テッド・クレーズ両上院議員もキューバ系である。しかし，たとえば，ユダヤ系のように所得や社会的な階層が高くなっていっても，毎回の大統領選挙では7割が民主党候補に投票しているケースもあり，ヒスパニック系全体の政党支持態度というのはなかなか変わらないかもしれない。そうすると，ヒスパニック系移民やアジア系移民の増加が増え続ければ，当面は低賃金労働を行う層となるとみられているため，所得再分配的な政策に積極的な民主党の支持層が増えていくと考えられるかもしれない。そうなると膠着していた共和党と民主党のバランスが変わるだけでなく，それぞれの党が推進する政策そのものを大きく変えていく可能性がある。

第4節　結びに代えて

　本章で述べたように政治参加からガバナンスのあり方まで，長期的には「政治的分極化」はアメリカの政治過程を変貌させつつある。「政治的分極化」は政党を中心に置きながらも，政党だけでなく，世論や政治報道など社会全体を巻き込む大きな変化であり，根は深い。さらに短期的なティーパーティ議員らの躍進もあり，「動かない政治」「決まらない政治」が固定化しつつある。

　最後となったが，1つだけ付け加えたい。本章ではやや単純な形で多文化主義と政治的分極化との関係を論じているが，実際にはもう少し複雑である。たとえば1970年代には良好であるといわれたヒスパニック系とアフリカ系の協力体制は，その後，少しずつ，破綻を見せている。これは，上述のように80年代以降のヒスパニック系の急増で，両者の力関係が大きく変わったためである。アフリカ系としては，急増するヒスパニック系に，単純労働などの職を奪われるという経済的な問題に直面している。また，教育政策についても，アフリカ系の不満が高まっている。これは，ヒスパニック系は英語とスペイン語との2か国語教育の必要性を訴えるが，2か国語教育を実施した場合，アフリカ系に回るはずのマイノリティ支援のための教育資金がラテン系に配分されてしまうためである。アフリカ系の間では，移民を支援する政策に対しても否定的な意見も多い。たとえば，1994年，カリフォルニア州で不法滞在者への教育・医療提供の制限を求める「提案187号」が提出・採択された際，ヒスパニック系の大多数が制限について反対したのに対し，黒人の大多数はこの提案に賛成だった (Vaca 2004: 187)。また，上述のアファーマティブ・アクションについては進学率が高いアジア系は対象外とする大学もある。

　このように，リベラル派とみられるグループ内での対立もあり (あるいは保守派の中にもいくつかのグループがある)，単純な構図で説明できない状況も多々ある。しかし，アメリカ政治の閉塞状況の元凶といえる政

治的分極化の中では，やはり「保守対リベラル」というプリズムの中で
政治が動いていくようにみえる。

注

1　人種・エスニシティに関するアイデンティティは長年の社会化によって形
　成されていく。ただ，形成されるものであるため，人種・エスニシティを
　振り分けるはっきりした規則があるわけではない。そのため，人種・エス
　ニシティの定義はそもそもさまざまである。アメリカでは，自分の肌や目
　の色など「肉体的な特徴」で分類したものを人種として，宗教，言語などの
　「文化的特徴や伝統」で分類したものをエスニシティとして論じることが多
　い。たとえば，白人，黒人（アフリカ系アメリカ人），アジア系アメリカ人
　は「人種」，イタリア系アメリカ人，ユダヤ系アメリカ人，日系アメリカ人，
　韓国系アメリカ人はそれぞれ「エスニシティ」といった分類が例外はあると
　しても一般的である。

2　たとえば，Robert Dahl, *Who Governs?: Democracy and Power in the American City*, 1963,
　Yale University Press.

3　本章ではふれないが，言うまでもなく，ネイティブ・アメリカンも「セニ
　オリティ」の例外であった。

4　Sonenshein, Raphael J., *Politics in Black and White: Race and Power in Los Angeles*, 1993,
　Princeton University Press. ジェシー・ジャクソン（Jesse Jackson）の率いる「虹
　の連合（レインボー・コアリッション）」は，組織の名前からも明確なように，
　この人種マイノリティの政治活動のモデルを意識している。

5　アファーマティブ・アクションの端緒は公民権法成立よりも 3 年前の 1961
　年，人種差別撤廃を求めるアフリカ系の公民権運動の高まりを受け，ケネ
　ディ大統領が連邦政府の契約企業に命じた行政命令（executive order 10925）
　である。この行政命令は憲法修正 14 条「法の下の平等」を根拠にしている。
　公民権法を改正した 1972 年の雇用機会均等法が教育機会授与の重要性を強
　調したことなどから，大学でも少数派優遇措置が開始された。同法 6 章（Title
　6）は教育の機会均等（equal opportunity）の確保が定められている。

6　被告のカリフォルニア大デービス校医学部定員 100 人中のうち，少数派と
　経済的困窮世帯出身枠が合計 16 人だった。

7　Gratz v. Bollinger はロースクール入学選抜について，Grutter v. Bollinger は学
　部入学選抜についての判決。

8　その後の訴訟で発効は翌97年3月まで遅れる。

9　Hunter, James Davidson, *Culture Wars: The Struggle to Define America*, 1991, Basic Books などが「文化戦争」議論の先鞭をつけた。

10　https://www.census.gov/quickfacts/table/PST045215/00.

11　http://www.gallup.com/poll/151943/record-high-americans-identify-independents.aspx（2012年4月1日に閲覧）.

12　「無党派層」が実際には非常に限られているという分析については，代表的なものでは，Bruce E. Keith, et.al., *The Myth of the Independent Voter*, 1992, University of California Press. などがある。

13　たとえば，McCarty, Nolan, Keith T. Poole, and Howard Rosenthal, *Polarized America: The Dance of Ideology and Unequal Riches*, 2008, MIT Press; Fiorina, Morris P., Samuel J. Abrams, and Jeremy C. Pope, *Culture War? The Myth of a Polarized America*, 3rd., 2010, Longman; Poole, Keith T., and Howard Rosenthal, *Ideology & Congress*, 2nd ed., 2007, Transaction Publishers, Persily, Nathaniel, ed., *Solution to Political Polarization in America*, 2015, Cambridge University Press などがある。

14　たとえば，Fiorina, Morris P., Samuel J. Abrams, and Jeremy C. Pope, *Culture War? The Myth of a Polarized America*, 3rd ed., 2010, Longman などが代表的である。ただ，一連の著作を通じてフィオリーナは「アメリカ国民は分極化されたのではなく，よりよく分類されただけである」と主張している。

15　コングレッショナル・クォータリーのデータによる。http://media.cq.com/votestudies/（2017年2月11日に閲覧）.

16　多数派党が60議席を確保することはまれであり，開始時でみれば第95議会（1977年1月から1979年1月）までさかのぼる。ただし，本章で指摘した通り，当時は多数派党の民主党内がサザン・デモクラットとそれ以外の対立があり，政党でまとまるのが非常に難しかった。

17　Frances E. Lee, "Roundtable on Larry Dodd's Congress in a Downsian World: Polarization Cycles and Regime," Annual Conference of the Southern Political Science Association, January 8. 2016. また，同じく Frances E. Lee, *Beyond Ideology: Politics, Principles, and Partisanship in the U. S. Senate*, 2009, University Of Chicago Press にも同様の指摘がされている。

18　http://www.census.gov/population/intmigration/（2017年3月5日に閲覧）.

参考文献

Browning, Rufus P., Dale Rogers Marshall, and David H. Tabb. 1990. *Racial Politics in*

American Cities. Longman.

Downs, Anthony. 1957. *An Economic Theory of Democracy*. Harper.

Kernell, Samuel. 2006. *Going Public: New Strategies of Presidential Leadership*. 4th ed. CQ Press.

Lawrence C. Dodd. 2015. "Congress in a Downsian World: Polarization Cycles and Regime Change." *Journal of Politics* 77 (2).

Skinner, Richard, M. 2009. "Barack Obama and The Partisan Presidency" Paper Prepared for the October 2009 "State of the Parties" Conference, Cuyahoga Falls, Ohio.

Vaca, Nicolas C. 2004. *The Presumed Alliance: The Unspoken Conflict between Latinos and Blacks and What it Means for America*, Rayo.

前嶋和弘. 2011.『アメリカ政治とメディア：「政治のインフラ」から「政治の主役」に変貌するメディア』北樹出版.

第3章　合衆国最高裁判所と選挙デモクラシー

川岸令和

第1節　政治過程の一部としての最高裁

　政治の裁判化 (judicialization of politics) 現象が指摘されて久しい。そして
それは世界的な傾向として認識されている (Vallinder 1994)。その現象は，
多かれ少なかれ政治性を帯びた紛争の解決が政治過程から裁判過程に移
行されている状況を指している (Hirshl 2008)。立憲主義的体制は人々の
自由や権利を保護することが重要な政治目標でもあるので，違憲審査制
が一般化した今日，憲法上の権利の観念が実質化し，法秩序の憲法化が
進展している (Sweet 2012)。政治の裁判化は，その意味で，リベラル・デ
モクラシーにあっては一定程度不可避であるが，その程度の見極めは至
難である。その裏側には裁判の政治化という罠も用意されている。

　この点，アメリカ合衆国はもっとも早くに政治の裁判化が認識された
国家であろう。ジャクソニアン・デモクラシー時にアメリカを旅行した
フランス人のトクヴィル (Alexis de Tocqueville) の観察がそのことをよく示
している。「法律に違憲判決を下す力のあるアメリカの司法官は，絶え
ず政治問題に介入する。」「合衆国では，ほとんどどんな政治問題もいず
れは司法問題に転化する。」(トクヴィル 2005: 180, 181)。その経験は貴重
な教訓を提供してくれるに違いない。

　実際，政治と法，いわゆる政治部門と裁判所との相互交渉による政
策の実現は，合衆国政治の特徴となっている。その原形は 1803 年に出
来上がった。合衆国最高裁判所 (以下，最高裁と略称する) は，Marbury v.
Madison (5 U.S. 137 (1803)) 判決において，裁判所が大統領の行為や議会制
定法を審査できることを自らの解釈によって明らかにした。つまり，こ

の判決は最高裁が政治過程を統制する権能を具えていることを宣言した
ものであった。審査権の創造は，爾後の政治過程に決定的に大きなイン
パクトを及ぼすことになった。

　最高裁が連邦法を憲法違反とした第 2 の事例は，約半世紀後の Dred
Scott v. Sandford (60 U.S. 393 (1857)) 判決であり，この判決は結果として合
衆国を破滅の危機に陥れることになった。それは，合衆国憲法制定に
よっても解決できず，その後の政治過程によっても不調であった奴隷制
問題を果敢にも最高裁が解決しようとしたことに起因する。しかしな
がら，この判決は，黒人 (アフリカ系) は合衆国市民たりえないとし，ま
た，1820 年のミズーリ協定は奴隷制度を禁止する自由州を設定してお
り，法のデュー・プロセスなくして財産を奪うもので憲法違反であると
したことで，むしろ内戦を招き寄せるのを加速させてしまった。最高裁
が解決できると信じて疑わなかった奴隷制問題は，結局，南北戦争で約
62 万人の人命を犠牲にして北軍が勝利することで決着を見たのであっ
た[1]。この間の事情は，最高裁の判断が国家の命運を左右しかねないこ
とを象徴的に示すものである。

　だが最高裁は，再び，政治の問題に深く関与することになる。今度は
国家の望ましいあり方をめぐる対立が対象となった。具体的には，1929
年に発生した世界大恐慌への対応が争点になった。伝統的な自由放任型
の社会経済政策は財産権や契約の自由を重視したが[2]，新規の政策は市
民の社会経済的な状況に国家が正統に関心を払うべきであるとの考え方
に依拠する。フランクリン・D・ルーズベルト (Franklin D. Roosevelt) 大統
領はニューディール政策を掲げ選挙に勝利するが，最高裁は従来の解釈
を固持しニューディール政策を支える法律を度々違憲とした[3]。ルーズ
ベルトはこれに対し，最高裁に 70 歳を超えて在職している裁判官がい
る場合，大統領は最大 15 名となるまでその数の裁判官を任命できると
する最高裁抱き込み案 (Court-packing Plan) を準備したが，1936 年選挙の
民主党の大勝にもかかわらず[4]，この法案は日の目を見なかった。むしろ，
最高裁はニューディール立法を 5 対 4 で違憲としていたが，選挙結果を

目の当たりにした多数派の 1 人が意見を変更したことで新多数派が形成され, ニューディール立法を正当化するようになった (いわゆる 1937 年の憲法革命)。政治部門との対峙が国家の行く末を左右するだけでなく, 最高裁自体が打撃を受ける可能性があった。

　本章では, 最高裁の社会に対する影響の観点から, まず公教育の人種統合をめぐる事件の推移を追い, 今世紀に入ってからの社会的に影響力の大きいと思われる諸判決を瞥見する (第 2 節)。次に, そうした判決が 5 対 4 の票決で決定されることが多いことから, 最高裁裁判官の任命過程を確認し (第 3 節), その資質について検討する (第 4 節)。最後に, 近年の最高裁の保守化の行方を展望する (第 5 節)。

第 2 節　最高裁と社会改革

　第二次世界大戦後, 最高裁のあり方, 違憲審査権行使の態様が人々の関心を集めることになったのは, このような歴史に照らせば, もっともなことである。違憲審査制が反多数決主義的傾向を具えていることがはっきりと認識されるようになったことを反映している。著名な憲法学者アレクサンダー・M・ビックル (Alexander M. Bickel) はこうした問題意識を違憲審査制の反多数決主義の難題として定式化し (Bickel 1986), 爾後の最高裁をめぐるディスコースを方向付けることになった (松井 1991；阪口 2001；Ackerman 1991)。とくに社会経済政策に関しては, 最高裁が政治部門との対決を避けることは憲法革命後の基本姿勢となった。その新しい最高裁のあり方はニューディール政策を正当化したある判決の脚注で示されている[5]。それによると, 最高裁は, 社会経済立法に対しては合憲性の推定を強く認め, 介入を差し控えるが, 憲法に規定された権利の制限が法文上認められる場合, 法律が政治過程自体を制限している場合, さらに法律上はっきりと区別され孤立した少数者が対象となっている場合には, 合憲性の推定を強く認めず, 介入する可能性を留保するというのである。つまり, 審査の対象に応じて消極主義と積極主義を使い分け

ることを示唆するものとなっていた (松井 1994)。

(1) ブラウン判決とその後

　そしてこの示唆が現実のものになったのはアール・ウォーレン (Earl Warren) が首席裁判官を務めたウォーレン・コート (1953 年 10 月 5 日〜 1969 年 6 月 23 日) の時期であった。市民的自由や平等の局面で最高裁が主導する社会改革の時代が実現した。元来，最高裁は憲法判断をするにしても，事件を前提に行うので，あくまでも対象とする事件に即した結論が導き出されるだけのはずである。しかし最高裁の判決には先例としての拘束力が認められること，また憲法判断は合衆国憲法のように硬度が高く憲法改正が困難であることなどから，最高裁の憲法判断は大きな影響力を有することになる。

　その最たるものは Brown v. Board of Education of Topeka (347 U.S. 483 (1954)) 判決であろう (大沢 2016: 191-218；勝田 2007)。義務教育課程での黒白別学は平等保護に違反し違憲であるとしたこの判決はアメリカ社会，特に人種の隔離を温存してきた南部社会に大きな影響を及ぼすことになった。というのも，ブラウン判決は従前の憲法解釈を実質的に変更するものであったからである。事情はこうである。約 62 万人の犠牲者を出した南北戦争後，憲法改正がなされ，その成果が法典化された (修正 13 条，14 条，15 条)。とくに修正 14 条は Dred Scott 判決を覆すべく，合衆国市民権の観念が創設され，法のデュー・プロセスによらずして生命，自由，または財産を奪われないこと，および法の平等保護等が規定された。だが，南北戦争後の再建 (Reconstruction) は連邦軍の南部諸州への駐留によって支えられていた側面があり，長引く共和党主導の軍事政権の不自然さからも当初の熱気が退潮していった (Ackerman 1998)。1876 年の大統領選挙がその雰囲気を象徴するものであった。共和党候補者ヘイズ (Rutherford B. Hayes) と民主党候補者ティルデン (Samuel J. Tilden) らで争われたが，一般投票ではティルデンが優位に立つが，混乱の末，選挙人投票では 185 対 184 でヘイズが勝利した。その際，連邦軍の南部諸州から

の撤退，民主党からの長官の登用，南部の経済発展策の採用などを見返りに，ヘイズの勝利を容認するという約束が取り交わされていたとされる（1877年の妥協）。この出来事は再建期の終了を画することになる。それに呼応するように，最高裁は修正14条の平等保護条項を骨抜きにするかのような解釈を正当化した。1890年制定のルイジアナ州法は鉄道の利用に当たって白人席と黒人席との区別を設け，黒人が白人席に入ることを禁止していた。この区別が平等保護に反するか否かが争われたが，最高裁は平等保護条項の意義を狭く解し，法的平等の実現に限定した。社会的な平等の実現はこの条項の目的の対象外であるとし，本件では黒人に法的平等が否定されているわけではないので，本条項違反とはならないと判示した（Plessy v. Ferguson, 163 U.S. 537（1986））。いわゆる「分離すれども，平等（separate but equal）」の原則の確立である。仮に白人と黒人との真に同等の施設が用意されたとしても，本来，分離すれば不平等なはずであり，実際には白人向けと黒人向けとでは施設に通常圧倒的な差があるので，いずれにせよ不平等なはずである。しかしこの判決によって隔離制度は合憲のお墨付きを得て，南部諸州に拡大していった。20世紀中頃までいわゆるジムクロウ（Jim Crow）体制が確立し維持された。ブラウン判決は心理学や社会学などの社会科学的な分析手法に訴えかけながら，こうした南部の矛盾を剔抉し，たとえ質的に同等であったとしても分離された教育施設は「本質的に不平等である」と解釈し，公教育の分野での黒白別学を平等保護条項違反と判断した。ブラウン判決は公教育を対象にしたものであったが，南部の社会に根付いていた隔離制度を明確に否定しており，公共の施設やサービスがエスニシティの観点から隔離されていれば，違憲の結論が予測されることになった。そもそも，冷戦まっただ中の時代，分離すれども平等の論理は自由主義陣営のリーダーに相応しいとはいえないとも考えられた。市民的権利獲得運動（Civil Rights Movement）もあり，社会の変容の端緒が拓かれた。ただ南部の白人の人々からは激しい抵抗を受けることになる。また，消極的な自由とは異なり，平等は実現の仕方が一様ではないため，ブラウン判決自体が公

教育での平等という目標達成のための筋道を示していなかったので，困難を招くことになる。公立学校のエスニシティの統合を実現する任務を合衆国地方裁判所に授権し，統合は「可及的速やかに (with all deliberate speed)」実現されなければならないと命じた (Brown v. Board of Education of Topika (Brown II), 349 U.S. 294 (1955))。

　最高裁の判断に対する抵抗は苛烈を極めた。アーカンソー州リトルロック市の教育委員会はブラウン判決の趣旨に沿って，公立学校の統合化を決めたことで，リトルロック中央ハイスクールでは旧来の白人だけの学校に 9 名の黒人生徒が登録をし，実際に登校することになった。しかし反対の抗議が激しく，登校を物理的に阻止しようとするなど，騒然となった。フォーバス (Orval E. Faubus) 知事は黒人生徒の登校を認めないとの観点から，騒擾の平定のために州兵を学校に派遣した。だがアーカンソー市長マン (Woodrow W. Mann) は法の執行の観点から，アイゼンハワー (Dwight D. Eisenhower) 大統領に電報で連邦軍の派遣を求め，大統領令が発せられ，黒人生徒は連邦軍に警護されて登校した (Martin 2002)。その後，州兵は連邦化され (合衆国憲法 2 条 2 節 1 項参照)，知事の統制外に置かれることになる。

　最高裁はその憲法解釈の権威を譲ろうとはしなかった。騒擾の結果，暴力も予想されることから，アーカンソー州教育委員会の委員が人種を統合した学校の実現を 30 か月にわたり遅らせることを求める訴えを合衆国地方裁判所に申し立てた。最高裁は，教育委員会にはそのような権限はなく，最高裁の判断に拘束されると判示した (Cooper v. Aaron, 358 U.S. 1 (1958))。最高裁は全員一致で，ブラウン判決の当事者ではない者は当該判決に拘束されないという主張を斥け，マーベリー判決を援用しつつ，合衆国憲法の最高法規性，そしてその憲法の意味を明らかにする最高裁の解釈の優越性を宣言した。しかし，これで抵抗が収まったわけではなかったし，統合学校は南部社会になかなか浸透しなかった[6]。公立学校自体の閉鎖 (Goss v. Board of Education of the City of Knoxville, 373 U.S. 683 (1968))，人種の観点から多数派になるように児童生徒が転校できる制度 (Griffin v.

County School Board of Prince Edward County, 377 U.S. 218（1964）），学校自由選択制（Green v. Count School Board of New Kent County, 391 U.S. 430（1968））など統合学校の理念を骨抜きにする政策に対して，最高裁は次々と違憲を宣言した。

　またジョンソン（Lyndon B. Johnson）大統領や連邦議会も最高裁に押される形で差別禁止へ舵を切ることになる。1964 年には市民的権利法（Civil Rights Act of 1964）を制定した（Ackerman 2014）。これにより，統合学校化を条件に連邦支援の許否が可能となり，翌年には初等中等教育法も制定され，統合がより展開することになった。さらに，バランスのとれた統合を進めるため，居住地と学校との間にある程度の距離がある場合にバス通学を命じる合衆国地裁裁判官の判断を最高裁は維持した（Swann v. Charlotte-Mecklenburg Board of education, 402 U.S. 1（1971））。ただこの判決が，結果的に統合学校をめぐる事件で，最高裁裁判官全員一致の最後のものとなった。

　時代がまた動き出していた。1968 年の大統領選挙はベトナム戦争の混乱のゆえにジョンソン大統領は出馬せず，結局，ウォーレン・コートのリベラルな諸判断に異を唱え「法と秩序」を掲げるニクソン（Richard M. Nixon）の勝利に帰した。リベラルな政治文化は終わりを告げようとしていた。最高裁もウォーレン・E・バーガー（Warren E. Burger）が首席裁判官となり，裁判所主導の社会変革はウォーレン・コートのようには展開しなくなる。実際，強制バス通学制度は批判も多く，他のマイノリティはもちろんのこと，毎日長距離を移動することもめずらしくなく，黒人の間でも不評であった（McCloskey 2016: 258）。この問題は統合学校化へのよりソフトなアプローチを取るようになった裁判所の態度変更で事実上終結をみた。最高裁自身が統合実現のために裁判所による救済を大幅に制限した。最高裁は人種に基づく隔離を法上のもの（de jure）と事実上のもの（de facto）に区別することになり，前者が裁判所が関与する問題とされた（Keyes v. School District No. 1, Denver, Colorado, 413 U.S. 189（1973））。複数学校区を 1 つに統一し統合学校を実現する手法は，1 つの学校区で憲法違

反があることを示すだけでは不十分で，さらにそれが原因で他の学校区に隔離の効果が生じていることを示すことができて初めて採用することができると最高裁は 5 対 4 の票決で判断した (Milliken v. Bradley, 418 U.S. 717 (1974))。統合学校の問題は実は南部だけではなく，北部でも争点となった。北部の都市圏でもその中心部と郊外とでは法的ではないが事実として人種の棲み分けが進み，別学が通常のこととなっていた。統合学校の問題は徐々に最高裁に事件として繋属することは少なくなった。だが制定法に基づく隔離が否定されて以降現在に至るまで続いており，再隔離 (resegregation) とも呼ばれる問題である (Boger and Gary 2005)。

　21 世紀に入って，生徒を特定の学校に割り当てる場合に人種を考慮要素とすることが最高裁で争われた。2 件が併合されていた。1 つはケンタッキー州ルイビル (Louisville) での事件で，そこではかつて違憲とされた隔離制度が行われていた。もう 1 つは，ワシントン州シアトル (Seattle) で，隔離政策がとられていたことはない。両市では，人種が過度に集中した学校にならないことを保証するよう制度化された自発的なプログラムを展開していた。ジョン・G・ロバーツ (John G. Roberts) 首席裁判官は 4 名を代表して，ブラウン判決の核心は肌の色にとらわれないこと (color-blindness) にあるとし，両プログラムは人種を識別基準にしている点で厳格基準で審査されるとした。その上で，憲法違反の状況からの救済が求められているわけではなく，教室内の多様性の確保というだけでは厳格審査を満たさないとした。スティーブン・G・ブライヤー (Stephen G. Breyer) 裁判官は 4 名を代表して，ブラウン判決以降，法は隔離学校をなくすために自発的なあるいは強制的な人種を意識した政策を認容してきたのであって，学校教育における統合はやむにやまれぬ政府利益であり，より包摂的な生徒集団を実現するのに必要なことを行うとする学校制度の自発的な努力を最高裁は尊重すべきであるとした。両市のプログラムを違憲とする決定票を投じたのはアンソニー・M・ケネディ (Anthony M. Kennedy) 裁判官であった。彼は，統合学校の実現はやむにやまれぬ政府利益であり，人種の観点を考慮することは許されているとするが，統合

を実現するために本当に必要な政策であることを証明する責任が満たされていないと判断した。彼はより多様な学校の実現のためのいくつかの他の方法を示唆している（Parents Involved in Community Schools v. Seattle School District No. 1, 551 U.S 701（2007））。

　ブラウン判決で始まった裁判所が主導する学校教育のおける人種統合の試みは，図らずも，根深い偏見の持続など人間社会の複雑さを反映する結果に至っている。一連の過程は法を用いた社会変革の効果と限界をよく示している。ブラウン事件は伝統的な訴訟とは異なり，隔離学校制度の変革を目指す公共訴訟であった（Chayes 1976；大沢 1987）。ブラウン判決は，全米黒人地位向上協会（National Associataion for the Advancement of Colored People: 以下，NAACP と略す）が中心になって計画的に提起した訴訟に合衆国最高裁が積極的に応答することによって引き出されたものであった（Tushnet 1987）。法を使った社会変革は，概して NAACP やアメリカ自由人権協会（American Civil Libetties Union; ACLU）などのリベラルな挑戦として始まったが，最高裁が保守化すると共に，ウォーレン・コートのリベラルな遺産の掘り崩しを狙う保守的な運動も活発化する（O'Connor and Epstein1983, Teles 2008）。フェデラリスト協会の隆盛は目を見張るものがある（Hollis-Brusky 2015）。

(2) 近年の動向

　合衆国最高裁は近年も引き続き人々の日常の生活に大きな影響を及ぼしている。若干の事例を瞥見しておこう。2000 年の大統領選挙で，フロリダ州における選挙争訟の手続を終結させ，ブッシュ（George W. Bush）（子）大統領を誕生させた Bush v. Gore, 531 U.S. 98（2000）は記憶に新しいところである。今世紀最初期には，連邦議会は修正 14 条のもとで障碍をもつ人々に対する差別を違法化する権限をもたないと判示した Board of Trustees of the University of Alabama v. Garrett, 531 U.S. 356（2001）（5 対 4），政治と宗教の分離を要求する国教樹立禁止条項のもとで，宗派学校に通う生徒に恩恵が広く及ぶ州の学校バウチャー制度を合憲とした Zelman v.

Simmons-Harris, 536 U.S. 639 (2002)(5対4)がある。さらに大学入学に関する積極的差別是正措置に関して，ミシガン大学の学部入学選抜での人種に基づく画一的取扱いを違憲としたが(Gratz v. Bollinger, 539 U.S. 244 (2003)(6対3)),同法科大学院の入学選抜については院生集団の多様性確保に厳密に適合すると判断し，合憲とした (Grutter v. Bollinger, 539 U.S. 306 (2003)(5対4))。親密な人間関係についても，成人であれば，修正14条のデュー・プロセスにいう自由の権利を行使して，自由に私的な行為に従事できるとして，テキサス州反ソドミー法を違憲とした (Lawrence v. Texas, 539 U.S. 558 (2003)(6対3))。同性婚に関して，州政府が同性婚を認めている場合，連邦政府が連邦の法制度でそれを否定することは修正5条によって保護されている人々の平等な自由を剥奪し違憲と判示した(United States v. Windsor, 570 U.S. 744 (2013)(5対4))。さらに進んで，婚姻を人の自由に本来的な根本的な権利とし，同性婚カップルについても州政府によるその剥奪はデュー・プロセスおよび平等保護を保障する修正14条に違反すると結論づけた (Obergefell v. Hodges, 576 U.S. __ ,135 S.Ct. 2584 (2015)(5対4))。また最高裁は修正2条を根拠に武器を携帯する個人の権利を承認し,しかも同条は州に対しても適用があると判断した(District of Columbia v. Heller, 554 U.S. 570 (2008)(5対4), McDonald v. Chicago, 561 U.S. 742 (2010)(5対4))。

　オバマ (Barak Obama) 大統領の重要な政策目標の1つであった医療保険制度の改革については，最高裁は事前の予想に反し合憲と判断した (National Federation of Independent Business v. Sebelius, 567 U.S. 519 (2012)(5対4))。さらに雇用に基づいたグループ医療保険は食品医薬品局承認の避妊手段などある種の予防ケアを提供しなければならないとする規定に関して，宗教的な信念を有する営利法人に対する適用除外が認められていないことを信教の自由回復法違反とした (Burwell v. Hobby Lobby, 573 U.S. __ , 134 S.Ct. 2751 (2014)(5対4))。だが新制度の下での税額控除について，最高裁は歳入庁の権限を承認した (King v. Burwell, 576 U.S. __ , 135 S.Ct. 2480 (2015)(6対3))。

第3節　最高裁裁判官の任命

　以上に垣間みたことからも分かるように，最高裁はアメリカの社会に大きな影響を及ぼしており，しかも重要事案が5対4で決着することも多々ある。そこでその人的構成には否が応でも衆目が集まることになる。最高裁裁判官の任命が政治的争点になるのも宜なるかなである。

(1) 大統領の任命権

　合衆国憲法によると，合衆国の裁判官は罪過なき限り，その地位に留まる（3条1節2文）。つまり，最高裁裁判官は，自発的に辞職するか，あるいは，弾劾され有罪となって解任されるかしなければ[7]，終身務めることになる。30年以上にわたってその職を占める者も珍しくない[8]。大統領の任期は4年であり，現在では3選が禁止されているので，最長でも10年未満である[9]。これに対して，上述のように最高裁裁判官には任期がない。大統領は，現在，首席裁判官および陪席裁判官の8つの合わせて9枠任命する可能性があるが，任期の長さの差異からして大統領が最高裁裁判官を任命する機会は稀少である。これまで44名の大統領が誕生しているが，4名の大統領が最高裁裁判官を1人も任命できなかった。近年では，カーター（Jimmy Cater）大統領は再選を果たせなかったこともあり，最高裁裁判官任命の機会にまったく恵まれなかった。

　最高裁裁判官の任命は大統領にとって貴重な機会であるので，それを有効に活かそうと，潜在的な候補者を早くから入念にリストアップしていると言われている。概して，大統領による最高裁裁判官の任命は法的である以上に政治的である。もちろん，アイゼンハワー大統領によるウォーレン首席裁判官の任命のように大統領選挙での協力の見返りといった戦略的な取引による任命もある。しかし通常は，大統領は自らと似たような政治的イデオロギー的傾向を有する者を指名することになる。特に法理論上影響力が大きく指導力を発揮する裁判官の任命に成功すれば，大統領の政治的アジェンダの遂行にあずかって大いに力があろう

(Ackerman 1988)。ジョン・アダムス (John Adams) 大統領によるジョン・マーシャル (John J. Marshall) 首席裁判官の任命のように，場合によっては自らの退任後もその成果は長く残ることになる。レーガン (Ronald W. Reagan) 大統領によるアントニン・G・スカリア (Antonin G. Scalia) 裁判官の任命は，ウォーレン・コートのリベラルな遺産を相殺するべく意図され，実際に 2016 年 2 月 13 日の死去に至るまで保守的な思想を主導してきた。

(2) 上院の助言と承認

　ただし大統領による最高裁裁判官の任命はその一方的権限行使ではなく，上院の助言と承認を得た上でのことである。権力分立の思想に基づく抑制と均衡のダイナミズムがこの文脈でも作用することになる。大統領は候補者の指名にあたって上院議員に助言を求め，指名者を決めた後は上院の承認を求めることになる。憲法上，上院には大統領の指名する合衆国の上級公務員につき承認する権能が付与されている。この権能は下院には認められていない上院独自のものである。上院は，承認の対象が裁判官の場合には，執行府の人員の場合よりも，その適性について仔細な審査を実施すると言われている (Rybicki 2017: 1)。それは，大統領が各省長官等執行府の人員を任命する選択においてより自由度が認められた方が，執行権の長としての大統領の政策実現に好ましいという判断が働いているのであろう。それに対して，裁判官は，大統領が指揮する執行府とは別の独立した政府部門を担う構成員であり，とくに最高裁裁判官の場合，その政治的・社会的影響力の大きさから，より慎重な審査が理論的に求められるからであろう。

(3) 司法委員会の活動

　大統領の指名に助言と承認を与える権能については憲法の条文は上院に言及するだけであるが，今日では上院の司法委員会がその権能行使に重要な役割を果たしている。司法委員会は，指名を受けた候補者が最高裁裁判官に相応しいかを調査し，上院全体に対して報告する任務を果た

している。具体的には，司法委員会の活動は，まず，指名された候補者
に関して公聴会前にその適性を調査すること，次に，指名された候補者
への公聴会を実施すること，そして上院全体への推薦内容について委員
会の意思を決定することという3つの段階を踏む(McMillion 2018: 1)。公
聴会前の調査では司法委員会は，履歴から始まって専門家としての活動
記録や資産状況の開示など詳細に及ぶ質問書を示し，候補者からの回
答を得る。またFBIの調査に加えて，アメリカ法律家協会(American Bar
Association)の連邦司法部常設委員会による候補者の法律家としての資質
の評価書も上院議員が指名を承認する場合に重要な資料となる。

　ABAのこの委員会は，専門家としての最高位の器量とインテグリティ
を具えた法律家を委員とし，委員会の活動は不偏性と独立性の維持を
旨とする。委員会が採用する，最高裁判所裁判官への指名者の評価の
規準は，専門家としての資格にのみ照準を合わせたものであり，イン
テグリティ，専門家としての能力，そして裁判官としての気性(judicial
temperament)が問われる。とくに，明確で説得力がある文章力，さまざ
まな法を調和的に運用する能力，将来の事件について下級審裁判所や法
曹に対し有意義な手引き提供する能力などは最高裁裁判官に求められる
ものである。正式報告書では，「十分に資格あり」，「資格あり」，「資格
なし」の3段階での指名された候補者の評価が示される。伝統的に，上
院司法委員会の求めに応じて，委員長と評価責任者は被指名者の承認
のための公聴会で証言をすることになる(Standing Committee on the Federal
Judiciary 2009)。大抵の被指名者は「十分に資格あり」と評価され，委員会
の多数が「資格なし」と評価した被指名者はいない[10]。1987年のロバート・
ボーク(Robert Bork)と1991年のクラレンス・トーマス(Clarence Thomas)
の2人の保守的イデオロギーを具えた被指名者が低い評価であったこと
から，リベラルなバイアスへの不満が一部共和党議員や保守系団体を中
心に示されたことがあった。ニューデール後に確立した積極国家体制か
ら新自由主義的な体制への転換を目指すボークの指名は，10名の委員
が「十分に資格あり」とし，4名が「資格なし」，1名が「反対しない」と

し評価が分かれ，中間的な「資格あり」とする委員がいなかった。他方，トーマスの場合は，12名の委員が「資格あり」とし，2名の委員は「資格なし」とし，「十分に資格あり」と評価した委員は誰もいなかった（1名の委員は回避）(McMillion 2018: 5-6)。1993年のギンズバーグ (Ruth B. Ginsburg) 指名以来，回避をともなうことはあるが全員一致で「十分に資格あり」が続いている。

　上院司法委員会の公聴会は1916年に初めて開催されたとされる。ルイス・D・ブランダイス (Louis D. Brandeis) 裁判官の指名承認にあたってのことであった。ただブランダイス本人は証言を求められることはなく，外部の専門家が証言をした。その後も公聴会が必ずしも確立した慣行となった訳ではなかった。被指名者本人が公聴会に出席して証言するようになるのは1955年のハーラン (John Marshall Harlan) 裁判官の指名承認からである。そして1981年のオコナー (Sandra Day O'Connor) 裁判官の指名承認の過程で，公聴会がテレビ放送されることとなった。この慣行は爾後現在に至るまで継続されている。質問を通じて司法委員会委員はそれぞれの観点から，被指名者の最高裁裁判官としての適性を検証していくことになる。質問は，一般に，法律家としての資格，これまでの公の活動，裁判官としてのあるべき姿，憲法問題，判決する際の分析手法などを含む。そしてこうした質問と被指名者の回答は他の上院議員が承認するか否かを判断する際に大いに参考にされる。また公聴会が広く報道されることで一般市民の間の公共の討議が深まることもある (McMillion 2018: 9-10)。

　なお大統領から指名を受けたが，司法委員会の公聴会に進めなかった候補者が，今世紀に入って3名いる。ロバーツ，ハイエット・マイヤーズ (Harriet Miers)，メリック・ガーランド (Merrick Garland) である。ロバーツは2005年に一旦ブッシュ（子）大統領に陪席裁判官として指名されたが，レンクィスト (William H. Rehnquist) 首席裁判官の死去後撤回され，首席裁判官として改めて指名された。マイヤーズは，ブッシュ大統領の法律顧問 (White House Counsel) であったが，オコナー裁判官の後任として大

統領の指名を受けた。しかし彼女の法律家としての資質に共和党の有力上院議員からも疑問が噴出し，結局，司法委員会の公聴会前に指名辞退に追い込まれた。

　ガーランドのケースは注目に値する。2016年2月13日にスカリア裁判官が急逝したのが事の発端である。先ほども述べたように，スカリアは最高裁の保守的陣営の代表格であり，オバマ大統領によるリベラルな思想の持ち主の指名承認は最高裁のイデオロギー的構成を変更することになるので，大いに注目された。オバマ大統領は同年3月16日にDC巡回区の控訴裁判所裁判官のガーランドを指名した。彼は超党派で尊敬されている穏健なベテラン控訴裁判所裁判官で，これまでの被指名者では控訴裁裁判官としての経験がもっとも豊かで，年齢も63歳と高齢である（Wheaton et al. 2016）。しかし上院で多数を握る共和党は院内総務のマコーネル（Mitch McConnell）のリーダーシップのもと，大統領の選挙の年には最高裁裁判官の指名承認を行わないとした。ただこれまで大統領選挙の年であっても上院は現職の大統領の最高裁裁判官指名を取り扱わなかったことはなかった（Kar and Mazzone 2016）。その結果，ガーランドは大統領に指名はされたが，上院はその承認の手続を執ることはなく，司法委員会の公聴会に招かれることも，上院全体で票決にかけられることもなかった。第114議会が終わった2017年1月3日にガーランドの最高裁裁判官への指名は効力を失った。なおこの共和党上院の戦術は，彼らにとっては功を奏した。2016年11月の大統領選挙でトランプ（Donald J. Trump）が勝利し，翌年1月に大統領に就任し，彼は保守的なゴーサッチ（Neil Gorsuch）を指名し，上院はその指名を承認した。このようにしてイデオロギー構成は維持されたのであった。

　さて公聴会が終わると司法委員会は報告書をまとめることになる。上院全体への報告は，指名に対して好意的，否定的，あるいは推薦しないとの3種類の評価に分けられる。被指名者が司法委員会の全員一致で好意的な評価を得る者は，1994年のブライヤー以来，現れていない。意見対立が激しくなっていることが影響しているのであろう。ほぼ，ある

いは，完全に党派的対立が反映されるケースが増えてきている。今世紀
になってからは，2005 年のロバーツ（首席裁判官へ）が 13 対 5 で一部反
対があったと評することができる他は，2009 年のソトマイヨール（Sonia
Sotomayor）および 2010 年のケイガン（Elena Kagan）はともに 13 対 6 でほぼ
党派に沿った投票により，さらに 2006 年のアリトー（Samuel Alito Jr.）お
よび 2017 年のゴーサッチはそれぞれ 10 対 8，11 対 9 と完全に党派的な
投票により好意的な評価が決定している。近年の事例では，司法委員会
は，ボークとトーマスの指名では好意的な評価を上院全体に報告する
ことができなかった。ボークのケースでは，5 対 9 での多数で否決され，
否定的な報告となり，トーマスのケースでは，7 対 7 で否決され，推薦
しないとの報告がなされている。ただし 1816 年の司法委員会創設以来
の伝統では，指名に対する消極的な報告がなされたとしても，上院全体
での検討に付されることになっている[11]。

(4) 上院全体の審議

　司法委員会の報告を受け，上院全体での審議が始まる。指名の承認へ
の手続を進めること，いつからどの程度の時間をかけて審議し，いつ採
決するかなどについて全会一致の決定が求められるのが通常である。た
だ意見対立が激しく一致をみないこともある。その場合，多数党のリー
ダーが指名の審議に議事を進めるとの動議を提案することになる。指名
の審議入り自体の妨害を排除するためにこの動議は討議できない。

　上院では，全会一致で討議の時間を設定しなければ，時間制限がない
ので，延々と議論することで被指名者の承認のための最終投票を遅ら
せたり阻止したりできる。フィリバスターである。それに対抗する手
段として討論終結動議の提出がある。この動議が成立すると，討議は
爾後 30 時間に制限されることになる。そしてこの動議の成立のために
は，定足数を満たした上院の多数議員の賛成でよいとされている。実は，
2017 年 4 月 6 日以前は，最高裁裁判官承認についての討論終結動議は 5
分の 3 の多数，現在欠員がないとすれば 60 名，の上院議員の賛成が必

要であった。動議の優先性について規定する上院議院規則 22 条自体の改正ではなく，その解釈を変更することで，定足数を満たした上での単純多数による賛成でよいとしたのである [12]。

　まず 2017 年 4 月 4 日，ゴーサッチ指名承認の審議始まった。多数派院内総務マコーネルは討論終結動議を提出した。2 日経った 4 月 6 日に，討論終結動議が採決された。ここでの採択要件である 60 名の賛成が得られず，動議は 55 対 45 で否決された。しかし，否決されると，投票の再検討の動議が提出される。この再検討の動議は勝利した側か投票しなかった者からだけ提出することができるので，通常初めから否決の側に投票した多数党院内総務はその動議を提出することになる。この再検討の動議も討論の対象とはならない。対抗として提出される一定時間延期の動議を単純多数で否決し (48 対 52)，その上で，討論終結の投票の再検討を単純多数で可決すると，討論終結動議が再度上院に係属することになる。次に多数派院内総務が議事進行 (point of order) に関する質問をする。上院議事規則 22 条のもとで討論終結動議は単純多数決で決することができるのか，と。議事進行者はその質問に否定的に裁定する。多数派院内総務はその裁定に異議を申し立てる。この異議は，討論終結動議という討議できない動議に関連しているので，この異議も討議できない性質のものである。この異議に対抗する形で，少数派院内総務から休会の動議が提出されるが，単純多数決で否決された (48 対 52)。その上で，議事進行者は裁定についての異議を上院全体に問うことになる。議事進行者の決定は上院の判断となるか，という質問には 48 対 52 で否決することになり，これまでの解釈は変更され，ここに新しい先例が打ち立てられることになった。その後書記が討論終結動議を再度報告し，単純多数による可決という新しい解釈のもと，採決が行われ，54 対 45 で討論終結動議が認められた。30 時間の討論の後，4 月 7 日に指名承認の投票が行われ，54 対 45 でゴーサッチは承認された。このようにしてフィリバスターを克服したが，議事規則変更のための核オプション ("nuclear" option) などと呼ばれる論争的な手法によってである。

　ただ元々は議事手続の緩い上院で討論終結動議（議事規則 22 条 2 節）は
1917 年に立法過程に対して導入された。それが指名承認過程に拡大さ
れたのは 1949 年のことである。最高裁裁判官の指名に関連して討論終
結動議は必ずしも多用されてきたわけではない。5 分の 3 の多数の賛成
が求められていた時代に 4 件のみであった。最も著名なのが，1968 年
にジョンソン大統領がフォータス（Abe Fortas）陪席裁判官を首席裁判官に
指名した際に反対派による承認阻止のフィリバスターがなされ，それ
を乗り越えるために討論終結動議が提出された。しかし，5 分の 3 要件
を満たすことができず，大統領は指名撤回に追い込まれた。裁判官倫理
上の疑念や大統領の恩赦の依頼をめぐる金銭的スキャンダルから，結局，
フォータスは 1969 年 5 月 14 日に陪席裁判官の職も辞すことになった。
最近の事例は，2006 年のブッシュ（子）大統領によるアリトーの指名の
ケースである。72 対 25 で討論終結動議に賛成が示され，最終の投票で
は 58 対 42 でその指名は承認された（Beth et al.2018: 10 table 4）。

　最高裁裁判官の果たす役割の重要性からその指名過程において上院で
フィリバスターは必ずしも積極的に利用されてきたわけではない。上述
のボークやトーマスの指名承認に関しても，司法委員会での積極的な判
断がなかったことから，その適格性をめぐって激しく意見のやり取りが
なされたが，フィリバスターやその対抗としての討論終結動議の提出が
なされたわけではなかった。最終的に，ボークは 42 対 58 で否決された
が，トーマスは 52 対 48 で指名は承認された。

　上院での指名承認は，かつては発声投票によることが一般的であった
が，今日では点呼投票により，単純多数の賛成による。1970 年以降の
上院での指名承認を見てみると，今世紀に入ってから傾向が異なって
いることが分かる。かつてはもちろん例外——レンクィストの 1971 年
の陪席裁判官指名時は 68 対 26，1986 年の首席裁判官指名時は 65 対 33，
そして既に触れたトーマスの 52 対 48，さらにヘインズワース，カーズ
ウェル，ボークの否決事例——はあったものの，各指名承認は全会一致
か反対票は一桁に収まっていた[13]。しかし今世紀に入ると，対立が激化

する。レンクィストの死去を受けて首席裁判官に指名されたロバーツの
場合，論争的であったレンクィストの指名よりも意見の分岐は小さく，
反対票が最も少なかったが，それでも 78 対 22 と相当の反対の意思が示
された。その他の 5 件の指名ではみな 30 票以上の反対票が投じられて
いる [14]。

　なかでも所属政党で投票がはっきりと 2 分される傾向は，特に共和党
の大統領による指名の場合に顕在化している。ウォーレン・コートの
リベラルな遺産，そしてロー判決に代表されるバーガー・コートのア
ドホックな積極主義の遺産を覆すことを目標に定めている共和党の保
守派としては，ブラックマン（Harry A. Blackmun），スティーブンス（John P.
Stevens），そしてスーター（David Souter）のような裁判官を最高裁に送り
込むことはできないと考えるようになっている。彼ら 3 名は，共和党の
大統領から保守的な価値の実現を目指して指名を受け，上院の承認を得
て，最高裁で活動をする過程で，徐々にその立場をリベラルな側に変化
させていった。もちろん，反対方向の変化もあり，フランクファーター
（Felix Frankfurter）やホワイト（Byron R. White）のようにリベラルな価値の実
現への期待は裏切られたといえるであろう。既にみたように，社会的な
インパクトの大きな最高裁の判決は 5 対 4 の票決で決せられることが多
い。イデオロギー的に漂流しない候補者の指名承認が重要となる。

　合衆国裁判官の指名に昨今多大な影響力を行使してきているのが，保
守的なイデオロギーを体現する 1982 年に創設されたフェデラリスト
協会（正式には，法と公共政策研究のためのフェデラリスト協会 The Federalist
Society for Law and Public Policy Studies）という非営利団体である。この団体は，
法共同体がリベラルなイデオロギーによって強固に支配されている状態
を打破しようと結成された，保守およびリバタリアンの法律家・法学生
の集団である。特に重視されているのは，個人の自由と伝統的な価値を
擁護するための，権力分立，連邦制，制限され憲法に基づく政府，そし
て法の支配の役割をより正しく認識することであり，現在そして将来の
指導者がアメリカ法の基礎にある諸原則に対する理解を向上させるよ

う活動を展開してきている[15]。憲法を重視し，その厳格な解釈を主張し，原意主義 (originalism) やテキスト主義 (textualism) に依拠するのが一般である。ただし司法消極主義を必ずしも意図するわけではなく，プログレッシブな規制を積極的に違憲とすることを厭わない。スカリアはシカゴ大学ロースクール教授時代にこの団体の最初期のファカルティー・アドバイザーの有力な一人であった。現在の最高裁を構成する裁判官のうち過去または現在当団体の会員であるものは，着任順にトーマス，ロバーツ，アリトー，ゴーサッチ，そしてカバノーと過半数を占めるに至っている（Avery and Mclauhlin 2013: Appendix B）。

第4節　最高裁裁判官の資質

　ここで最高裁裁判官に求められる資質について検討しておこう。一般に専門家としての力量が最重要視される。大抵の場合は法律家としての資質が問題となる。とくに最高裁が憲法裁判所としての機能を果たすことから，憲法に対する洞察は不可欠である。最高裁は良かれ悪しかれ政治過程の重要な構成要素であり，候補者はその司法哲学が審査される。その関係で候補者のイデオロギーも論点になることが多い。とくにロバート・ボーク合衆国控訴裁裁判官の承認がその保守的司法哲学やニューディール体制の否定などから上院で否決されたとき，承認過程でのイデオロギー対立が顕在化した。最高裁裁判官としての資質とイデオロギーの関係は必ずしも判然としないが，大統領が憲法解釈の方向を転換したいと考えていれば，その方向での変更が適切かどうか論争となろう。ルーズベルト大統領は裁判所抱き込み案に失敗して，結局，人事権を通じて彼のニューディール政策を最高裁に支持させたといえる。このことからも分かるように，憲法への理解は不可欠な資質である。最高裁が単に最上級審であるだけでなく，憲法裁判所としても役割を果たす。否，むしろ，裁量上告 (writ of certiorari) を実体的に取り上げるのは年間80件を下回る程度になっている昨今，後者の役割が一層重視される

ようになっている。合衆国は 200 年以上前に制定された憲法典を維持してきている稀有な存在である。そればかりではなく，最高裁の判断が国家の方向性を左右することになった過去の体験も貴重である。したがって最高裁裁判官の憲法解釈の方法に注目が集まる所以がある。ブッシュ（子）大統領のマイヤーズ指名が，共和党からも批判を招き，撤回に追い込まれたのは象徴的である。裁判官歴がないことに加えて，妊娠中絶規制に対して厳格な姿勢を取っていないことが共和党の主流派から疑問視された。さらに当時の共和党上院司法委員会委員長スペクター（Arlen Specter）はマイヤーズが「憲法の速成コースを受ける」必要があると指摘したことに示されるように（Stout 2005），憲法に対する適切な理解や確固たる司法哲学が最高裁裁判官にとっては必須の要素となっている。

　次に重要となるのが，最高裁全体の人的構成である。最高裁のメンバーが国民を代表した構成となっているかどうかが広く意識されてきた。伝統的には裁判官の出身が地域的に偏らないようにと配慮されてきた。今日では地域的なバランスよりも，性別，人種，イデオロギーなど別の要素が重視されるようになっている。支持政党は変わらず重要な要素である。かつては大統領が何人か指名する機会に恵まれれば，自己と異なる政党を支持する者を最高裁裁判官に任命することもあった。戦略的任命という考え方である。共和党のアイゼンハワー大統領が民主党支持のブレナン（William J. Brennan Jr.）を指名したことはよく知られている。北東部のカトリック票を得ることが再選に必要と考えられ，アイゼンハワーは選挙直前にブレナンを休会任命したのであった。果たして彼は再選を果たし，ブレナンは爾後上院で正式に承認され任命された。彼のこの任命は，先になされたウォーレンの首席裁判官任命と共に，彼の意向に必ずしも沿うものではなかったであろうが，後にウォーレン・コートと呼ばれ一時代を画ことになる最高裁主導のリベラルな改革の端緒となったのであった。大統領が自己の所属する政党ではない反対党の支持者を最高裁裁判官に指名任命することは，ニクソン大統領による南部民主党のパウエル（Lewis F. Powell, Jr.）以降行われていない。

　宗教，エスニシティ，ジェンダーなども重要な考慮要素である。プロテスタント優位の社会構造を背景にカトリック教徒やユダヤ教徒の最高裁裁判官に懸念が示されたこともあった。実際，最初のユダヤ系の最高裁裁判官ブランダイスが任命されたのは，酷しい論争の結果 1916 年 6 月 1 日に上院で承認された (47 対 22) ときであった。その後, カードーゾー (Benjamin N. Cardozo) (1932 年 3 月 14 日〜 1938 年 7 月 9 日)，フランクファーター，ゴールドバーグ (Arthur Goldberg)，フォータスとユダヤ系は継続的に最高裁に地位を占めることになる。フォータスの辞任でユダヤ椅子は途切れたが，1993 年にクリントン大統領がギンズバーグ合衆国 DC 巡回区控訴裁裁判官を任命したとき復活した。アフリカ系初の最高裁裁判官はサーグッド・マーシャル (Thurgood Marshall) である。彼は NAACP 弁護士として後にリーディングケースとなる事件の多くで最高裁で弁論を展開していたし，深刻な刑事事件も手がけていた。ケネディ大統領が 1961 年に合衆国控訴裁判所第 2 巡回区裁判官に指名任命し，その後ジョンソン大統領が 1965 年に合衆国訟務長官 (Solicitor General) に任命した。このようにマーシャルは最高裁裁判官になるまでに法律家としての多岐にわたる要職を占めていた点でも特筆される。1967 年に上院で指名が承認された (69 対 11)。1980 年の大統領選挙はレーガンの勝利に帰したが，その選挙運動中彼は女性を最高裁裁判官に任命すると約束していた。それに沿って彼は 1981 年 8 月 19 日にアリゾナ州控訴裁判所裁判官であったオコナーを指名し，上院は同年 9 月 21 日に 99 対 0 で合衆国史上初の女性最高裁裁判官を承認した。ヒスパニック系最高裁裁判官の誕生は，2009 年にソトマイョールが史上 3 人目の女性裁判官として任命された時であった。

　最高裁裁判官の資質を図る 1 つの規準として，裁判官職の経験が用いられる。マイヤーズの指名辞退の原因の 1 つになったのも，裁判官職の経験の欠如であった。とくに最近の任命された最高裁裁判官の直近の前職は合衆国控訴裁判所裁判官であることがほとんどである。スーターはニューハンプシャー州の最高裁を含む州裁判所裁判官の経験が長く，

1990 年 10 月に合衆国最高裁裁判官に任命される直前の短期間，合衆国控訴裁判所第 1 巡回区裁判官を務めた。オコナーはアリゾナ州の裁判官から合衆国控訴裁判所裁判官を経験することなく直接に合衆国最高裁裁判官に任命された現時点で最後の人物である。現在のメンバーは 8 名が控訴裁判所裁判官から最高裁判所裁判官に任命されているが，唯一別職であったのはケイガンで，オバマ政権のもとで訟務長官を務めていた。直近前職のこうした均一化は承認のための公聴会が高度に注目され政治化するにつれ，失点を避けるという無難な対応が一般化してきていることと無関係ではないであろう。

　その点で，ウォーレン・コートのメンバーの前職は多彩であり（Horwitz 1999；Powe 2000），現在の傾向とは対照的である。ルーズベルト，トルーマン，アイゼンハワー，ケネディ，ジョンソンの 5 名の大統領がウォーレン・コートを構成するウォーレン首席裁判官および 1 名の陪席裁判官を任命した。任命の古い順に直近の職を中心に見て行こう[16]。まず最古参のブラック（Hugo Black; 1937 年 8 月 18 日〜 1971 年 9 月 17 日在職）はアラバマ州選出の上院議員であった。リード（Stanley Forman Reed; 1938 年 1 月 27 日〜 1957 年 2 月 25 日在職）は，ルーズベルト政権での訟務長官であった。フランクファーター（1939 年 1 月 20 日〜 1962 年 8 月 28 日在職）はハーバード・ロースクールの教授であった。ダグラス（William O. Douglas; 1939 年 4 月 15 日〜 1975 年 11 月 12 日）はイェール・ロースクールの教授からルーズベルト大統領によって証券取引委員会委員長に任命されていた。ウォーレン・コートを構成していた時間は短いが，ジャクソン（Robert H. Jackson; 1941 年 7 月 11 日〜 1954 年 10 月 9 日在職）はルーズベルト政権のもとで訟務長官に引き続き司法長官を務めた。トルーマン大統領の任命に係る最初の最高裁裁判官は共和党支持のバートン（Harold Hitz Burton; 1945 年 9 月 22 日〜 1958 年 10 月 13 日）で，オハイオ州クリーブランド市長の後オハイオ州選出の上院議員であった。クラーク（Tom C. Clark; 1949 年 8 月 19 日〜 1967 年 6 月 12 日在職）は合衆国司法長官であった。ミントン（Sherman Minton; 1949 年 10 月 5 日〜 1956 年 10 月 5 日在職）はウォーレン・コートを

構成したのは3年間ほどに過ぎなかったが，彼もインディアナ州選出の上院議員であった。ウォーレン自身は，既に述べたように，アイゼンハワー大統領の任命であった。首席裁判官はカリフォルニア知事を務め，合衆国大統領を目指して共和党の候補者指名をアイゼンハワーと競い合った政治家であった。ただアメリカ合衆国の場合，政治家の主な給源はロースクール卒業生であり，法律家と政治家の線引きは必ずしも明確ではない。ウォーレンも検事としてキャリアを始めている。ハーラン(1955年3月17日〜1971年9月23日在職)はジャクソンのポジションを引き継ぐ形で任命されたが，約1年間合衆国控訴裁判所第2巡回区裁判官を務めていた。ミントンのポジションを引き継いだのは既に言及したブレナン(1956年10月15日〜1990年7月20日在職)であり，ニュージャージー州最高裁の陪席裁判官を務めていた。リードのポジションを継承したのはウィテカー(Charles Evans Whittaker; 1957年3月22日〜1962年3月31日在職)で，合衆国ミズーリ西地区裁判所裁判官，控訴裁判所第8巡回区裁判官を務めた。バートンのポジションを占めたスチュワート(Potter Stewart)は，最高裁に任命される以前に約4年半合衆国控訴裁判所第6巡回区裁判官を務めた。ケネディが大統領に就任し，ウィテカーの後継枠にホワイトを任命した。ホワイト(1962年4月12日〜1993年6月28日在職)はプロフットボール(NFL)の選手として活躍した経歴を有し，直前はケネディ政権で司法次官を務めていた。ゴールドバーグ(1962年9月28日〜1965年7月26日在職)は，フランクファーターの後任枠で任命された。直前の1年半ほどは労働長官を務めていた。陪席裁判官職には3年弱留まっただけで，国連大使に転出した。その後任枠は，ジョンソン大統領によってフォータス(1965年10月4日〜1969年5月14日在職)が任命された。フォータスは，今日，世界最大級の法律事務所である Arnold & Porter (Arnold & Porter Kaye Scholer LLP) の創設者の1人で，最高裁で何度も弁論を展開していた。最後にウォーレン・コートに参加したのは，クラークの後任枠で任命されたマーシャル(1967年8月30日〜1991年10月1日在職)である。マーシャルの多彩な前歴については既に言及した。このようにウォーレ

ン・コートを構成した裁判官たちの前職が多様であることは，もちろん社会のエリートであることを前提としても，法の運営に経験が少なからぬ影響を及ぼすのであれば，国家の基本法である憲法の実現過程によりさまざまな光を当てることにつながるであろう。

第5節　最高裁と保守化の行方

　話を1970年代初頭に戻そう。ウォーレン・コートの司法積極主義を批判し大統領になったニクソンが任命したバーガーを首席裁判官とするバーガー・コートは保守化が予想された。しかし，その予想は必ずしも的中しなかった。ウォーレン・コートの主要な判決を覆すことはなかった (Greenhouse 1995)。それどころか，より積極的な判決も多かった。政教分離の分野で目的・効果・過度の関わり合いの3要件で判断するレモン・テストを提示した Lemon v. Kurtzman, 403 U.S. 602 (1971)，泥沼化したベトナム戦争の政策決定過程を分析した文書が持ち出され連載掲載を始めたニューヨーク・タイムズ紙やワシントン・ポスト紙に対して政府が出版の差し止めを求めたが，最高裁はそれを認めなかった New York Times v. United States, 403 U.S. 713 (1971)，不快な言論を保護した Cohen v. California, 403 U.S. 15 (1971)，わいせつ表現の定義を変更し，3要件テストを明らかにした Miller v. California, 413 U.S. 15 (1973)，ウォーターゲート事件に関連して，ニクソン大統領と彼の助言者との間のコミュニケーションのすべてが保護されるとする執行特権を拒絶した United States v. Nixon, 418 U.S. 683 (1974)，メディカル・スクール入学における積極的差別是正措置の違憲性について，多数意見は形成できなかったが，憲法および1964年市民的権利法の第6編のもとで積極的差別是正措置一般は是認されるが，人種に基づく特別枠は許容されないとした Regents of the University of California v. Bakke, 438 U.S. 265 (1978) などが著名である。

　しかし，もっとも論争を誘発してきたのは，女性が人工妊娠中絶を

するかしないかを選択する権利は修正 14 条のデュー・プロセス条項に
よって保護されるとした Roe v. Wade, 410 U.S. 113 (1973)判決であろう(小
竹 2010)。胎児の母体外での生存可能性以前の時期での中絶は一般に合
法化された。その判断は 7 対 2 の票決でよるものであった。この判決
はかつてニューデール政策の実施を阻害した実体的デュー・プロセス
の復活とも捉えられた。プロセス理論では正当化が困難であり，リベ
ラルな立場からもその解釈手法に疑問も呈された (Ely 1973)。爾後，社
会は選択派 (pro-choice) と生命派 (pro-life) とに 2 分され，それぞれに草の
根運動が展開されてきた (Baum 2019: 225-227, 小竹 2013)。大統領選挙のた
びに共和党はロー判決を覆すべく最高裁裁判官を任命することを約束
することになる。そして中絶への政府助成規制は違憲とはされていな
い (Maher v. Roe, 432 U.S. 464 (1977) (6 対 3)；Harris v. McRae, 448 U.S. 297 (1980)
(5 対 4)；Rust v. Sullivan, 500 U.S. 173 (1991) (5 対 4))。ただ 2019 年の時点で
はロー判決の変更にまで至ってはいないが，選択の権利に制限を加え
ることはそれなりに可能である。最高裁は，胎児が母体外で生存可能
となる以前に中絶を求める女性に「不当な負担 (undue burden)」を課すな
らば，その制限は違憲となるとし，実際配偶者告知要件を違憲とした
(Planned Parenthood of Southeastern Pennsylvania v. Casey, 505 U.S. 833 (1992) (5 対
4))。さらに連邦議会が 2003 年に制定した部分的出産中絶禁止法によ
る拡張吸引方法の一部の禁止を合憲とした (Gonzales v. Carhart, 550 U.S. 124
(2007) (5 対 4))。ただ最近でもテキサス州の中絶規制は不当な負担に当
たるとして違憲とされた(Whole Woman's Health v. Hellerstedt, 579 U.S. __, 136 S.
Ct. 2292 (2016) (5 対 3))。共和党が大統領，州知事，連邦議会を統制する
と，中絶に制限が加えられることになる。トランプ大統領が就任し，2
名の最高裁裁判官を任命したことは，これまでの最高裁の人的バラン
スを変容させることになると予想される。決定票を投じることの多かっ
たケネディがカバノーに代わったことは，近年 5 対 4 で決定されてき
た領域の判例変更をもたらすことになるかもしれない。現に，これま
でケネディの存在で多数意見が形成されなかった党派的ゲリマンダー

は，5 対 4 の票決で，政治問題として司法判断適合性を欠くとされる
に至った（Lamone v. Benisek, 588 U.S. ＿ , 138 S. Ct. 1942（2019）；Rucho v. Common
Cause, 588 U.S. ＿ , 139 S.Ct. 2484（2019）.）。妊娠中絶規制が次の判例変更の対
象であろう（Chemerinsky 2018；Bui et al. 2019）。

　バーガー・コートはアドホックな積極主義が批判の対象となった（Blasi
1983）。より保守的なレンクィスト・コート，そしてロバーツ・コート
への過渡期と位置づけられる。ただ保守的と言うことは必ずしも司法消
極主義を意味しない。レンクィスト・コートはもっとも積極的な最高裁
という評価もあるほどであり（Keck 2004），ロバーツ・コートもたとえば
選挙資金規制を次々と違憲としてきた（Randall v. Sorrell, 548 U.S. 230（2006）；
FEC v. Wisconsin Right to Life, Inc., 551 U.S. 449（2007）；Davis v. FEC, 554 U.S.
724（2008）；Citizens United v. FEC, 558 U.S. 310（2010）；McCutcheon v. FEC,
572 U.S. 185（2014））。法律は保守的思想を反映しており，違憲を主張す
るのはリベラルというイメージは，既にアナクロニズムである。最高裁
の違憲審査権行使は合衆国における政治過程にもはや深く根ざしており，
左右両派がそれぞれの政策実現のため，最高裁を拒否権プレイヤーとし
て，あるいは，保存プレイヤーとして利用する事態は容易には変わらな
いであろう。問題は，今日の立憲主義体制はどの程度の政治の裁判化を
正統化できるのかということである。

注

1　南北戦争の犠牲者は，1815 年のナポレオン戦争終結から 1914 年の第一次
　世界大戦開始までの間の西洋での戦争としては最大で，もっとも破壊的な
　武力紛争であった。See James M. McPherson. "A Defining Time in Our Nation's
　History." https://www.battlefields.org/learn/articles/brief-overview-american-civil-
　war.

2　Lochner v. New York, 198 U.S. 45（1905）はその代表例とされることが多い。

3　たとえば，全国産業復興法（National Industrial Adjustment Act）を違憲と
　した Schechter Poultry Corp. v. United States, 295 U.S. 495（1935），農業調整法
　（Agricultural Adjustment Act）を違憲とした United States v. Butler, 297 U.S. 1

(1936)。

4　大統領選挙は，ルーズベルト，ランドン（Alfred Mossman Landon）などが戦ったが，一般投票では 60.8％対 36.5％，選挙人数では 523 対 8 であった。上院議員選挙では，96 議席の内 36 議席が争われ，民主党が 5 議席増となり，全体で 74 議席，共和党は 17 議席となった。下院議員選挙でも，民主党は 12 議席増の 435 議席中 334 議席，共和党は 15 議席減の 88 議席となった。

5　United States v. Carolene Products Co., 304 U.S. 144 (1938) n. 4.

6　ブラウン判決から 10 年が経た 1964 年の段階で，南部では黒人の児童生徒の 1.2％だけが白人の児童生徒と机を並べていたとされる。ただ 1973 年には 91.3％とに上昇している。Rosenberg 2008: 50 table 2.1.

7　最高裁裁判官が弾劾された事例はサミュエル・チェイス（Samuel Chase）の 1 件しかなく，しかもその裁判で有罪とはならなかった。

8　John Marshall（首席），William Johnson, Joseph Story, John McLean, James Moore Wayne, Stephen Johnson Field, John Marshall Harlan, Hugo Black, William O. Douglas, William J. Brennan, Byron White, William Rehnquist（陪席および首席を合わせて），John Paul Stevens の各裁判官（特記以外はすべて陪席のみ）。

9　大統領に事故があり副大統領から大統領に昇進した場合，残任期間が 2 年未満であれば大統領として 1 期とは数えない。修正 22 条参照。

10　第 101 議会（1989 年～ 1990 年）以降の評価は ABA のウェブページで参照できる。https: //www. americanbar.org/groups/committees/federal_judiciary/ratings/.

11　全体では 7 名の指名で否定的報告と 2 名の指名で推薦しないとの報告がなされている。McMillion 2016: 19 n.73.

12　実は 2013 年 11 月 21 日に最高裁裁判官の指名を除いて，執行府上級職員および下級審裁判官の指名についての討論終結動議に関して 5 分の 3 要件が単純過半数要件に減少されていた。Heitshusen 2013.

13　1970 年のブラックマン 94 対 0，1971 年のパウエル 89 対 1，1975 年のスティーブンス 98 対 0, 1981 年のオコナー 99 対 0, 1986 年のスカリア 98 対 0, 1988 年のケネディ 97 対 0，1990 年のスーター 90 対 9, 1993 年のギンズバーグ 96 対 3，1994 年のブライヤー 87 対 9。

14　2006 年のアリトー 58 対 42，2009 年のソトマイヨール 68 対 31，2010 年のケイガン 63 対 37, 2017 年のゴーサッチ 54 対 45, 2018 年のカバノー（Brett Kavanaugh）50 対 48）。

15　フェデラリスト協会のウェブ・ページ。https: //fedsoc.org/about-us/ourbackground.

16　各裁判官の略歴は連邦司法センター（Federal Judicial Center）のWebペー
ジを参照。https: //www.fjc.gov/ history/ courts/supreme-court-united-states-
justices/.

参考文献

Ackerman, Bruce. 1988. "Transformative Appointments." *Harvard Law Review* 101: 1164-
1184.

─────. 1991. *We the People: Foundations.* Harvard University Press.

─────. 1998. *We the People: Transformations.* Harvard University Press.

─────. 2014. *We the People: The Civil Rights Revolution.* Harvard University Press.

Avery, Michael, and Danielle McLaughlin. 2013. *The Federalist Society: How Conservatives
Took the Law Back from Liberals.* Vanberbilt University Press.

Baum, Lawrence. 2019. *The Supreme Court.* 13th ed. CQ Press.

Beth, Richard S., Elizabeth Rybicki, and Michael Greene. 2018. "Cloture Atempts on
Nominations: Date and Historical Development through Novemebr 20, 2013." *CRS
Report* RL32878.

Beth, Richard S., and Besty Palmer. 2011. "Supreme Court Nominations: Senate Floor
Procedure and Practice, 1789-2011." *CRS Report* RL33247.

Bickel, Alexander M. 1986. *The Least Dangerous Branch: The Supreme Court at the Bar of
Politics.* 2nd ed. Yale University Press.

Blasi, Vincent. ed. 1983. *Burger Court: The Counter-Revolution That Wasn't.* Yale University
Press.

Boger, John Charles, and Gary Orfield. eds. 2005. *School Resegregation: Must the South Turn
Back?* University of North Carolina Press.

Bui, Quoctrung, Claire Cain Miller, and Margot Sanger-Katz. 2019. "Where Roe v. Wade
Has the Biggest Effect." *New York Times,* July 18.

Chayes, Abram. 1976. "The Role of the Judge in Public Law Litigation." *Harvard Law
Review* 89: 1281-1316.

Chemerinsky, Erwin. 2018. *We the People: A Progressive Reading of the Constitution for the
Twenty-First Century.* Picador.

Dudziak, Mary L. 2004. "Brown as a Cold War Case." *Journal of American History* 91: 32-
42.

Ely, John Hart. 1973. "The Wages of Crying Wolf: A Comment on Roe v. Wade." *Yale*

Law Journal 82: 920-949.

───. 1980. *Democracy and Distrust: A Theory of Judicial Review*, Harvard University Press（1990. 佐藤幸治・松井茂記訳『民主主義と司法審査』成文堂）.

Greenhouse, Linda. 1995. "Warren E. Burger Is Dead at 87; Was Chief Justice for 17 Years." *New York Times*, June 26.

Heitshusen, Valerie. 2013. "Majority Cloture for Nominations: Implications and the 'Nuclear' Proceedings." *CRS Report* R43331.

───. 2017. "Senate Proceedings Establishing Majority Cloture for Supreme Court Nominations: In Brief." *CRS Report* R44819.

Hirschl, Ran. 2008. "The Judicialization of Politics." In Caldeira, Gregory A., R. Daniel Kelemen, and Keith E. Whittington. eds. *The Oxford Handbook of Law and Politics*. Oxford University Press.

Hollis-Brusky, Amanda. 2015. *Ideas with Consequences: The Federalist Society and the Conservative Counterrevolution*.Oxford Univsity Press.

Horwitz, Morton J. 1999. *The Warren Court and the Pursuit of Justice*. Hill and Wang.

Kar, Robin Bradley and Jason Mazzone. 2016. "The Garland Affair: What History and the Constitution Really Say About President Obama's Powers to Appoint a Replacement for Justice Scalia." *NYU Law Review* 91: online 53.

Keck, Thomas M. 2004. *The Most Activist Supreme Court in History: The Road to Modern Judicial Conservatism*. University of Chicago Press.

Martin, Douglas. 2002. "Woodrow Mann Dies at 85; Sought Troops in Little Rock." *New York Times*, August 9.

McCloskey, Robert G. revised Levinson. 2016. *The American Supreme Court*. 6th ed. University of Chicago Press.

McMillion, Barry J. 2018. "Supreme Court Appointment Process: Consideration by the Seneta Judiciary Committee." *CRS Report* R44236.

O'Connor, Karen, and Lee Epstein. 1983. "The Rise of Conservative Interest Group Litigation." *Journal of Politics* 45: 479-489.

Powe Jr., Lucas A. 2000. *The Warren Court and American Politics*. Harvard University Press.

───. 2009 *The Supreme Court and the American Elite*, 1789-2008. Harvard University Press.

Rozenberg, Gerald N. 2008. *The Hollow Hope: Can Courts Bring about Social Change?* 2nd ed. University of Chicago Press.

Rybicki, Elizabeth. 2017. "Senate Consideration of Presidential Nominations: Committee and Floor Procedure." *CRS Report* RL3198.

Standing Committee on the Federal Judiciary, American Bar Association, 2009. "What It Is and How It Works."

Sweet, Alec Stone. 2012. "Constitutional Courts." In Rosenfeld, Michel and András Sajó. eds. *The Oxford Handbook of Comparative Constitutional Law*. Oxford University Press.

Stout, David. 2005. "Miers Hits Another Snag as Senators Fault Her Questionnaire." *New York Times*, October 19.

Teles, Steven M. 2008. *The Rise of the Conservative Legal Movement: The Battle for Control of the Law*. Princeton University Press.

Tushnet, Mark V. 1987. *The NAACP's Legal Strategy against Segregated Education, 1925-1950*. University of North Carolina Press.

Vallinder, Torbjörn. 1994. "The Judicialization of Politics. A World-Wide Phenomenon: Introduction." *International Political Science Review* 15: 91-99.

Wheaton, Sarah, Gerstein Josh, and Seung Min Kim. 2016. "Obama picks Merrick Garland for Supreme Court." *Politico*, March 16.

阿川尚之. 2013. 『憲法で読むアメリカ史(全)』筑摩書房.

大沢秀介. 1987. 『現代アメリカ社会と司法―公共訴訟をめぐって』慶應通信.

―――. 2016. 『アメリカの司法と政治』成文堂.

岡山裕. 2005. 『アメリカ二大政党制の確立―再建期における戦後体制の形成と共和党』東京大学出版会.

勝田卓也. 2007. 「ブラウン判決再考」『大阪市立大学法学雑誌』第53巻第3号. 711-745頁.

小竹聡. 2010. 「アメリカ合衆国における妊娠中絶判決の形成 -- 中絶法の廃止に向けた運動の展開」『早稲田法学』第85巻3号. 407-455頁.

―――. 2013. 「アメリカ合衆国における妊娠中絶政治の展開と中絶反対派の動向」『法学新報』第119巻第9・10号. 317-353頁.

阪口正二郎. 2001. 『立憲主義と民主主義』日本評論社.

トクヴィル. 2005. 松本礼二訳『アメリカのデモクラシー　第一巻(下)』岩波文庫.

ベネディクト, マイケル・レス. 1994. 常本照樹訳『アメリカ憲法史』北海道大学出版会.

松井茂記. 1991. 『司法審査と民主主義』有斐閣.

―――. 1994. 『二重の基準論』有斐閣.

―――. 2018. 『アメリカ憲法入門　第8版』有斐閣.

見平典. 2012. 『違憲審査制をめぐるポリティクス—現代アメリカ連邦最高裁判所の積極化の背景』成文堂.

吉田仁美. 2015. 『平等権のパラドクス』ナカニシヤ出版.

第Ⅲ部　主要アクターと制度の対応

第4章　政治とメディアの関係の変化と選挙デモクラシー

前嶋和弘

第1節　はじめに

　アメリカの政治とメディアの関係の変化こそ，アメリカ政治における選挙デモクラシーのあり方の変容に直結する。選挙デモクラシーを危機的な状況にさせている政治的分極化の1つに，政治報道が保守とリベラルで分かれる「メディアの分極化」があるためだ。本章では，この「メディアの分極化」を含め，アメリカの政治とメディアの関係の過去40年間の変化をふまえながら，ドナルド・J・トランプ（Donald J. Trump）の当選という結末となった2016年選挙における政治とメディアの関係についても論じる。

第2節　メディアの分極化

　アメリカにおける政治報道はここ20年の間に大きく変貌しつつある。その中でももっとも目立つのが，「保守」と「リベラル」のいずれかの政治的立場を明確にし，「報道」というよりも「政治ショー」といったような内容の番組がCATV（および衛星放送）の24時間ニュース専門局で増えている点である。アメリカの政治と社会が「保守」と「リベラル」の両極に分かれつつある「政治的分極化」がマスメディアにも影響しているといえる。この「メディアの分極化」はラジオが先行していたが，テレビに続き，新聞も一部で顕著になってきた。

　アメリカのメディアはCATVや衛星放送が急激に普及し，多チャンネル化を迎え，CNNのような24時間専門ニュースチャンネルが政治情報の基盤として急成長している。爆発的に拡大するインターネット上の

情報とともに，民主・共和両党の選挙 PR の「エコー室」の役割を担うようになった (Jamieson and Cappella 2008)。

(1) メディアの分極化の構造

　アメリカでもいまだにマスメディアの行動原理は客観報道である。19世紀末，当時主流だったセンセーショナルな新聞の報道（「イエロー・ジャーナリズム」）を反省し，より正しい情報を提供する「客観報道」という規範を作り上げていったのがアメリカのメディアである。現在でも，3 大ネットワーク (NBC, CBS, ABC) のそれぞれの夕方のニュースは，客観性を何よりも重視した制作を心がけているといえる。また，新聞も論説などを除けば，何かの主張に対しては，それと逆の意見も取材・掲載する「ポイント・カウンターポイント」原則を貫くことが一般的である。

　ただ，保守派とリベラル化という国民の分極化が目立ち始め，メディアの過当競争もあって，1990 年代ごろから保守派とリベラル派のニーズに合わせた情報提供が台頭してきた。この「メディアの分極化」にはいくつかの段階がある。まず，保守系のトークラジオ（聴取者参加型で政治問題や社会問題を話し合うラジオ番組）が，保守派のニーズに合った情報番組がなかった中で，1990 年に一大ブームとなっていった。最も代表的なラッシュ・リンボウ (Rush Limbaugh) に加え，ショーン・ハニティ (Sean Hannity) ら保守派のトークラジオホストは，番組の人気を背景に政治アクターの 1 人として，言動そのものが注目されるようになっていった。

　この動きをみて，24 時間ニュース専門局（いわゆる「ケーブルニュース」）として 1996 年に開局した FOXNEWS は，保守の立場を鮮明にした「報道」の提供を開始する。ハニティらトークラジオホストもそのまま司会に起用したため，"テレビ版保守派トークラジオ"そのものだった。FOXNEWS の視聴者数は，老舗の CNN を超え，24 時間ニュース専門局の雄としての地位を築いていった。

　さらには，2007 年に保守派のルパート・マードック (K. Rupart Murdoch) の Wall Street Journal 紙の買収などによって，同紙の政治的立場も前より

も保守化したといわれている。新聞は長年リベラル色が強いといわれて
きたが，ラジオとテレビだけでなく，このように一部だが新聞の保守色
も強くなっている。

　保守派に比べ，明らかにリベラル派を標榜するメディアの台頭は遅
れていたが。1996年に開局したMSNBCが過去10年間でリベラル側に
加担した政治情報の提供も目立ちつつある。MSNBCそのものは，当初
は政治的には保守でもリベラルでもどちらの立ち位置でもなかったが，
CNNとFOXNEWSの間に埋没した感があった。その中で，10年ほど前
からリベラル派に与した情報提供を行うことで，視聴者数を増やして
いった（前嶋 2011: 48–75）。

　ピュー・リサーチ・センターが行った調査[1]によると，2016年大統
領選挙時に関する情報の中で「最も役立つ」と指摘したのが，このケー
ブルニュースであり，他の情報源に比べて，目立って多かった（24％）。
これに続き，ソーシャルメディア（14％），テレビのローカル放送（14％），
ニュースサイト・アプリ（14％），ラジオ（11％），3大ネットワークニュー
スのイブニングニュース（14％）となっていた。新聞については地方紙が
3％，全国紙が2％となっていた。同じ調査では，5以上の数の情報源を
持つ国民が45％も占めており，多様化はしているものの，いずれにしろ，
ケーブルニュースは「アメリカの国民が最も利用する政治情報源」といっ
ても過言ではない。

　ただ，上述の通り，その最大の情報源が特定な政治的な立場をとるよ
うになっている。FOXNEWSが右，MSNBCが左，MSNBCほどではな
いかもしれないが，CNNが左のそれぞれの政治的な立場を明確にした
情報提供をしており，左右のアドボカシーに近い状況になっている。こ
の「メディアの分極化（media polarization）」はアメリカ国民の日常的な情報
環境を大きく変えている。

(2)「メディアの分極化」の背景

　「メディアの分極化」の背景にあるのが規制緩和である。1934年に成

立した「連邦通信法 (Federal Communication Act of 1934)」では，公共の放送における政治についての情報が公正なものであるべきであるという「フェアネス・ドクトリン (公平原則)」が導入された。たとえば，テレビやラジオで政治関連の内容を取り扱う場合，2 大政党やその党の候補者にほぼ同じ時間を割いて報道させることが義務付けられていたが，規制緩和の流れの中で 1987 年にフェアネス・ドクトリンが撤廃され，メディア側の自由裁量部分が大きくなっていった。規制緩和によるコンテンツの自由度が広がるとともに，イデオロギー色が強い政治情報提供も可能となった。

　また，衛星・CATV の普及をきっかけとしたテレビの多チャンネル化のほか，インターネットの爆発的な普及があり，多様な情報を提供する一環として，これまでの「客観」報道を超えて，リベラル・保守のそれぞれの立場からの情報発信が試みられることになった。一方で，それぞれのメディアが生き残り戦略を急ぐ必要に迫られる。マーケティング技術の定着でメディア界全体がユーザーごとにセグメント化される中，雑誌と同じように，政治報道も「ニッチ市場」の開拓を目指し，政治情報の内容を分けて提供するようになったと考えられる。いずれにしろ「メディアの分極化」に至る土壌が成立していった[2]。

第 3 節　世論とメディア

(1) 情報源の 2 極化

　保守層とリベラル層の政治情報源が明らかに異なっている。ピュー・リサーチ・センターの別の調査によれば，たとえば，「やや保守層」の情報ソースは，Wall Street Journal などだが，それよりも保守となると FOXNEWS，Drudge Report (インターネットの保守系政治ゴシップサイト)。最右翼が，Breitbart (インターネットの保守系政治ゴシップサイト)，Rush Limbaugh Show (保守系トークラジオ番組) などから政治情報を得ている。一方，リベラル側については，「やや左」の層は NBC, CBS, ABC の 3 大ネッ

トワークニュースなど情報源としているが，それより左になると CNN,
MSNBC, Buzzfeed, PBS, BBC America, Huffington Post などを情報源とし，
最左翼は NewYorker（文芸・情報雑誌）と Slate（ニュースサイト）などから情
報を得ている[3]。

　具体的な数字を挙げてみると，また，2017 年 3 月末の調査によると，
FOXNEWS, MSNBC, CNN のプライムタイムの視聴者数はそれぞれ 289
万，146 万，119 万人となっている[4]。アメリカの全報道機関の顔とも
いえる 3 大地上波ネットワークのイブニングニュースの毎回の視聴者数
はたとえば 2016 年の選挙戦直前の場合，600 万から 800 万程度であり[5]，
こちらの方がケーブル局よりも多いが，それでも上述のように，選挙情
報の入手先としては，ケーブルニュースの利用が目立っている。ケーブ
ルニュースよりもさらに，政治色が強い「トークラジオ」と呼ばれる聴
取者参加型の番組の中でもっとも代表的な保守派のラッシュ・リンボウ
のラジオ番組（The Rush Limbaugh Show）は，週総計にすると 2016 年の段階
で 1,300 万人の人々が聴いている[6]。

　このような政治情報の分極化に加えて，ソーシャルメディアが爆発的
に普及し続けており，政治報道は瞬時に広く伝播するようになってい
るという影響は大きい。ソーシャルメディアでは，左右いずれかのオ
ンラインでは自分の支持する情報を好んで伝える「選択的接触（selective
exposure）」や「フィルター・バブル（filter bubble）」といわれる傾向があるた
め，世論の分極化もさらに進んでいる傾向が明らかになっている。「政
治的分極化」はメディアが生んだのか，あるいは「政治的分極化」の帰結
が「メディアの分極化」となったのかという議論はあるものの，「敵か味
方か」の二元論で政策を論じれば，民主・共和両党の間での妥協が難し
くなるのはいうまでもない。

　政治情報とソーシャルメディアが増幅されていく政治環境が成り立つ
中，政党，連邦議会，大統領，官僚，利益団体，シンクタンク，市民団
体などのさまざまなアクターが自らを有利に報じるメディア機関を厳選
し始めるなど，政治参加からガバナンスのあり方までが変わりつつある。

(2)「羅生門シンドローム」

　「メディアの分極化」の中，同じ情報でも左右のメディアがまったく別の観点から情報を伝えるような「羅生門シンドローム」的な状況も生まれている。投票の際の身分証明を厳格化する「投票者 ID 法」強化の動きがまさにその例である。24 時間ニュース専門局のうち，保守派

「投票者 ID 法」を導入するウイスコンシン州のウォーカー知事へのインタビュー（2016 年 3 月 30 日，FOXNEWS）

「投票者 ID 法が 11 月の選挙で共和党を有利にする」と発言したウイスコンシン州議会議員の発言を取り上げる MSNBC のキャプチャー画像 (2016 年 4 月 11 日).

の FOXNEWS は「不正を許してはならない」，リベラル派の MSNBC は
「人種的マイノリティの政治参加を奪う」として，異なった観点から「投
票者 ID 法」の導入を検討する各種州の動きを克明に伝えてきた。2016
年春には，ウイスコンシン州の同法の導入が大きく報じられている。
FOXNEWS は「投票者 ID 法」の導入の意図を説明する同州のウォーカー
知事のインタビューを連日報じているのに対し [7]，MSNBC は「投票者
ID 法が 11 月の選挙で共和党を有利にする」とした同州議会議員の発言
を取り上げ，「共和党の党派的な動きである」と強く批判している [8]。

(3) 政治過程の中の「メディアの分極化」

　「メディアの分極化」でアメリカの政治過程は大きく変化しつつある。
選挙においては，候補者や政党選挙においては自らに好意的なメディア
と親密になり，否定的な報道については「偏向」を指摘する。候補者や
政党は「味方のメディア」と「敵のメディア」を峻別し，提供する情報の
内容を大きく変えつつある。また，大統領や連邦議会，官僚は効果的な
ガバナンスを希求する一環として，少しでも自らにとって有利な報道を
するメディアを厳選する傾向にある。大統領，政党，連邦議会，官僚，
利益団体，シンクタンクなどのさまざまなアクターが少しでも自らに
とって有利な報道をするメディア機関を厳選する傾向が明らかになって
いる (前嶋ら編 2019)。
　左右のメディアは，ここ数年の左右の政治運動が拡大していく際の政
治的なインフラとなっている。たとえば保守のティーパーティ運動は
FOXNEWS を中心とする保守派メディアが育て上げたといっても過言で
はない。一方で，リベラル派のウォール街占拠運動は，MSNBC やリベ
ラル派のトークラジオが情勢を好意的に伝え，運動拡大に大きな影響を
与えた [9]。
　もちろん，客観報道の原則を堅持する報道機関は数多く，「メディア
の分極化」がどれだけ進むかは予断できない。ただ，視聴者獲得合戦の中，
選挙に関する報道そのものの量が圧倒的に増えるとともにイデオロギー

分化も進んでいる。政治報道が保守とリベラルで分かれる「メディアの分極化」は広く考えれば，選挙デモクラシーを危機的な状況にさせている政治的分極化の1つでもある。

　選挙デモクラシーで重要なものは，政策を生み出すための情報のインプットである投票者の政党支持態度だけでなく，政策選好などを通じて，それを実際にまとめ上げていく多数派形成機能だが，政治的分極化の中で妥協点を探りにくくなっている。情報インフラ提供に，左右のアドボカシーを行う報道機関があるとすれば，多数派形成機能を行き詰らせる理由がメディアにもある。後述する2016年選挙のトランプ現象などが新しい変化を生むかもしれないが，いまのところ新しい政策アジェンダが進まず閉塞感が続いている。

第4節　2016年選挙とメディア

(1) 既存のメディアに対する深刻な不信

　次に2016年大統領選挙とメディアについて論じる。メディアとの関連で2016年アメリカ大統領選挙の特徴としてまず，真っ先に論ずるべき点の1つが，テレビや新聞などの既存メディアに対するアメリカ国民の信頼度の急低下であろう。メディア不信の度合いは，未曽有といっていいほど極めて深刻である。この既存メディア不信こそ，本章で論ずる他の事象を引き起こした元凶でもあると考えられる。

　世論調査会社ギャラップの調査によると「新聞やテレビ，ラジオなどのメディアを信頼するか」という質問に対して，「とても信頼する」「信頼する」と答えた国民は，2016年には32％にまで急落している。同社がこの調査を毎年定期的に行うようなった過去20年間だけをとってみても20ポイント以上も下がっている。1997年から2003年までは50％半ばをほぼ維持したが，それ以降40％台に落ち込み，近年も徐々に数字を悪化させていた[10]。2016年の調査では，共和党支持者の間での既存メディア不信は目立っており，共和党支持者の中で既存メディアを「と

ても信頼する」「信頼する」と答えたのは2015年には32％だったが2016年には一気に14％まで下がっている。2017年調査でも共和党支持者のメディアへの信頼度は低いままであった。一方，民主党支持者の方の回答は2016年でも51％だったため，共和党支持者の既存メディアへの信頼感が揺らいだのが全体の数字を下げていると推測される。

　ギャラップ社が同様の調査を最初に行ったのは1976年であり，そのときには「とても信頼する」「信頼する」と答えた回答者は2016年の倍以上の72％だった[11]。1970年代にはベトナム戦争報道をめぐる，いわゆる「ペンタゴン・ペーパーズ (The Pentagon Papers)」などのスクープや，ウォーターゲート事件をめぐる調査報道がニクソン大統領の辞任につながったこともあり，報道機関に対するアメリカ国民の評価が極めて高かったことを考えると，隔世の感がある。

　それでは過去20年の間，何がこのメディア不信を生んでいるのだろうか。その原因は複合的である。たとえば，インターネットの爆発的普及の中，既存メディアとインターネット，さらには既存メディア間の競争が激しくなっており，ジャーナリストの人材不足が進み，報道の内容が十分練られたものでなくなってしまう。また，競争激化の中，より多くの利用者を獲得するために，エンターテーメント化，ソフトニュース化の傾向が指摘されており，「わかりやすさ」が追及されるものの，報道の背景にある複雑な背景が捨象されてしまうこともある[12]。ただ，その中でも上述の政治報道が「保守」と「リベラル」に分かれる「メディアの分極化」現象がメディア不信の大きな背景になっていると考えられる[13]。

(2)「フェイクニュース」現象

　2016年大統領選挙で勝利した共和党のドナルド・トランプも明らかにこの「メディアの分極化」の構造を最大限に利用した。自分に否定的な報道を続ける既存のメディアを「リベラル・バイアス」とことあるごとに避難した。そもそも，冒頭で論じたように共和党支持者の既存のメディアの信頼度はきわめて低いため，トランプがメディアを非難する声

が苛烈になればなるほど，共和党支持者は喝采を送る——という構図が成立していた。トランプ候補の集会には「リベラルメディアを信じるな！(Don't Believe the Liberal Media!)」といった書かれたバッジをつけたり，プラカードを持った支持者が目立っていた[14]。

　おそらく，既存のメディアとトランプとの関係をもっとも象徴するのが，当選後の最初の記者会見 (2017 年 1 月 11 日) である。自分に不利な情報を報じた一部の報道機関に対して「あなたたちは嘘のニュース機関だ(You're Fake News!)」と厳しくなじったことで，この「フェイクニュース」という言葉がトランプと既存のメディアの関係を位置づけるものとしてアメリカだけでなく世界中に知られるようになった[15]。大統領就任翌日の 2017 年 1 月 20 日の CIA で行われた記者会見でも「メディアというのはこの世の中でもっとも不誠実な連中だ」と指摘している[16]。

　「フェイクニュース」とは，文字通り「偽情報」であり，2016 年大統領選挙ではインターネット上などに流れる偽情報である。偽情報を信じてしまったという調査も少なくなく[17]，ネット上で誰でも流せる嘘が，大統領選という大きな政治イベントさえ動かしてしまったのではないかと話題になった[18]。トランプにとっての「フェイクニュース」とは，実際の真贋よりも，あくまでも自分に否定的な報道を指しているとみられ，メディアを選別し，「自分に都合良く報道しろ」という主張に他ならない。2017 年 1 月 29 日には，トランプを批判することも多い，ニューヨーク・タイムズに対しては「買収か廃刊」をツイッターで要求した[19]。トランプの場合，どこまでが本音であるのかわからず，一種の軽口のようなものかしれないが，大統領就任後，自分に否定的な報道機関に「廃刊」を望むコメントが出るのは，これまでなかった現象であるのは間違いない。

　既存のメディアを否定する動きはトランプ選対などでも共有されていた。トランプ選対の最高責任者で選挙戦を勝利に導いたスティーブ・バノン (Steve Bannon) (政権発足後は首席戦略官に就任後，退任) は 2017 年 1 月 26 日のニューヨーク・タイムズとのインタビューで「(既存の) メディアは野党だ」という本音を明らかにしている[20]。大統領就任式の聴衆の人

数について，「大統領就任式に集まった聴衆の数が史上最高だった」というスパイサー大統領報道官の発言に対して，バノンのもとで選対を率いたケリーアン・コンウエイ（Kellyanne E. Conway）（政権発足後は大統領顧問に就任）「これはオルタナティブ・ファクト（代替的な事実）だ」と主張し，明らかに参加人数が少なかった過去の就任式の写真の情報がネットなどで広がると，訂正せざるをえなくなった[21]。「オルタナティブ・ファクト」という言葉そのものが，2016年選挙におけるメディアとの関係を象徴する言葉の1つである「ポスト・トゥルース（脱真実）」（客観的な事実より感情へのアピールが重視されること）そのものであろう。

(3)「リベラル・バイアス」論の再燃

　既存メディアの「リベラル・バイアス」論が再燃したのも2016年選挙の特徴である。上述のように，「メディアの分極化」は「リベラル」「保守」の双方のバイアスをもつ政治情報を提供するメディアが顕在化することであったが，2016年選挙ではおそらくトランプの勝利や既存のメディア批判は共和党支持者の間で多かったり，トランプが火をつけたこともあったため，「リベラル・バイアス」ばかりが注目された傾向がある。

　ちょうど政治的分極化が進んだ過去30年間，アメリカの報道におけるバイアスの議論は政治学の研究対象となってきた。まず，最初に浮上したのが，政治報道がリベラル的な考え方に過度に依拠しているのではないか，というメディアの「リベラル・バイアス」論である。そのきっかけとなったのが，1986年にロバート・リクター（Robert Lichter）ら3人の研究者が書いた『ザ・メディア・エリート（*The Media Elite*）』という本である。この本のポイントを一言で言えば，「ジャーナリストは極端にリベラル偏向している」という点に他ならない。リクターらは『ニューヨーク・タイムズ』『ワシントン・ポスト』などの主要紙や，『タイム』などのニュース雑誌，ABCなどのテレビの全国ネットワークの記者らに面接調査などを行ったところ，アメリカ国内全体では，リベラル，中道，保守がほぼ3分の1ずつとなるのに対し，調査では，自分を「リベラル」

とするジャーナリストが 7 割近くいたという。さらに，大統領選挙では民主党候補ばかりに投票するジャーナリストが 8 割を超えていたという (Lichter, Rothman and Lichter 1986)。

　この調査が行われたのは，1980 年であり，当時は記者のうち，白人の割合も男性の割合も 9 割以上だった。しかし，その後，アフリカ系やラテン系の記者のほか，女性記者が増えるのにしたがって，民主党の支持者が増え，「リベラル・バイアス」はさらに極端になっているという見方もある。

　近年では，報道のコンテンツそのものについてのさらに本格的な計量分析も盛んになっている。たとえば，2011 年に出版され話題を呼んだ，ティム・グロースクロースの「レフト・ターン (Left Turn)」は，アメリカ国民の政治的な見方に比べ，主要メディアのほとんどが明らかなリベラル・バイアスがある，と指摘している。同書によると，次にふれるFOXNEWS などの保守メディアのコンテンツも「他の主要メディアに比べれば，穏健な保守に過ぎない」であり，「主要メディアがアメリカ国民の政治的な見方をより左にさせる」とも主張している (Groseclose 2011)。

　一方で，「リベラル・バイアス」論そのものに否定的な研究も数多い。その代表的なものが，キャサリーン・ホール・ジェーミーソン (Kathleen Hall Jamieson) らの「エコーチェンバー」論である。「エコーチェンバー（エコー室）」論とは，保守系トークラジオ，ケーブルテレビ (FOXNEWS)，保守系新聞 [22] の情報がまるでエコー室にいるようにそれぞれが共鳴しながら拡大していくという議論である (Jamieson and Cappella 2008)。保守系のメディアは「リベラル・バイアス」をめぐるさまざまな問題を番組の中で何度も指摘し，保守層からの人気を集めてきた。近年ではネットの情報が極端であるといわれているが，それを先取りし，非常に過激な言説が保守メディアでは飛び交っている。

　バイアスをめぐる論議は調査する研究者のバイアスも問われるため，分析結果にはさまざまな議論がある [23]。たとえば，リクターの場合，自分の政治的スタンスは明らかな保守であるといわれているため，研究そのも

ののバイアスを懸念する声も少なくない[24]。既存の新聞や3大ネットワークのニュースは「リベラル寄り」という批判もあるものの，基本的にはできるだけ客観的とみられる報道を打ち出しているが，これについても保守側からすれば，「客観」にはみえないかもしれない。保守派のFOXNEWSの以前のモットーだった「公正でバランスを持った (Fair and Balanced) な報道」というのは，リベラル側を否定する意味での「公正とバランス」に他ならない。いずれにしろ，共和党支持者のメディア不信は目立つ中，2016年選挙では「リベラル・バイアス」論が目立っていたのは間違いない。

(4) ファクトチェックへの注目

　バイアスや嘘の情報を確認するために，2016年選挙では一躍注目されたのがファクトチェックである。候補者や政治家の発言の真偽を検証・確認するのがファクトチェックであり，民主主義を情報面で支えるジャーナリズムの進化形であるといえる。ファクトチェックを行っているのは，テレビ，ラジオ，新聞だけでなく，「ハフィントン・ポスト」などのネットメディアや政治ブログ，非営利の「メディア監視団体(メディア・ウォッチ・グループ)」などがさまざまな形式のファクトチェックを行っている。また，名称もさまざまだが，裏付け情報を取るという基本姿勢は同じであり，多くが素早い情報発信のために，インターネットを基盤に情報提供を行っている。テレビ，ラジオの多くは自分たちの報道と連動させ，ファクトチェックを提供している。タンパベイ・タイムズの有名な「ポリティファクト (Politifact)[25]」のようにネットの情報で新聞を補完しようとする例もある。2016年9月から10月に3回にわたって行われた大統領候補者の討論会では，トランプ，クリントン (Hillary Clinton) それぞれの発言が各種のファクトチェックで分析された。その中には，トランプのイラク戦争の賛否や，クリントンの環太平洋戦略的経済連携協定 (Trans-Pacific Partnership: TPP) についての過去の発言のブレなどが指摘されていた。

　しかし，問題なのは，このファクトチェックそのものが，必ずしも中

立とは言い切れないという点である。とくに，メディアのバイアスを検証するためのファクトチェックを行う非営利のメディア監視団体の多くは，実際には保守系とリベラル系に分かれており，各団体を支援する市民が政治イデオロギーごとに分かれて，それぞれの自分と立場を同じくする団体を支持する傾向がある。そして，それぞれのアドボカシー活動を続けているのが実態である。

　たとえば，「メディア・リサーチ・センター」「アキュラシー・イン・メディア」などの保守派の団体は民主党の政治家やリベラル派の識者の発言を選んであらさがしをしているほか，リベラル色が強い報道機関の報道を徹底的に批判している。一方，「メディア・マターズ・フォー・アメリカ」「FAIR」「センター・フォー・メディア・アンド・デモクラシー」などのリベラル派のメディア監視団体は共和党の政治家に非常に厳しいほか，保守派の FOXNEWS の報道にも批判的である（前嶋 2011：第 2 章）。

(5)「ツイッター」を使った議題設定

　メディア不信やメディアの分極化の中，2016 年選挙では既存のメディアではなく，直接有権者に伝えるトランプのツイッターが注目された。トランプにとっては，ソーシャルメディアでつぶやくのは，既存のメディアが信じられない支持者に対して，自分がつぶやいた方が選挙動員につながると判断したと想像される。また，選挙組織が対抗のクリントンのように強靭ではなかったこともあるかもしれない。

　トランプのツイッターは選挙をどのように変えたのだろうか。政治参加という点からは，もっとも特筆できるのが，情報の送り手である候補者との間の一体感であろう。ソーシャルメディアなどを通じて人々が自然につながっていった「手作り感」もある。この「手作り感」は「政治的有効性感覚 (political efficacy)」にも関連するため，2008 年のオバマの選挙戦が大きく広がった理由の 1 つであると考えられている（前嶋 2011：第 2 章）。陣営にとっては，ソーシャルメディアによって運動が効率化するだけでなく，支持者相互の自然発生的な支援の輪の広がりも期待できる。

爆発的なソーシャルメディアの普及の中で，利用者の年齢はアメリカでは比較的高くなりつつあり，アプリケーションにもよるが，ピュー・リサーチ・センターによると，フェイスブックの場合は50歳から64歳の64％が利用しているように，「ソーシャルメディア＝若者」という公式から，幅広い層が利用するものになっている[26]。

　ツイッター上のちょっとしたつぶやきが一気に大きくなり，他のブログ，ネットニュース，テレビ，新聞へと広がっていき，新しい形の議題設定が生まれていく。このようにして，トランプは選挙中から当選後，さらには大統領就任後も，さまざまな政策をツイッターでつぶやき，議題設定していった。その中にはかなり一方的に非難されたり，決めつけられるケースもある。数々のツイッターでの"恫喝"に近い「敵と味方」を峻別する姿勢が目立っている。アメリカから雇用を奪う対象として名指しされた企業には，何らかの対策を進めざるを得なかったため，議題設定を超え，実際にはツイッターを使った型破りな政策運営である（前嶋 2017）。

(6) 継続性の中の新しい変化

　ここまで2016年アメリカ大統領選挙におけるメディアをめぐる新しい争点についてこれまで論じたが，最後にメディアと選挙をめぐる近年の選挙における展開の中にこの変化がどう位置づけられるのか，考えてみたい。

　簡単に言えば，メディア不信やメディアの分極化など，これまで述べた新しい変化いずれも少なくとも過去2回（2008年，2012年）の大統領選挙から引き続きみられる現象がより顕在化したものである。トランプのツイッター利用がきわめてユニークである点も2008年，2012年の大統領選挙でオバマ陣営が進めたソーシャルメディアの選挙戦術を極めた形であるといえるかもしれない。

　ただ，選挙戦術でやや異なるのが，2016年選挙の場合はトランプの個人的な資質にきわめて依存していたという点であろう。選挙CM（空

中戦），ビッグデータ分析などを含めた各種データに基づいた戸別訪問（地上戦），陣営が手分けし情報を拡散させた，組織的なソーシャルメディアの利用（サイバー戦）といった選挙の近代化の完成形といえるような総合的な戦略が2012年選挙ではとられた。これに対して，トランプ陣営の場合には，いずれも行ってはいたものの，2012年選挙のオバマ陣営やロムニー陣営に比べると，目立ってはいなかった。

　そもそも"テレビの有名人"であるトランプの場合，既存の報道機関がどのように報じるかを経験的に分かっていたといえる。報道機関が自分に批判的であっても，注目をひくような言葉はどうしても報じざるを得ない。メディアの注目が無料の宣伝となるため，注目をひこうとトランプ自身の言動はどんどん過激になる。トランプに引きずられるように「偽善者」「嘘つき」などの相手をこき下ろす言葉が連日の選挙戦に登場し，メディアを埋め尽くしてきた。こうして，白人ブルーカラー層の不満や不安を記者会見などで暴言交じりに代弁する形で，支持を急速に広げてきた。

　そもそもトランプの場合はテレビCMもクリントンに比べると少なかった。また，2012年千寄与で一躍注目された意見広告を提供するスーパーPACに頼る必要もなかった。献金やスーパーPACなどを通じて，保守派政治家を支えてきたコーク兄弟の1人のチャールズ・コーク（Charles Koch）は2016年選挙の途中で，トランプを支持しないことを明言したこともあったが[27]，そのことが選挙戦を揺るがすような形にはならなかった。近年の選挙の場合，民主党なら労組加入者や人種的マイノリティ，共和党なら宗教保守派や銃規制反対派などを各種データから徹底的に洗い出す「マイクロターゲティング」のために，近年はいわゆるビッグデータの分析の担当者が選挙産業に加わっている。トランプ陣営のビッグデータ分析の担当者も大統領選挙の勝利の際には，各メディアは取り上げた[28]が，それ以上にトランプの個人的資質の方に注目が集まった。

　ソーシャルメディアの利用は2016年選挙ではどの候補も熱心であった。トランプの場合，メディアからの注目を集めるような暴言をツイッ

ターなどで発信してきた。一方民主党の予備選で注目されたバーニー・サンダース（Bernie Sanders）は格差是正を訴え，それに共鳴した若者たちがネット上で情報を拡散させることで，サンダース支持が一種の社会運動になった。

このように，継続性はあるものの，2012 年までに毎年，空中戦，地上戦，サイバー戦を複雑に組み入れるような高度に組織化されてきた選挙が大きく変わったのが，2016 年選挙だった。この現象が 2016 年だけなのかどうかわからないが，メディアとの関係を考える意味で，2020 年選挙の動向を含めて今後の展開はきわめて注目される。

注

1　2016 年 1 月 12-27 日 に 実 施。http://www.journalism.org/2016/02/04/the-2016-presidential-campaign-a-news-event-thats-hard-to-miss/（2017 年 4 月 1 日に閲覧）.

2　同上。

3　http://www.journalism.org/2014/10/21/political-polarization-media-habits/（2016 年 1 月 11 日に閲覧）.

4　http://variety.com/2017/tv/news/cable-news-ratings-fox-news-msnbc-1202017940/（2017 年 3 月 30 日に閲覧）.

5　http://www.orlandosentinel.com/entertainment/os-news-ratings-winners-abc-nbc-fox-news-cnn-20161019-story.html（2017 年 2 月 1 日に閲覧）.

6　http://www.politico.com/magazine/story/2016/05/is-rush-limbaugh-in-trouble-talk-radio-213914　（2017 年 2 月 1 日に閲覧）.

7　たとえば，http://www.esquire.com/news-politics/politics/news/a43570/wisconsin-voter-id/（2016 年 4 月 10 日に閲覧）.

8　たとえば，http://www.msnbc.com/rachel-maddow-show/accidental-republican-candor-about-voter-id-laws（2016 年 4 月 10 日に閲覧）.

9　Bennett, W. Lance, and Alexandra Segerberg, *The Logic of Connective Action Digital Media and the Personalization of Contentious Politics*, 2013, Cambridge が詳しい。

10　http://www.gallup.com/poll/195542/americans-trust-mass-media-sinks-new-low.aspx/（2017 年 2 月 1 日に閲覧）.

11　同上。

12　Baum, Matthew A., "Soft News and Political Knowledge: Evidence of Absence or Absence of Evidence?" *Political Communication*, 2003 20, 73-190.; Baum, Matthew A., "Talking the Vote: Why Presidential Candidates Hit the Talk Show Circuit," *American Journal of Political Science*, 2005, 49, 213-234. ; Baumgartner, Jody, and Jonathan S. Morris, "The Daily Show Effect Candidate Evaluations, Efficacy, and American Youth," *American Politics Research*, 2005, 341-367. など。一方で，ソフトニュースをめぐっては，ここに指摘した論考では，若者を中心とする視聴者の政治的な知識を高めるのかどうかという研究上の論争が展開され，話題となった。

13　Ladd, Jonathan M., Why Americans Hate the Media and How It Matters. 2012, Princeton University Press; Barber, Michael J., and Nolan McCarthy, "Causes and Consequences of Polarization," Nathaniel Persily, ed. *Solutions to Political Polarization in America*, 2015, Cambridge University Press. 15-58.

14　たとえば，Nightline（ABC，2017年1月18日放送）は，トランプが勝利した全米各州の複数の郡の集会を記者が訪れ，トランプ支持者が支持の集会や若者がいかに既存のメディアに否定的であるかを報じている。ところで，このバッジやプラカードには，「StopTheBias.org」というウェブサイトのアドレスが書かれており，これは，保守派のメディア監視団体のメディア・リサーチ・センター（Media Research Center）が2016年選挙用に作った既存のメディア批判のサイトである。http: //www.theblaze.com/news/2015/11/06/take-a-look-at-the-sign-someone-held-up-on-live-tv-behind-chris-matthews-rachel-maddow/（2017年2月1日に閲覧）.

15　https: //www.usatoday.com/story/news/politics/onpolitics/2017/01/11/trump-cnn-press-conference/96447880/（2017年2月1日に閲覧）.

16　https: //www.nytimes.com/2017/01/21/us/politics/trump-white-house-briefing-inauguration-crowd-size.html?_r=0（2017年2月1日に閲覧）. 原文は "They are among the most dishonest human beings on Earth."

17　たとえば，https: //www.buzzfeed.com/craigsilverman/viral-fake-election-news-outperformed-real-news-on-facebook（2017年2月1日に閲覧）.

18　筆者がコメントしたものの中ではたとえば，http: //premium.yomiuri.co.jp/pc/#!/news_ 20170217-118-OYTPT50381/list_SHINSOPLUS（2017年3月1日に閲覧）.

19　https: //twitter.com/realDonaldTrump/status/825690087857995776（2017年3月1日に閲欄）.

20　https: //www.nytimes.com/2017/01/26/business/media/stephen-bannon-trumpnews-media.html（2017 年 3 月 1 日に閲覧）.

21　http://time.com/4642689/kellyanne-conway-sean-spicer-donald-trump-alternative-facts/（2017 年 3 月 1 日に閲覧）.

22　たとえば，ルパート・マードックによる『ウォール・ストリート・ジャーナル』の買収（2007 年）によって，同紙が取り扱う政治報道が増加するとともに，政治的立場も著しく保守化したという。

23　たとえば，最近のリベラル側からの反論の代表例として，次の論考が挙げられる。https://www.thenation.com/article/the-perception-of-liberal-bias-in-the-newsroom-has-nothing-whatsoever-to-do-with-reality/（2017 年 4 月 4 日に閲覧）.

24　たとえば，http://fair.org/press-release/study-of-bias-or-biased-study/（2017 年 1 月 20 日に閲覧）.

25　http://www.politifact.com/（2017 年 3 月 1 日に閲覧）.

26　http://www.pewinternet.org/2015/08/19/the-demographics-of-social-media-users/（2017 年 2 月 10 日に閲覧）.

27　たとえば，http://www.theguardian.com/us-news/live/2016/apr/24/us-election-trump-clinton-koch-brothers-sanders-live/（2017 年 2 月 20 日に閲覧）.

28　たとえば，https://www.wsj.com/articles/inside-donald-trumps-data-analytics-team-on-election-night-1478725225/（2017 年 2 月 25 日に閲覧）.

参考文献

Groseclose, Tim. 2012. *Left Turn: How Liberal Media Bias Distorts the American Mind*, St. Martin's Griffin.

Jamieson, Kathleen Hall, and Joseph N. Cappella. 2008. *Echo Chamber: Rush Limbaugh andthe Conservative Media Establishment*. Oxford University Press.

Lichter, S. Robert, Stanley Rothman, and Linda Lichter. 1986. *The Media Elite: America's New Power- brokers*, Adler and Adler.

前嶋和弘. 2011. 『アメリカ政治とメディア：「政治のインフラ」から「政治の主役」に変貌するメディア』北樹出版. 48-75 頁.

―――. 2017. 「経済教室：トランプ政権支持者を意識」『日本経済新聞』2 月 14 日.

前嶋和弘・山脇岳志・津山恵子編. 2019. 『現代アメリカ政治とメディア』. 東洋経済新報社.

第5章　選挙制度と政党の対応：アウトサイダー
　　　への開放性　政党改革半世紀の帰結

今村　浩

第1節　はじめに

　2016年アメリカ大統領選挙は，誠に実り多き選挙となった。我々政治学者や政治評論家に，トランプ流のいささかはしたない言い方をすれば，尽きせぬ「飯のタネ」を提供してくれたという意味においては。このたびの選挙を，「貧者の1票による世直し」と見るにせよ，あるいは「ネオ・ジャクソニアン・デモクラシー」，はたまた「21世紀の南北戦争のきっかけ」と見るにせよ，である。

　今から7年前，2012年大統領候補指名過程を論じた中で，こう書いた。すなわち，「政界には無縁であり，かつ政治の現状とりわけ既存の2党制の枠組みにおける争点の設定に不満をもつ，野心と能力に富む人物がいるとしよう。そうした人物なり勢力は，第三党を創設するか無所属の候補者として政治の世界に参入するのがむしろ自然であると思念されよう。ところが，必ずしもそうはならない。非常な資金力や努力を要する第三党候補者として挑戦するよりも，民主・共和両党のいずれか，自らの政見により近い，もしくはより抵抗感の少ない党の予備選挙に参入する方がはるかにたやすい。結果として，既存の2党制は維持されることになる」と。無論何も，今回の選挙を予言していたなどと言いたいのではない。それどころか，正直なところ，展開も結果も想像だになしえなかった。ただ，上の引用は一般論としてであれば，実は1980年代以降ずっと妥当していた。その可能性は，低くはなかったのである。そして，それを可能にしたのは，後述する政党改革であった。

　本書を編む段階で指定された本章の目的は，1960年代後半以降，ア

メリカの選挙デモクラシーがうまく作動しなくなった変化を，大統領候
補者指名過程を中心に検討することである。そうした文脈で，前例のな
い結果を生んだ 2016 年選挙における大統領候補者指名過程を位置付け
てみたい。それは，端的に言えば，政党改革半世紀の帰結であり，また
アメリカ政党の濫觴<ruby>濫觴<rt>らんしょう</rt></ruby>よりの問題であった，アウトサイダーへの開放性と
政治組織としての政党に求められる継続性との兼ね合いの振り子が，か
つてない程前者に揺れたということでもあろう。

　かかる検討のためには，現在の指名過程をもたらした，政党改革の歴
史を振り返ることが必要となる。しかし，限られた紙幅では十全の叙述
が思うに任せない。政党改革の詳細の経緯と評価については，別の機会
を待つこととし，ここではそれは概説にとどめ，少しく別の観点から考
察してみたい。また同時に，必要な前提であろう詳細で具体的な 2016
年候補者指名過程の経過は，ほとんど省略せざるをえないことを断わっ
ておく。

　では，まず政党改革半世紀とはいかなる意味でそう言いうるであろう
か？また，そもそもここで言う「政党改革」とは何なのか？それは狭義
には，「1968 年から 86 年に至るまでの，大統領選挙に関する民主党内
の党内手続きの改正に端を発し，共和党をも巻き込む形で進行した，州・
連邦レベルでの大統領選挙候補者指名に関る党内外諸制度・慣行の改正」
であるとすることができよう。そして，党が組織的に取り組んだ改革は，
1982 年に一旦は終焉を迎えた。というのは，民主党ハント委員会が報
告書を提出して以来，この種の，党大会が授権した包括的改革委員会は
設置されておらず，大きな，若しくは基本的な「ゲームのルール」の変
更はなかったと言ってよいからである。1984 年の大統領選挙後，民主
党において，「公正委員会」または「ファウラー委員会」が設置されたも
のの，半年ほどで活動を終えたこの委員会がもたらしたものは，既存の
ルールの微修正であり，改革というよりは変更と称するのが相応しかっ
た。そして，今の所は，この委員会が，委員長の名前を冠して知られる
最後の改革委員会となったのである。

　そこで 2016 年は，この 1968 年から数えて 48 年ということになる。
と同時に，政党改革の起源をさらに 4 年遡らせてみることも，実はでき
なくはない。それは，政党改革の実質的起源を，1964 年の民主党の特
別平等権委員会 (Special Equal Rights Committee) 設置に見出すこともできる
からである。それとともに，あまり注目を浴びてこなかった 1964 年の
共和党大統領候補者指名から 52 年になることもある。次節で述べるよ
うに，今日あまり注目されない，これら 2 つの事象には，それぞれに 8
年後の民主党に起こったことの予兆を見出しうる。

第 2 節　2016 年大統領選挙候補者指名過程の概略

　今回の選挙は，「前例のない」という形容で語られてきたし，今後も語
られ続けよう。それは，ドナルド・J・トランプ (Donald J. Trump) という，
稀にみる個性をもち，政界に無縁ではあっても，しかし無名には程遠い
著名人を，合衆国大統領の座に就けたという最終的結果についてである。
とはいえ，その最終結果を導いたのは，トランプが共和党の大統領候補者
となったという事実なのである。すなわち，他の章で分析されるであろう
本選挙におけるトランプの勝因は，ほぼそのまま指名過程にも当てはまる。
　既に予備選挙の段階から，最近のそれと様相を異にしていた。共和党
からは 17 名もの候補者が名乗りを上げ，大量の資金が投入された。し
かし，たとえば 1 億 3,000 万ドルを投じたとされるジェブ・ブッシュ
(Jeb Bush) が獲得した党大会代議員は，実にわずか 4 名であったのである。
一方，経験豊かな選挙参謀も大統領選挙の経験者も擁さず，TV コマー
シャルもほとんど流さず，地域活動の拠点を作ることもせず，およそ従
来の手法に背を向けたトランプが，指名を獲得したのである。選挙組織
よりも，候補者主導のツイッターによるメッセージが，大きな意味をもっ
た。その内容が，率直で (中立的であろうとすれば) 論争的，一般には暴言
とも思われるものも含まれ，これをメディアが逐一報道したのである。
　と同時に，民主党にも大波乱があったことを忘れるべきではない。

誰もが絶対本命と信じて疑わなかったヒラリー・クリントン（Hillary Cllinton）を向こうに回して，バーニー・サンダース（Bernie Sanders）は，しばしば予備選挙でも勝利を収め，最終的には，予備選挙で 1,300 万票以上を得た。これは，全民主党予備選挙で投じられた票の 43％にも達する（http//: thegreenpapers）。彼は，クリントンの支持を党大会前 2016 年 7 月 12 日に表明しはしたものの，公式に敗北を認めて選挙戦からの撤退を表明することは遂になかった。北東部の小州バーモント州選出の上院議員であり，政界人ではあったものの，主流派からは大きくリベラル寄りに外れた人物であったから，トランプほどではなくとも，アウトサイダーと称して差し支えなかろう。

　すなわち，2016 年大統領候補者指名過程では，民主・共和両党とも，正しく「前例のない」アウトサイダーからの挑戦に直面したのである。では，2016 年選挙を前にした一般的な情勢は，どのようであったのであろうか。オバマ大統領は，その支持率が任期終了が近づくにつれて上昇した。退任際の 1 月には，CNN 調査で 60％にも達したのである。この原因としては，景気の回復が漸く鮮明になってきていたということもあろうし，いずれかが次期大統領となるトランプ，クリントン両候補とも好感度が低く，それとの対比が意識されて，徐々に上昇したとも言える。しかし，共和党の候補者が名乗りを上げ始めた 2015 年春頃は，そうではなかった。軍事介入は抑制されたものの，戦争は相変わらず「だらだらと」続いていたし，貧富の差が拡大し，富裕層以外の国民の実質所得は増えていなかった。所得の中央値は，リーマンショックの落ち込みから回復してはいなかったし，さらに，いわゆる「オバマケア」の導入の半面の効果として，民間医療保険会社の保険料が上昇し，以前から保険を購入できていた中間層に打撃を与えていたのである。また，中年（45 ～ 54 歳）の白人の死亡率が上昇していた（Newsweek 電子版 2016 年 6 月 8 日水）。今にして思えば，マグマの如く蓄積された白人層の不満は，噴出口を探していたのである。

　しかし，すべてを陰謀や偶然に帰してしまうことは論外として，では

全ては必然であったかのように割り切ってしまえばよいのであろうか。やはり，幾ばくかの偶然も，共和党の候補者指名には作用していたであろう。まず，当初は 17 人もの候補者が乱立し，候補者討論会も参加者を絞らざるをえなかった。オハイオ州はクリーブランド市で，2015 年 8 月 6 日に開かれた共和党候補者討論会の冒頭，司会者から，大要次の質問が候補者全員に発せられた。すなわち，「仮に共和党の候補者指名を得られなかった場合，指名候補者を支持することを誓約できない，無所属候補者として立候補したりはしないと誓約できない人はいますか」と。すると，檀上中央に陣取った 1 人だけから手が上がった。トランプである。第 1 回の候補者討論会のしかも冒頭であったから，これは一種の「踏み絵」にも等しかった。

　その背景は，おそらくこうであろう。候補者の数が多いということは，当然敗退する者も多数出ることになる。勝ち残るのは 1 人だけなのだ。そして，涙を呑んで敗退する者は，共和党を飛び出して無所属，または第三党候補者となる可能性を秘めた，いわば危険な不発弾となる。職業政治家にして，他日を期す余裕があれば，しこりを残しつつも，本選挙では党の指名候補の下に結集しよう。そうでない候補者には，全国委員会から不当に扱われたという恨みを買わずに穏便に退場してもらわなければならない。共和党の予備選挙を戦った候補者が本選挙に無所属で臨んだとき，やはり民主党より共和党の票をより多く減らしてしまうであろうから。

　そうした「危険な」候補者の筆頭が，トランプであるとみられていた。つとに何をするか分からぬ予測不能の無軌道な人物とみられており，しかもあまり知られていないことではあるが，トランプは公職経験こそ皆無であったものの，実は 2000 年に当時の第三政党改革党からの大統領選挙への参入を試みたことがあった。こうしたことから，以後彼は，共和党全国委員会の悩みの種となったのである。結局共和党全国委員会の努力により，2015 年 9 月 3 日トランプが共和党への忠誠を誓約する文書に署名して，一旦は決着をみた。しかし，この文書には法的拘束力は

ない。以後の指名過程で，トランプは，しばしば予備選挙や代議員選出のルールについて不満を表明し，全国委員会を苛立たせることになる。

　しかし，基本的に全国委員会は，困惑しつつも，言わばトランプの「頭を撫でた」印象も否み難い。党内外の反発の大きさからして，まさか彼が指名を得られるとは思われておらず，ひたすら共和党の枠内に留まって，善戦の末に敗退してくれることがベストシナリオに近かったのであろう。共和党主流派（漠たる言い方ではあるが）の，トランプ降ろし，反トランプ勢力の結集の動きは，予備選挙初期であれば，あるいは指名争いの流れを変えたかもしれない。しかし，機を失してしまったのは，やはり，候補者の数が多かったこと，トランプを怒らせて，独立候補者に走らせてしまうことへの懸念，加うるに，まさか彼が勝つようなことはあるまいという予断が作用していたであろう。反トランプ運動は，最早遅きに失したという時点まで，顕在化することがなかったのである。

　今1つの偶然は，本選挙の対抗馬となるべき民主党候補が，クリントン，サンダースという高齢候補者であったことである。おかげで，通常は予備選挙段階から弱点となった筈の，史上最高となる就任時70歳というトランプの年齢が，取り立てて問題とはならなかった。

　かくして，アメリカ社会の深層に生じていた不満に，少々の偶然も手伝って，共和党ではトランプが指名を得，民主党ではサンダースの善戦今一歩及ばず，クリントンが勝利を収めた。

第3節　アメリカ大統領候補者指名過程の変遷とアウトサイダー

　実は，アメリカ政党の歴史を通して，大統領候補者指名過程がアウトサイダーにどの程度開放されるべきなのかは，論争点であり続けて来た。閉鎖的な指名過程は，常に批判の対象であった一方，持続性のある政治組織としての政党を擁護する見地からは，開放にも一定の限度あるべしと考えられた。これは，政党の根幹に関わることでもある。一時的な政治勢力に党が席巻されてしまうと，党の継続性が失われるし，それがた

とえいかに漠然たるものではあれ，これまで政党が培ってきた，政策路線上の立場についての印象は，選挙民にとっての投票の手がかりとして重要であるのに，それが失われてしまう。また持続的な組織としての政党が断絶しかねない。実に，この開放性と安定性・持続性の兼ね合いこそが，政党のあり方を巡る最初期よりの争点であった。

　アメリカ政党における大統領候補者指名過程は，概ね以下の4段階で推移してきたとできよう。すなわち，

　　第1期　議員集会による指名時代

　　第2期　有力政治家（ボス）主導の党大会

　　第3期　大会代議員選出方法が多様化した党大会時代

　　第4期　予備選挙と候補者個人組織主導の時代

である。ただし，候補者指名方式の推移を，3期に分けることも行なわれている（たとえば Cook 2004）。ここでは，概ね Ceaser に依拠した（Ceaser Reforming.）。そして，それぞれの段階で，アウトサイダーが存在し，その包含が試みられたのである。

(1) アウトサイダーとしてのフロンティア

　最初の党派別連邦議会議員集会期は，期間も短く，十分な制度化を遂げるには至らぬままに終焉した。この方式は，今日やや不当に低く評価されている嫌いがある。またそもそも，交通・通信の手段が原始的であった当時にあっては，他に選択肢もなかったと思われる。しかし，大統領候補者指名のための議員集会は，民主的ならざる閉ざされた場と看做されたのである。

　議員集会の終焉の原因は，議員集会方式自体の欠陥というよりも，元来2党制のもとでの大統領候補者指名方式として導入され機能していたのに，連邦派の早期の自壊により，議員集会による候補者指名が，事実上の本選挙となってしまったことにある。それでも，1804年以来，閉鎖性の打破を目的として，実に今日にまで継続している改革が行なわれた。

　まず，同年の National Republicans の議員集会は，初めて一般に公開され

た。さらに, 1816年からは, 准州からの代表が出席と投票を認められた (Pomper 1964)。このことは, 政党が, 以後フロンティアが消滅するまでの間, 正式に州として合衆国に加入するまでは, 本選挙には参加の道を閉ざされていたフロンティアの利害・意思を, 大統領候補者指名過程に反映せしめる道を開いたと言える。今日, 予備選挙を通して, 州ではないために, 大統領本選挙に代表されえぬプエルト・リコ, サモア等の地域に, 大統領選挙への参加の道を開いていることと同様であると言えよう。

　また, 今日の全国委員会の前身とも看做しうる組織が出現した (Pomper 1964)。

(2) アウトサイダーとしての白人一般市民

　19世紀は, 一般的にアメリカ政党の黄金時代であるとされており, 選挙運動の主たる担い手は, 実に各州の政党であったのである。それはまた, 各州に割拠する「政治ボス」が, 党の指導者として選挙の牛耳を執る体制でもあった。その背景には, 政党マシーンの支持母体としての, 民族集団毎の濃密な地域社会があったのである (McWilliams 1981)。そのような在り方の政党からは, 新規移民ではない白人中産市民層が, アウトサイダーとなる。

　単純化して言えば, 「革新主義運動」Progressive Movement として知られる, 彼ら白人中産市民層のボス主導党大会への反乱が, 直接予備選挙をもたらした。予備選挙は, 本来, ボス支配下の腐敗した党組織を迂回して大統領候補者を選ぼうとするものであったのである。予備選挙が, 党組織ではなく州政府によって執行管理されるという, アメリカに特有のあり方は, 実にここに由来している。

　しかし, 予備選挙は完全に候補者指名過程を席巻するには至らず, 第3期の過渡期がもたらされる。これは, 第2期程ではなくとも, 政党に所属する職業政治家がかなりの主導権を握る体制であった。と同時に, 未だ各州の党組織は機能していた一方で, マス・メディア就中TVの普及により, 個々の大統領候補者が, 州・地方党組織を飛び越えて, 直接

選挙民に訴える可能性が生じた。

　第3期には，党大会代議員の選出に予備選挙が一定の役割を果たしており，全体会代議員に占める予備選挙選出代議員の比率は，概ね両党とも3割から4割台で推移していた。また，よく組織された候補者個人運動体の萌芽が，第3期末期には見られるようになる。そして，より広範な非職業政治家層の参加を促すとともに，期せずして，候補者個人組織中心の大統領候補者指名過程をもたらしたのが，1960年代末よりの政党改革運動であるとすることができる。

(3) アウトサイダーとしての黒人（アフリカ系）・女性

　一連の改革を主導した委員会の中でももっとも著名な，マクガバン委員会の報告書（Mandate for Reform）に示された指針の中で，各州代議員の人種・若年層・性別構成は，当該州人口のそれと「合理的関係」にあるべきことが定められた。このような比例的代表の発想は，2党制と1人1区の選挙制度に慣れ親しんできたアメリカにおいては異例であり，とりわけ女性や若者の比例的代表が謳われた党の公式文書としては，おそらく最初のものであった。この条項は，種々の批判にさらされて後に事実上棚上げされる。また代議員自体が，自らの意思で投票する独立した選挙人から予備選挙の結果を党大会に伝えるメッセンジャーへと性格を変える過程で，その意味を失っていった。

　しかし，これ以後，黒人や女性の大統領選挙への挑戦への道が，心理的に開かれたと言えるかもしれない。4年後の1972年には，その先駆者が現われた。黒人女性下院議員シャーリー・チザム（Shirley Chisholm）が，民主党の大統領候補者指名を目指すと宣言して予備選挙に立候補し，予備選挙での勝利を勝ち取ることは一度も叶わなかったものの，その年の民主党大会代議員総数の約5％に相当する代議員150名余りを獲得したのである。そして，1984年には，当選こそ成らなかったにせよ，民主党副大統領候補者にイタリア系女性ジェラルディン・フェラーロ（Geraldine A. Ferraro）が指名された。2008年におけるヒラリー・クリントンは，こうし

た一連の流れの中で，民主党の大統領候補者の座を，現実的な射程に納めた最初の女性であり，確かに1つの歴史を作ったといえよう。

　しかし，2014年から15年にかけての，彼女が2016年の民主党大統領候補者の座を，既に手中に収めたが如き報道には，一抹の危惧の念を抱かざるをえなかった。思い返せば，2006年から2007年にかけても，同じような話を聞かされたのである。結果は周知の如く，指名を得はしたものの，無名であったサンダース上院議員との熾烈な予備選挙を戦い抜かねばならなかった。それでも，彼女は，女性として史上初めての大政党大統領候補者となったことは事実であり，本選挙では一敗地にまみれたとはいえ，またも歴史にその名を刻んだのである。

第4節　政党改革の予兆と始動そしてその帰結

(1) 改革の予兆

　1968年から80年代初頭にかけての政党改革の経緯は，既に別の論文で検討した（今村 2015）。それを繰り返すことはしない。ここでは，その4年前の出来事を改革の予兆，若しくは先駆けとして検討したい。

　大統領候補者指名過程の変容という観点から，1964年は，2つの事件によって注視すべき年であるように思われる。それはまず，アトランティック・シティーで開かれた同年の民主党大会で勃発した南部黒人の反乱・異議申し立てである。今日，ミシシッピ自由民主党事件として記憶されるこの事件は，漸く勢いを増しつつあった黒人公民権運動の一環であるとともに，党組織主導の大統領候補者指名過程への異議という側面をも持っていた。

　この紛争を妥協によって収拾するとともに，指名過程における人種差別的要素の排除を目指して，特別平等権委員会が設置され，68年党大会への代議員選出において遵守されるべき6項目の指針が定められた。

　この委員会の制定した6項目の指針は，党の全国機関が設けた規則としては，各州・地域の党大会代議員選出過程にまで立ち入る初めてのも

のであった。そして，事実として，これに違反したとして1968年大会で，一部の代議員が失格させられている。この指針は，制定の経緯からして，何よりも党内の人種差別を是正せんとするものであった。しかし，現実には，以後の政党改革において，大会代議員選出過程の開放のための有力な拠り所となったのである。

　2つ目に挙げるべき改革の予兆は，1964年の共和党大統領候補者指名過程である。同年の共和党候補者となったバリー・ゴールドウォーター (Barry B. Goldwater) は，共和党内では保守右翼寄りに逸脱した候補者とみられていた。党内の主流派にとっては歓迎されざる結果をもたらしたのは，ひとつには，「草の根の保守派」とでも言うべき人々の選挙運動であった。無論それがどの程度の影響力を持ったのかについては，特定し難いにせよ，草の根の運動が生じていたと言うことは事実であった。それは，政治信条，政策路線についての相違はあっても，4年後の民主党の改革運動の担い手となった層と職業政治家に非ざる一般市民の自発的運動であったという点で共通していたのである。

(2) 政党改革へ

　政党改革の経緯について詳論する余裕はない。以下の2点のみ特記しておきたい。まず，民主党内の改革運動として始まった政党改革は，各州の指名過程が州法の規制に服していたため，州法の改正が必要とされる場合もあり，そのために共和党も巻き込む全般的な指名過程改革となった。次に，政党改革は，両党の大統領候補者指名の直接選挙化をもたらした。直接予備選挙が導入されて以来，第3期では，直接選挙と間接選挙の両要素を持って推移してきた。しかし，党大会代議員ではなく大統領候補者への直接投票が拡大し，1980年以降ほぼ完全な直接選挙化が完成したのである (章末付表参照)。

　1972年民主党大統領候補者レースの最終的な勝者となったジョージ・S・マクガバン (George S. McGovern) は，しかし，肝心の本選挙において，惨敗を喫してしまう。彼こそが，「改革の申し子」であり，一般市民の

広範な参加から生まれた「民意」を反映した候補者であったはずなのに。こうして，政党改革は，現行のゲームのルールを作る上で大きな役割を果たしはしたものの，当初の意図のように「勝てる」候補者を選ぶことはできずに終わった。

　以後の指名過程では，民主・共和両党とも，一連の予備選挙・支持者集会を，候補者個人の選挙運動組織が戦うことになった。かくして，以下の如きアメリカ政党の独特のあり方が現れる。大統領選挙においては，候補者指名，本選挙においてあまり大きな役割を果たすことなく，むしろ選挙管理委員会的の立場に立つ。無論，そうは言っても，予備選挙日程，投票規則を決める上で党の果たす役割は大きい。各州政党，州議会の個別的利害を調整する全国委員会の機能は無視できない。ただ，政党は，選挙運動の直接の担い手ではなくなっている。

　対して，連邦議会議員選挙における党の役割は，遥かに多岐にわたり大きい。もっぱら選挙のための機関に特化していることが，アメリカ政党の特質であるとされてきた。近年は，さらに選挙ごとに機能を特化させたユニークなあり方を現示している (今村 2000)。

第5節　既存2大政党の制度化

(1) 政党の法制への編入の2類型

　政党に関する事項を網羅した包括的政党法が必要か否かは，議論の分かれる所であろう。結社の自由，政治活動の自由を侵しかねない面も否定できない。ただ，一般には，純然たる私的結社であっても，社会における重要な機能を果たすべき団体については，要件を定めるなどの一定の規制は，必ずしも結社の自由と矛盾しないとされよう。たとえば，株式会社が現代の経済活動において重要かつ不可欠の役割を果たしていることから，株式会社の要件・運営の細目につき厳重な法規制が存在している。しかしながら，そのことをもって個人の経済活動の自由が侵害されるから，するべきではないとは必ずしも言えない。

　政党が活動する先進民主国で，政党についていかなる法規制も存在しないという例は想像できない。しかし，その法規制のあり方は，各国各様である。両極に位置するのはドイツと日本かもしれない。

　すなわち，体系的法規制の例としてのドイツ型と，個別的，また特定目的での法規制の集積例としての日本型とを対置しえよう。この分類は，必ずしも法規制の密度・強度ではなく，成文憲法典とそれに基づく一般法による整合的体系的な規制か，必要に応じた個別規制が集積しているかに基づく。なお，近年制定・改正された各国憲法典においては，むしろ政党条項を含むものが大勢であるという (西 2019)。

(2) ドイツ型

　政党の基本原則を憲法で定め，細目の規制は，別途法律を定めることを予定する。すなわち，ドイツ連邦共和国基本法第21条は，こう規定する。

①政党は国民の政治的意思形成に協力する。政党の結成は自由である。政党の内部秩序は，民主制の原則に合致していなければならない。政党は，その資金の出所および使途について，ならびにその財産について，公的に報告しなければならない。

②政党のうちで，その目的またはその支持者の行動からして，自由で民主的な基本秩序を侵害もしくは除去し，またはドイツ連邦共和国の存立を危うくすることを目指すものは，違憲である。その違憲の問題については，連邦憲法裁判所がこれを決定する。

③詳細は，連邦法律でこれを規律する。

　ドイツほど厳格な政党の法制化は，まだ例外的ではある。しかし他にも，憲法典に政党についての規定を含む国は存在する。ほんの１例を挙げれば，

　イタリア……憲法で，市民の自由な政党結成の権利を認める。

　フランス……政党結成の自由を認めて，政党に最低限の条件を付す。

　フランス共和国憲法第４条：政党および政治団体は，選挙における意思表明に協力する。政党および政治団体は，自由に結成され，自由に活

動する。政党および政治団体は，国の主権および民主主義の原則を尊重
しなければならない。

(3) 日本型

　日本国憲法には，ドイツ憲法等とは異なり，政党についての何らの規
定もない。日本における政党の法規制の現状は，個別の法律が，政党を
包括的に定義することなく，目的に応じて政党を定義して，一定の規制
を行なっている。ただし，政党の内部運営自体に立ち入る規制はない。
　では，日本における政党の法規制は，具体的には概略以下のようである。
　Ⅰ　候補者名簿提出資格としての政党
　個別の法規制を見れば，まず，選挙制度に比例代表制が採用されてい
ることから，公職選挙法に候補者名簿を提出できる政治団体の要件が定
められている。衆参両院とも，イ．所属する国会議員が 5 名以上か，ま
たは，ロ．直近の衆議院総選挙か参議院通常選挙で，有効投票総数の 2%
以上得票した実績があればよい。若しくはさらに，ハ．衆議院では，全
部で 11 ある比例代表ブロックの当該ブロック定数の 2 割以上，参議院
では比例代表区の候補者を 10 名以上立てられれば良い。ハ．の要件は，
一見簡単に満たせるようにも思われる。しかし，立候補には，実は候補
者 1 人当たり，衆議院小選挙区，参議院選挙区では 300 万円，比例代表
名簿登載候補 1 人当たり 600 万円の供託金が必要であるから，単なる趣
味道楽で選挙に出ようとする泡沫政党への歯止めは，一応存在するので
ある。
　Ⅱ　公費助成の対象としての政党
　さらに，政党助成法による公費による政党への資金援助制度があり，
政党交付金を受け取る資格が政党助成法で定められている。この法律は，
細川連立内閣が平成 6 年 1 月に成立させた，政治改革関連 4 法の 1 つで
ある。国勢調査による総人口に 250 円を乗じた額が交付金総額となる。
交付要件は，上記のイ．か若しくは所属国会議員がいて，ロ．の条件を
満たすことである。交付金総額の半分は，議員数に按分して，残りの半

分は，直近の国政選挙の得票率に応じて配分される。別に，この条件は，政党が政党名で不動産の登記を行なったりする資格ともなることが，政党法人格付与法に定められている。

　Ⅲ　会派

　また,特段の定義はされていないものの,国会法や各議院規則には,「会派」という用語・概念が用いられている。これは，事実上，院内の議員集団としての政党であり，国会の議事運営の基本単位となる。委員会の構成，質問時間は，所属議員数に応じて会派単位に割り振られる。通常は，政党がそのままの名称で会派となる。しかし，選挙区事情等で入党できない議員や小政党と連合して会派を結成することがある。これを統一会派と呼ぶ。しかし，統一会派としての組織がとくにあるわけではなく，院内での発言力を増すための方便と言える。会派は，各院で複数の議員を構成員として，議長に届け出ることによって認知され，それ以上の要件は特に定められていない。これは，昭和3年，帝国議会衆議院の各派交渉会において「無所属とは院内において団体を為さざるものをいう。団体とは2名以上の集団をいう。」とした先例に淵源がある。

　ただし,立法事務費の交付対象としての会派は,所属議員1名でも良い。

　Ⅳ　選挙運動の遂行資格としての確認団体

　参議院議員選挙と一部の地方選挙について，一定数の候補者を擁立し確認書を交付された団体は，政治団体に禁じられている選挙運動を行なうことができる，一般には「確認団体」と称される。ただし，これは法令上の名称ではない。

(4) アメリカ合衆国

　連邦憲法には，政党について何の規定もない。しかし，各州憲法，州法は，詳細に政党を規定している事例がある。つまり連邦レベルでは日本型，州レベルではドイツ型とも言え，両者の衝突を裁定する一連の合衆国最高裁判例により，政党は，私的結社として州法の規制を脱し，しかも，事実上選挙制度に編入されてきている。また，政党と言うより既

存の2党の固定化に向かう制度が，認められる。数多ある中で，ここでは以下の4判例についてのみ述べよう。

カズンズ対ウィゴダ事件 419 U.S. 477

全国党大会代議員の選出過程についての，民主党全国大会の制定規則が，イリノイ州法に優越するという結果を導いた。あるいはむしろ，政党は州法の規制を受けないという趣旨にも取れる。しかし，州法ではなく党の全国機関の制定する規則に則って全国党大会代議員が選出され，しかも選出のための予備選挙は税金で賄われ，投開票事務には州が当たるのであるから，その実施についての規則の制定権限を政党機関がもつということは，政党が政治制度の一部として機能していることになろう。

タシジャン対コネティカット州共和党事件 479 U.S. 208

予備選挙の投票者要件を，州が決めてしまうことは違憲とした。これにより，支持政党登録を伴う有権者登録制度を有する州において，各州政党は，連邦議会議員予備選挙に無党派登録した選挙民の投票を認める権限を得た。

民主党対ウィスコンシン州事件 450 U.S. 107

政党の全国機関の制定する規則が，ウィスコンシン州法に優越することを確認した。

以上の判決は，アメリカ政党が憲法上の結社の自由の保護を受ける団体であることを，個別の事例について確認している。すなわち，政党は個別州法により自在に規制されるだけの，州が金と要員を出す予備選挙における単なる州政府の下請け機関ではなく，独自の規則制定権をもって予備選挙の実施に関与するという意味で，政治制度の一部として機能する事例が蓄積されてきたのである。

ドゥー対リード事件 561 U.S. 186（2010）

　以上の訴訟とは，いささか趣を異にし，そもそも政党や選挙に直接関係する事件ではない。ワシントン州における直接請求を求める署名簿の公開を合憲としたこの判決の意味は，一般的な政党や候補者の投票機パネルまたはスクリーンへの表示（伝統的には ballot access と呼ばれる）のために求められる署名簿が公開されることを認めたことである。この意味は2つある。まず，署名に応じたことが秘密であるならば，第三党，独立候補者が署名を集め易くなる。つまり，本判決は，結果として既存2大政党の座を安泰にする。次に，署名簿が秘密であれば，署名簿への大政党による異議申し立てが不可能となる。この異議申し立ては，第三党潰しの手段として，しばしば用いられてきた。とりわけ 2004 年大統領選挙において，全国的に展開された民主党のラルフ・ネーダー潰しの手段であった（Winger 2005）。

　本判決は，結果として，大政党にこうした手段による第三党潰しの可能性を残し，既存二大政党の法制上の特権を維持したことになる。

第6節　政党改革の中間決算としての 2008 年民主党大統領候補者指名過程

　1972 年以後 2004 年までの9回の大統領選挙のうち，ジョージ・ブッシュ（George W. Bush）（子）とアル・ゴア（Al Gore）副大統領（当時）が，同時にそれぞれの党の指名を確実にした 2000 年選挙を除くと，8回中7回までも，先に指名を決めた候補者が勝利している。すなわち，予備選挙・支持者集会という開かれた形式での党内の争いを，なるべく早期に終息させ，過熱しがちな候補者間の対立，敵意，確執を癒す時間を得て，党を再び団結せしめ，速やかに本選挙に入った方が断然有利であるというの「経験則」が信じられてきたのである。裏を返せば，徒に党内抗争に時間と精力を費やし，候補者間の亀裂を深めた側が，本選挙では不利になるということでもある。例として挙げられてきたのは，現職大統領ジェラルド・フォード（Gerald Ford）が，当時カリフォルニア州知事であったロナルド・レーガン（Ronald W. Reagan）からの真剣で執拗な挑戦を受け，

本選挙で苦杯を喫した 1976 年の共和党と，同じく現職のジミー・カーター（Jimmy Carter）が，エドワード・ケネディ（Edward M. Kennedy）上院議員を早期に撤退させることができず，結局本選挙でレーガンに苦杯を喫した 1980 年の民主党である。2012 年共和党は，必ずしもその例ではない。

　2008 年の民主党大統領候補者指名過程は，その経験則を打ち破り，恰も 60 年代末よりの政党改革の原点に回帰したかのような論理が勝利を収めた。2008 年の指名争いが，1972 年に匹敵する熾烈なものであったことは疑いえない。民主党予備選挙の投票率は，19.3％にも達した。長く熾烈な党内の争いは，むしろ党の支持基盤を拡張して党を活性化させ，ひいては，本選挙の勝利をもたらすのだと，アメリカの TV やネットで真剣に語った若い人々の多くは，その 40 年前には生まれてもいなかったろう。長期間候補者が相互に熾烈に批判しあう党内指名過程が，遂に本選挙の勝者を生み出したのであった。これが政党改革の 1 つの帰結であったことは疑いえない。しかし，振り返れば，それは中間決算の如きものであり，最終的な帰結ではなかったのである。

　筆者自身は，実の所，改革以前の指名過程，すなわち予備選挙，党組織の選択等々さまざまの方法で代議員が選ばれ，かつ代議員自身に裁量の余地が大きかった指名過程のほうが，バランスが取れていて好ましかったのにという感慨を抑えきれない。1968 年は，やはり特異の事例だったのである。そうは言ってもしかし，ここまで行き着いた予備選挙中心の指名過程を，元に戻すことなど最早夢想だにしえないのは確かである。

第 7 節　大統領候補者指名過程の改善案

　徒に「古き良き時代」を懐かしんでも詮ないとして，復古的なだけではないより現実的な改善策はあるのだろうか。まず，議論を整理すると，たとえば，本選挙の選挙人制度を廃して，1 人 1 票の直接選挙制にするという改革自体は，政党の候補者指名過程に必ずしも直接の影響を及ぼすものではない。各州で選挙人を競うのであれ，全国で総得票数を競う

のであれ，本選挙では，政党の枠の中で，何らかの方法で決まった候補者が争うことになる。

　ただし，もしも直接選挙化にともない，全国的に選挙を統括する連邦機関が設置され，現在各州が行っている選挙業務，たとえば選挙権登録，投票機・用紙の調整，投票所の設営，投開票管理，等々を全国画一の基準で行ない，立候補者の受付・審査・認証等を1か所で済ませることができるようになれば，その影響は甚大となろう。すなわち，2大政党の現在有している，第三党，独立候補者に対する優位が，大きく削がれることになる。しかし，それはアメリカ合衆国憲法の改正をも要する難事業であり，早期の実現は視野に入り難い。

　ここでは，選挙人制度の改廃等，連邦憲法修正を要するものは，度外視することにする。連邦憲法修正のハードルがきわめて高いという事情に加えて，選挙人制度への強い批判論 (Edwards 2011) とともに，根強い擁護論もまた存在することにも留意しなければならない (Grant 2004)。

　実際には，考えられるのは以下の3つくらいである。

(1) 同一日全国予備選挙

　容易には実現などしそうにないと思われるかもしれない。ところが，世論の多数派は，このアイデアに意外に好意的である。ギャラップによれば，最新の調査では，賛成が58％反対33％。1952年以来の調査では，賛成は，76％から56％の間を上下しており，反対が3割を超えてきているのは，やや増加の趨勢にあると言えよう。民主党支持者より共和党支持者に，より好まれているのは，少数派が埋没する懸念を抱く者が，当然民主党により多いということであろうか。

　この案が実現すれば，既存政党に与える打撃は甚大となろう。政党は，ほぼ完全なラベルと化し，今以上に個人中心の選挙の性格が強くなる。とともに，人口の多い州の影響力が増すことになろう。

　問題点を整理すれば，

　①同一日の実施ということが，問題を招来しうる。時差がある現状で，

単純にカレンダー上の日付で実施した場合，事実上東から開票が進む。本土での開票が互角であった場合に，アラスカとハワイが結果を決めることにもなりうる。これは，時差を勘案した開票時間を設定することで回避されよう。すなわち，投票で先行する州の結果が後に続く州に影響しないように，開票結果の発表を遅らせることは，技術的に可能である。

　②過去に時期を違えて行われた予備選挙の結果を単純に累計して行なう類推には考えうる限りの慎重な留保が必要であることを承認した上で，尚敢えてこれを行おう。その場合，ルール設定には2種類ありうる。1つは，単純1位当選制。今1つは，過半数の得票を要求する決選投票制である。1972年以降でみると，共和党は，2012年，2016年以外は，後者のルールでも1回の投票で決着する。民主党の場合は，現職大統領の候補者がいなかった年には，すべて決選投票が行われ，得票率15％以上の候補者に決選投票に臨む資格を認めれば，1972年には，ハンフリー（Hubert H. Humphrey），マクガバンに加えて，ジョージ・ウォレス（George Wallace）の3人の争いとなったであろう。ここから，この方法のもう1つの問題点が浮上する。常に民主党が党内指名の決着に時間を要し，陣営間の亀裂が深刻化する。支持者のまとまりが良い共和党が，一度の投票で決着して本選挙に臨めるのに対して，民主党が不利となるという議論である。ただし，2016年選挙をみる限りでは，いずれの党にも生じうるのであり，さしたる問題ではないとも言えるであろうか。むしろ，今後両党の支持基盤に変動と入れ替えが生じる可能性をみておくべきかもしれない。共和党の支持者が民主党に比べて，同質性が高いとは，必ずしも言えなくなっている。

　③今1つの可能性として，候補者の乱立が考えられる。いわば一発勝負であり，ともかくも投票日直前に一定の資金を投入できさえすれば，持続的な選対組織を維持しなくともよいという考えで，群小候補者が増殖するかもしれない。つまり，現行のやり方，半年にも及ぶ，言わば長丁場の連続予備選挙の過程で，候補者が絞り込まれるということがないためである。

　本選挙との制度上の整合性が問題となろう。アメリカ合衆国においては，実は州境を越える選挙というものはないとも言える。大統領選挙といえども，結局は，個々の州で行われる大統領選挙人の直接選挙であり，その結果が全国集計されるだけなのである。ただし，予備選挙と本選挙は，必ずしも制度上同一でなければならない訳ではない。ただ，州毎に個別に設計され，州法に基づいて実施されてきた方式を，画一的な全国予備選挙に変更することは，実はさまざまの問題を孕む。

　まず，伝統的に支持者集会を実施してきたアイオワのような州にも，予備選挙を強制しなければならない。また，予備選挙の投票権等を全米で均一に揃える必要が生ずる。ところが，これがそう簡単ではない。実は，アメリカ合衆国においては，投票権の条件を定めるのは州である。よく「アメリカでは，憲法で18歳選挙権が定められている」と言われる。しかし，憲法修正第26条は，連邦も州も投票権を付与する年齢を18歳より高く設定してはならないとしているだけであり，州が，たとえば16歳から投票権を付与したとしても何ら差し支えない。たとえばペンシルベニア州では，11月の大統領選挙投票日に18歳に達する者は，それに先立つ予備選挙には17歳でも投票できる。また，受刑者に投票を認める州もあれば，認めない州もあるといった具合で，細部では州毎に異なっている。州を越える選挙などない以上，それでも良いのである。しかし，全国予備選挙を実施するとなれば，真に全国で斉一の制度で実施される選挙であり，合衆国史上未曾有のことになる。もしも，こうした州毎の違いを揃えようとすれば，憲法の修正が求められよう。実現は，容易ではない。

　ただし，これによって政党が壊滅してしまうとまでは言い切れない。政党は，大統領選挙においては既に候補者を2人に絞り込む為の制度という性格を強くしている。全国予備選挙が政党別に行われる限り，これは変わるまい。

　なお，案としては，現状のごとく各州が選挙の執行管理の任に当たり，期日のみ揃えるというやり方もある。しかし，これとても実現の困難な

ことは変わらない。支持者集会を実施している州にそれを放棄させなければならず，連邦議会にそのような権限があるのかどうか疑問である。結局，憲法を修正しなければならないことには変わりがない。

(2) 輪番式地域別予備選挙

　全米州務長官協会 National Association of Secretaries of States が，1999年以来推奨している。アイオワ，ニューハンプシャー2州が先行した後，全米を4地域に分けて，各地域が3月から6月に1か月おきに同日予備選挙を実施する。実施の順番は，ローテーションでずらしていく。アイオワとニューハンプシャーの州務長官も構成員であるという協会の性格上，両州の「既得権益」が保護されていることはやむをえないかもしれない。

　この案は，言わば玄人筋の受けこそ良いものの，一般には認知度も低く，とくには好まれていない。問題点としては，4つ挙げられよう。第1には，これだけの数の予備選挙が一度に実施される3月の第1段階で，巨額の選挙資金が必要となる。集金競争はますます加熱するであろう。第2には，アイオワ，ニューハンプシャーを特別扱いするかどうかはともかく，当初より順番が確定しているので，第1段階の諸州では，ひょっとすると2年以上前から，選挙運動が始まるかもしれない。これはつまり，アイオワ，ニューハンプシャーで毎回起こることが，順番に他州に移るだけのことである。第3には，共和党保守派，民主党穏健派には不利である。というのは，地域の特性として，北東部がリベラル，南部が保守であり，中西部は中立的，西部はリベラル寄りであるとの，いささか乱暴な常識的見解が正しければ，共和党の穏健中道派，民主党のリベラル派が有利となると考えられる。第4には，アイオワとニューハンプシャーだけが既得権を温存されることに，南部における最初の予備選挙実施州としての地位を確立してきたサウスカロライナが，黙っているとは思われない。同州は，とりわけ共和党の大統領候補者指名に甚大な影響力をもつとみられているだけに，簡単にその他大勢に埋没することを

肯んずることはなかろう（Knotts 2020）。

　上記第2の難点の1つの改善策は，地域別の実施順位を，選挙年に入ってから抽選で決めることであろう。難点の第3については，より政治的志向のバランスの取れた地域割りが考えられる。それは，極端な飛び地を生じさせないでも可能であろう。

(3) 各党内の自主的な党大会代議員選出過程改革

　デラウェア案と称された改革案が，これまででもっとも実現に近づいたものである。デラウェア州共和党の発案になり，2000年春には全国委員会の承認を得る所までいったものの，最終的には，同年のフィラデルフィア党大会で否決された。全州と地域を人口規模の小さい順に4つのグループに分け，人口の少ない州のグループが予備選挙を最初に，大州が最後に行う。第1グループの小州は，トレンドセッターとしての役割を担うものの，2000年の配分では，全体の約12％の代議員を選出するのみなので，主要候補者の絞り込みに止まる。続く2つのグループが終わる5月に，漸く本命候補者が確定し，他の候補者が脱落して事実上決着することもありえよう。それでもまだ約半数の代議員は，第4グループが選出するので，真に激戦となれば，大州が決戦場となろう。

　この案で画期的であるのは，アイオワとニューハンプシャーがその人口規模から機械的に，それぞれ第1と第2グループに入れられていることである。

　本案の問題点は，民主党が同調し難い点にあろう。このグループ分けでは，保守寄りの候補者が先行し易い。既に党の重心が保守にシフトしている共和党にはさしたる問題ではなくとも，民主党には受け入れ難いであろう。事実，2000年には，民主党は同調を拒んでいる。そうなると，民主党は，当時の趨勢から，早期に候補者を決定し，共和党は，日程上かなり遅れをとることになる。それが本選挙に不利に働くのではとの懸念が，結局この案を頓挫せしめたのである。

　以上の3つの改善案は，どれも取り立てて魅力的とまでは言えない。

政党は手段であって，目的ではない。より良い大統領候補者指名過程が
実現するなら，政党が衰退してもやむをえないと一応は言える。しかし，
(1) 全国予備選挙や (2) が，より良い大統領候補者指名過程をもたらすか
どうかは議論の分かれる所であろう。また (3) は，実のところ1970年代
頃のスケジュールへの回帰に過ぎないとも言いうる。

第8節　おわりに

　アメリカ政党は，その歴史の当初より，アウトサイダーへの開放性と
政党としての一貫性・継続性の兼ね合いに悩んできた。本章では，その
観点からの大統領候補者指名過程の推移を概観し，改善策を探ってみた。
大統領選挙については，かつてのような政党のリバイバルはありそうに
もない。現行の候補者指名過程自体には改善の余地があることは否むべ
くもないにせよ，選挙デモクラシーの機能障害の原因は，政党自体では
ない。政党自体も一部編入されている選挙制度全般の再検討が必要であ
る。それは，憲法との兼ね合いもあり，実現が視野にすぐ入ってくるよ
うなことにはなりそうもない。

　最後に要約すれば，マス・メディアの発達とも相俟ち，政治の全国化
の趨勢に，当時の分権的であったアメリカ政党がよく対処しえずにいる
うち，政党改革によるアウトサイダーへの党内過程の開放が，見方によっ
ては野方図に促進されてしまったと言えよう。予備選挙の増殖自体は，
必ずしも政党改革運動が目指したものではなかったものの，職業政治家
以外のアウトサイダー，職業政治家ではあっても非主流の人物が，予備
選挙を通じて大統領候補者指名過程に参入する道が開かれ，候補者個人
組織の競い合う現在の指名過程が生じたのである。最早政党は，候補者
指名過程の競技者ではなく，審判の役割を演じている。そして，長い熾
烈な候補者指名過程を勝ち抜いた候補者の個人運動組織が，そのまま大
統領本選挙においても大きな役割を果たす。アメリカ大統領選挙は，終
始，候補者個人組織によって担われると言っても良い。それは，連邦議

会議員選挙等も軌を一にする。これを政党空洞化と呼ぶこともできよう。

しかし,世界で現在機能している政党の中で,もっともアウトサイダーに開放され,その意味では空洞化の危険を孕むとはいえ,現実に民主・共和両党は,確実な違いのある選択肢を,アメリカ国民に提供し続けている。空洞化の危機とは,理論上のことに過ぎないとまでは言わぬにせよ,開放性と継続性との均衡は,一応保たれてはきた。それがいかに危うくはあれ。

しかし,2016年大統領選挙では,開放性の追求が行き着く所まで行き着いたという観なしとしない。であるならば,政党改革の最終的評価は,トランプ政権によって決まるとも言えるかもしれない。

結局,ある政党の大統領候補者の継続性とは,peer review によって担保され,開放性とは,一般有権者中の支持者もしくは無党派層の発言力によって確保される。前者は,閉鎖性の,後者は政党の単なるラベル化に至る危険を孕む。

今回の民主・共和両党の候補者指名過程に起こったことは,言わば両党に対する一種の敵対的買収であった。共和党ではそれが成功し,民主党ではあと一歩で及ばなかったとすることができよう。この表現には,単に気の利いた比喩以上のものが含まれている。

株式会社と政党には,実は,皮相ではない本質に関わる類似点を認めることができる。まず,いずれも現代の自由主義経済と民主政治の領域において必要不可欠の存在である。個人に,また他の形態の組織に果たしうる役割がまったくないわけではないにせよ,政党と株式会社なしの現代経済と現代民主政治を想像することは難しい。

結社が経済行為をなすにおいては,後述の如く一定の条件を満たす限りにおいて,自由に起業できなければならず,その結社の設立が自由にできることが原則である。政治活動の自由が保障されねばならないという観点からは,政党を含む政治団体も自由に結成できなければならない。そして,多額の事業資金を調達するという観点からは,株式が上場されて広く公開されていることが望ましいであろう。それはまた,商法上の

企業所有者たる株主の意向が経営に反映される仕組みでもある。同様に，政党は自由に加入と脱退ができる開かれた組織であることが望ましいであろう。そして，党の構成員の意思が党の政策や活動の方針に反映されることも，一般的には望ましいと考えられている。もっとも，政党内デモクラシーが，果たして政党民主政治に必須であるかについては，議論の分かれるところであろうが。

　すなわち，株式の上場と公開と党員資格の開放性は，パラレルに捉えることができる。それは機会であるとともに危険でもある。十分な事業資金を得ることができる一方，株式の買収による経営者の意に添わぬ「乗っ取り」あるいは敵対的買収が可能となってしまう。政党の場合，党員の増加は，党費収入の増加と選挙運動や政策宣伝のマンパワーをもたらす。ゆえに，新規党員の獲得は，党自らが熱心に取り組むものである。その一方で，急激な新規党員の流入は，既存の党指導部にとってのリスクも孕む。極端な場合，党がまったく異質の政治路線をとる事実上別の政党になってしまうこともありうる。

　すなわち，逆説的に思えようとも，結社の自由の実質を得んとすれば，結社への加入は無制限に自由であってはならず，むしろ結社には入会者を選別する自由がなければならない。政党の場合，極端な例を挙げれば，たとえば市場原理を信頼する自由経済の信奉者が，大量に共産党に入党してくればどうなるであろうか。当然共産党は共産党でなくなってしまい，共産主義者の結社の自由が失われてしまう。

　ところが，アメリカ政党は，自由に構成員を選ぶことができない。ばかりか，国の最高位の公職者たる大統領の候補者すら選べないとも言える。こうした政党のあり方は，世界でも真に特異のものである。

　比喩はあまりに進めると危険を孕む。それを承知で言うなら，いわゆる同族会社や株式の一部しか公開しない株式会社も存在し，それなりに社会に貢献している。とすれば，今少し継続性に重きを置く「閉鎖的な」政党のあり方にも再考の余地はあろう。

　2016年大統領選挙を，同年の英国のEU離脱と並ぶ，ポピュリズム

台頭の文脈で理解しようとする傾向も強い。どうやら，「ポピュリズム」
は，自分の気に入らぬ投票や選挙の結果に貼り付ける便利なお札となっ
た観がある。筆者はいささか異論をもつものの，それは，本章の守備範
囲を超えていよう。

参考文献

Ayres, Whit, and Lasley Dahl. 2015. *2016 and Beyond: How Republicans Can Elect a President in the New America*. Resurgent Republic.

Bone, Hugh A.1971. *American Politics and the Party System*. 4th ed. McGraw-Hill.

Ceaser, James W. 1979. *Presidential Selection: Theory and Development*. Princeton University Press.

──────. 1982. *Reforming the Reforms: A Critical Analysis of the Presidential Selection Process*. Ballinger.

Commission on Delegate Selection and Party Structure 1973 *Democrats All*. Washington, D.C.

Cook, Rohdes. 2004. *The Presidential Nominating Process: A Place for Us?* Rowman & Littlefield.

Commission on Party Structure and Delegate Selection. 1970. *Mandate for Reform*. Washington, D.C.

──────. 1972. *The Party Reformed*. Washington, D.C.

Commission on Presidential Nomination and Party Structure. 1978. *Openness. Participation and Party Building: Reform for a Stronger Democratic Party*. Washington, D.C.

Crotty, William J. 1977. *Political Reform and the American Experiment*. Thomas Y. Crowell.

──────. 1978. *Decision for the Democrats: Reforming the Party Structure*. Johns Hopkins University Press.

──────. 1983. *Party Reform*. Longman.

──────. 1985. *Party Game*. W. H. Freeman.

Crotty, William J. ed. 1980. *Path to Political Reform*. Lexington Books.

Edwards III, George C. 2011. *Why the Electoral College Is Bad for America*. 2nd ed. Yale University Press.

Grant, George. 2004. *The Importance of the Electoral College*. Vision Forum Ministries.

Gregg II, Gary L. ed. 2007. *Securing Democracy: Why We Have an Electoral College*. Isi Books.

Herrnson, Paul S. 2012. *Congressional Elections: Campaigning at Home and in Washington*, 6th ed. CQ Press.

Hess, Stephen. 1987. "Why Great Men Still Are Not Chosen Presidents: Lord Bryce Revisited." In Reichley, A. James. ed. *Elections American Style*. Brookings Institution.

Kabaservice, Geoffrey. 2012. *Rule and Ruin: The Downfall of Moderation and the Destruction of the Republican Party, from Eisenhower to the Tea Party*. Oxford University Press.

Knotts, H. Gibbs and Jordan M. Ragusa 2020, *First in the South:Why South Carolina's Presidential Primary Matters*, University of South Carolina Press.

Lansford, Tom, ed. 2008. *The Presidential Election Process: Opposing Views*. Greenhaven.

Maisel, L. Sandy. ed. 1991 *Political Parties and Elections in the United States: An Encyclopedia*. Garland.

Maisel, L. Sandy, and Mark D. Brewer. eds. 1998/2002. *The Parties Respond*. 3rd ed./4th ed. Westview.

McWilliams, Wilson C. 1981. "Parties as Civic Associations." in Pomper, Gerald M. ed., *Party Renewal in America: Theory and Practice*. Praeger.

Ostrogorski, Moisei Iakovlevich. 2013. *Democracy and the Party System in the United States: A Study in Extra-Constitutional Government*. Wentworth Press.

———. 1970. *Democracy and the Organization of the Political Parties*. Ulan Press.

Perlstein, Rick. 2009. *Before the Storm: Barry Goldwater and the Unmaking of the American Consensus*. Bold Type Books.

Pomper, Gerald. 1964. *Nominating the President: The Politics of Convention Choice*. Northwestern University Press.

Price, David E. 1984. *Bringing Back the Parties*. CQ Press.

Ranney, Austin. 1975. *Curing the Mischiefs of Faction: Party Reform in America*. University of California Press.

Ross, Tara, 2004. *Enlightened Democracy: The Case for the Electoral College*. World Ahead Publishing.

Sabato, Larry J. 2007. *A More Perfect Constitution: 23 Proposals to Revitalize Our Constitution and Make America a Fairer Country*. Walker Books.

Salmore, Barbara G., and Salmore, Stephen A. 1989. *Candidates, Parties, and Campaigns*. 2nd ed. CQ Press.

Shafer, Byron E. 1983. *Quiet Revolution: The Struggle for the Democratic Party and the Shaping of Post-Reform Politics*. Russell Sage Foundation.

———. 1988. *Bifurcated Politics: Evolution and Reform in the National Party Convention*. Harvard University Press.

Smith, Steven S., and Melanie, J. Springer. eds. 2009. *Reforming the Presidential Nomination Process*. Brookings Institution.

Thompson, Charles Seymour. 1902. *An Essay on the Rise and Fall of the Congressional Caucus as a Machine for Nominating Candidates for the Presidency*. Yale University Press.

Wattenberg, Martin P. 1991. *The Rise of Candidate-Centered Politics: Presidential Elections of the 1980s*. Harvard University Press.

Wayne, Stephen J. 2015. *The Road to the White House 2016: The Politics of Presidential Elections*. Wadsworth.

White, Theodore H. 1965. *The Making of the President 1964*. Cape.

Wildavsky, Aaron. 1978. "The Goldwater Phenomenon: Purists, Politicians, and the Two-Party System." In Abbott, David W., and Edward T. Rogowsky. eds. *Political Parties*. 2nd ed. Rand McNally.

Wilson, James Q. 1966. *The Amateur Democrat: Club Politics in three Cities*. University of Chicago Press.

http: //www.gallup.com/poll/163433/americans-favor-national-referenda-key-issues. aspx (2020 年 2 月 7 日閲覧).

http: //www.thegreenpapers.com/P16/D (2020 年 2 月 7 日閲覧).

Winger, Richard. 2005. "An Analysis of the 2004 Nader Ballot Access Federal Court Cases." *Fordham Urban Law Journal* 32 (3) : 100-120.

会田弘継. 2016.『トランプ現象とアメリカ保守思想　崩れ落ちる理想国家』左右社.

今村浩. 2000.「政党研究と選挙研究―アメリカ政党の事例から―」『選挙研究』15 号. 73-79 頁.

―――. 2014.「2012 年共和党大統領候補者指名の分析」吉野孝・前嶋和弘編著『オバマ後のアメリカ政治』東信堂.

―――. 2015.「アメリカ政党改革 40 年の帰結　叶ったか？政党改革の夢―2008 年民主党アメリカ大統領候補者指名過程を振り返る―」『早稲田社会科学研究』第 16 巻第 1 号. 115-130 頁.

西修. 2019.『憲法の正論』産経新聞出版.

増田悦佐. 2015.『いま，日本が直視すべきアメリカの巨大な病』ワック株式会社.

安井明彦. 2016.「トランプ現象の背後に白人の絶望―死亡率上昇の深い闇」『*Newsweek* 電子版』6 月 8 日.

参考資料：民主党特別平等権委員会の制定した人種差別排除のための6項目の指針

1. 各州民主党のすべての公式集会は，あらゆる段階においても，人種，肌の色，信条，民族出自，出身国にかかわらず，すべての民主党構成員に開放されなければならない。

2. いかなる州民主党においても，人種，肌の色，信条，民族出自，出身国に基づく差別を黙認しまたは容赦し支持せしめる効果を持つ，民主党構成員たることの確認，また民主党への忠誠宣誓を，現在のまた将来予想される民主党構成員に対して要求してはならない。

3. 民主党の，いかなる段階のものであれ，すべての公式集会の開催日時と開催場所は，利害関係者すべてに時宜を得た告知となるような方法で，完全に公表されなければならない。かかる集会の開催場は，すべての党構成員が出席でき，かつ利害関係者すべてを収容しえなければならない。

4. 民主党は，すべての段階において，人種，肌の色，信条，民族出自，出身国に基づく差別のない，可能な限り広範の参加登録を支援するべきである。

5. 各州民主党は，すべての段階において，民主党役員と代表者選出の適法で実務的な手続きの完全な叙述を，すべての利害関係者に確実に周知されるような方法で，完全に公表しなければならない。その手続きの公表は，各州民主党の現在のまた将来加入しうる構成員すべてが，民主党組織の全段階において，各々の選出手続きに時宜を得て参加しうるに適切な手順を，完全かつ適切に知りうるような方法でなされなければならない。

6. 各州民主党は，州民主党役員と代表者の法律上，実際上の資格選出の完全な叙述を，すべての利害関係者に確実に周知されるような方法で，完全に公表しなければならない。かかる公表は，各州民主党内のいかなる公選または任命による地位への，すべての予想される候補者，志望者が，その地位を競う完全かつ適切な機会を得られるように，時宜を得た方法でなされなければならない。

出典：*Mandate for Reform*, p.39.

アメリカ合衆国大統領予備選挙の増殖と変質

	大統領候補者直接選挙			全国党大会代議員直接選挙 代議員候補者が支持する大統領候補者を			
	拘束式	非拘束式	計	表明しなければならない	表明してもしなくてもよい	表明してはならない	計
1952	3	7	10	4	5	6	15
1956	3	7	10	4	5	6	15
1960	3	8	11	2	6	7	15
1964	3	9	12	2	6	7	15
1968	3	6	9	2	4	7	13
1972	12	6	18	2	5	3	10
1976	17	8	25	2	10	1	13
1980	33	2	35	0	3	0	3
1984	19	6	25	1	7	0	8
1988	28	6	34	1	6	0	7
1992	36	3	39	5	0	0	5
1996	41	3	44	資料なし			

出典：Kamarck, Elaine Ciulla, and Kenneth M. Goldstein. 1994. "The Rules Do Matter: Post-Reform Presidential Nominating Politics." In L. Sandy Maisel. ed., *The Parties Respond*, 2nd ed. Westview; David Dodenhoff, and Ken Goldstein. 1998. "Resources, Racehorses, and Rules: Nominations in the 1990s," in Maisel, *op.cit.* 3rd ed.

第6章　新しい選挙運動様式としての
　　　　アウトリーチ

渡辺将人

第1節　はじめに

　本章では新しい選挙運動様式としてのアウトリーチ戦略を検討する。利益の多様化やイデオロギー的な分極化によって危機に瀕した選挙デモクラシーに，政党や公職候補者など主要な政治アクターがどのように対応したかを選挙運動様式の変化から確認することが目的である。

　アメリカの選挙現場におけるアウトリーチ（outreach）とは，選挙区の中のさまざまな選挙民に手を伸ばし種類別の選挙民ごとに練る集票対策である。2000年前後に都市部の選挙区を中心に本格的に活性化した。主体は政党機関や選挙陣営で，選挙民集団に近い活動家を通じて，選挙民に直接的に働きかける。選挙民集団の分類ごとの特質や政策要求の詳細を分析し，選挙民グループに直接伝わる伝達回路を用いた説得活動を行う。エスニック集団であれば，エスニック・メディアと呼ばれるエスニック集団内で流通しているメディアも利用する。この過程で，選挙民集団に自らの集団の「影響力増大」のインセンティブをあたえ，活動家の能動性を引き出す。

　本章では，第1に新しい選挙運動様式としてのアウトリーチ戦略がなぜ採用され浸透したのか，メディア宣伝の発達，バラク・オバマの選挙と地上戦の見直し，アウトリーチ戦略の効果の順に選挙運動様式の変遷を確認する。その上で第2に，2016年の大統領選挙で現出した「エリート」と「非エリート」の争いの構図に従来のアウトリーチが対応しきれていない問題を検討する。

第2節　メディア宣伝の発達とその特質

(1) 候補者中心選挙への転換

　アメリカでは 1970 年代以降，地方政党組織の衰退，マシーン政治を支えていた伝統的コミュニティの消滅（郊外化，人口動態変化）に加え，テレビ広告，世論調査，データベースなど専門的技能をもつコンサルタントの台頭，そして連邦選挙運動法により候補者が政党から独立した政治資金会計主体に転換したことを受け，「候補者中心選挙運動様式」が中心となった (Shea and Burton 2001)。元々，政党マシーンは予備選挙の採用，公務員制度改革などによって候補者選定への影響力を失っていたが，1960 年代に決定的だったのは，かつてマシーンの中核を担っていた移民層が教育・所得レベルの上昇にともなって郊外に流出することで，都市部のマシーンが解体されたことにあった。これは固定的な人間関係に依存して行われていた伝統的な選挙運動手段の非有効化も意味した（吉野 2010）。

　また，制度面においても「候補者中心選挙運動様式」を促す変動が政党に生じた。第 1 に，政党のボス支配を排した開かれた予備選挙システムを担保する制度改革である。1969 年のマクガバン (George S. McGovern) を長とする政党機構と代議員選出についての委員会，通称マクガバン・フレーザー委員会による代議員選出改革は，民主党がこれまで代議員として大統領選挙に参加する割合が比較的少なかった層に割り当て制度を適用することを決めた (Polsby 1983; Kirkpatrick 1978)。

　第 2 に，連邦選挙運動法の制定である。膨大になる選挙費用を抑える目的で 1971 年に立法化され，1974 年の修正を通して，記録の義務化による献金の透明化が図られた。政党と個人の献金総額の制限，大統領選挙で 2 大政党の候補者が一定の資金獲得による 20 州以上での支持を証明できれば予備選挙から連邦資金の補助を受けられる「マッチングファンド」制度などが確立された。候補者が政治資金会計において政党から独立した選挙運動のアクターとして認められ，候補者中心選挙が加速す

る一因となった (Polsby 1983)。

(2) コンサルタントの台頭

　政党主体の選挙から候補者主体の選挙に力学が変質した帰結として，選挙民は候補者単位で優劣の評価を下すようになり，候補者側が自力で選挙を運営する必要性に迫られた。結果として新しい選挙運動手段と選挙コンサルタントの台頭を招いたのである。1952年の大統領選挙でドワイト・D・アイゼンハワー（Dwight D. Eisenhower）が選挙用テレビ広告の先駆けとなる広告を制作するために宣伝チームを雇用し，本格的なテレビ広告選挙時代が始動した。それ以後，テレビ広告を利用したメディア戦略の重要度が増した (Diamond and Bates 1992; Jamieson 1996)。また，科学的なターゲティングに必要とされた世論調査が1990年代までに広範に一般化し，有権者ファイルのコンピュータ・データベースが登場した。かつて大都市ではプリシンクト（投票区）のキャプテンが有権者リストを保持して住民の転居から雇用をめぐる要求までを把握していたが，1970年代に開発され1980年代に本格化したコンピュータ化された有権者ファイルにより，マクロレベルで体系的アプローチが可能となった (Creamer とのインタビュー 2012)。ダイレクトマーケティング，すなわちダイレクトメール産業の発展と選挙への応用も顕在化した。こうした専門に分化した作業にはコンサルタントの知見が必要とされた。要するに，それまでは政党主導で運営されていた選挙運動は，選挙産業の担い手であるコンサルタント主導となったのである (Sabato 1981)[1]。

(3) メディアとコンサルタント中心の選挙の弊害

　メディア・コンサルタントが制作するテレビ広告の比重が大きくなる中で，1980年代以降の巨額の選挙資金も実際ほとんどが放送媒体の広告費に費やされた。テレビのスポット広告は，テレビ媒体の視聴者数の多さからメッセージ伝達上，「効率」のよい選挙運動手法ではあった。しかし，マスメディア中心戦略の弊害も顕在化した。中でも投票率の下

落は大きな問題であった。アメリカのテレビ広告では，商品の効能や価格についての比較広告が盛んであり，この広告業界の慣習がコンサルタントによって選挙にもそのまま持ち込まれたのである。相手候補の欠点を攻撃するネガティブ・キャンペーンの増大は，テレビ広告の浸透と共に増えていった。ネガティブ・キャンペーンでは自らの政策を丁寧に訴えることよりも，相手候補の欠点を批判して敵のイメージダウンを狙うことに主眼が置かれたが，広告の泥仕合，すなわちネガティブ・キャンペーンが有権者の政治的無関心を強め，ひいては投票率を停滞させる原因であるとの見方も示された (Ansolabehere and Iyengar 1997)。

　イデオロギー的に保守・リベラルに純化している党帰属意識が強い基礎層には「動員」で確実に投票所に向かわせ，インデペンデント層を中心とした説得可能性のある新規開拓票には「説得」を行う必要がある。しかし，画一的なメディア宣伝で，こうした異なる性質の票に対して，異なる方法で集票を行うには限界があった。また，イデオロギー的な構造変化に加え，選挙民の多様性の拡大にも対応する必要があった。かつての人種関連の集票戦略は，民主党が公民権を擁護して黒人票の大半を確保し，共和党が南部戦略で白人票を取り込む「カラーライン」による2項対立が軸だった。しかし，アジア系，ヒスパニック系(ラテン系)など新たなマイノリティは，黒人(アフリカ系)の様には単一の投票行動を示さず，必ずしも民主党を支持するとは限らない。アジア系は出身国，宗教でサブカテゴリーごとに違いが存在し，ヒスパニック系は移民時期の新旧で移民政策観が異なる。カトリックの信仰理由から価値争点では保守色も強い。マイノリティ票の掘り起こしに一層の工夫が求められるようになったのである。

　一方的・画一的な非対面の間接的媒体を通した宣伝で投票行動を引き出すこと，すなわちマスメディア利用中心の選挙の弊害の克服として見直されたのが，対面による戸別訪問等の「地上戦」再評価であった。これはメッセンジャーが誰であるかを重視する選挙手法の検討でもあった。2000年代以降の政党と候補者の選挙陣営は，マイノリティの多様化の

中で，黒人には黒人，アジア系にはアジア系，ヒスパニック系にはスペイン語でヒスパニック系が，という具合に，同じ人種やエスニック集団の運動員による説得，しかもメディア広告ではなく対面の戸別訪問や集会での対話をとりわけ重視するようになった（Vanderslice とのインタビュー 2005; Tacuyan とのインタビュー 2012）。

第3節　オバマと「地上戦」の見直し

(1) ソーシャルメディアと地上戦の融合

　選挙運動における新技術であるインターネットが，アメリカで利用されるようになったのは 1990 年代である。1999 年に連邦選挙運動委員会（FEC）が大統領選挙でオンライン献金に対しても同額の公的資金を受け取り可能と決め，ネット献金が浸透した。ブロードバンドや携帯電話の普及や新しいサービスが急速に拡充し，2003 年にはブログ，2006 年には動画共有サイトが選挙陣営に取り入れられた。2004 年大統領選挙では，民主党指名争いに名乗りを上げたリベラル派のディーン（Howard Dean）が，ソーシャルメディアを活用して運動を盛り上げ，双方向メディアの可能性を示した（Kreiss 2012）。

　そのノウハウを土台にしたのが 2008 年大統領選挙におけるバラク・オバマ陣営だった。ソーシャルメディア MyBO（My.BrackObama）における自発的コミュニケーションを活性化し，友人同士による口コミにより，従来の一方通行のテレビ広告よりも高い説得効果を狙った。ソーシャルメディアやスマートフォンの普及など情報通信技術の発展にともないインターネット経由による小口献金も拡大した。

　しかし，この間，テレビのスポット広告や活動家による戸別訪問が消滅したわけではなかった。とりわけ戸別訪問に関しては，その集票効果がオンライン技術でさらに高められるという地上戦の再活性化が実現した。興味深いことに対面によるコミュニケーションが改めて見直されたのである。オンラインで代用される選挙運動ではなく，伝統的選挙の中

でインターネットが支援的に用いられる形態を辿った。さらに 2012 年に再選を目指したオバマ陣営では，ビッグデータ (Big data) を各部門の頂点に位置付け，有権者データの分析結果からキャンペーンを動かす試みを成功させた。激戦州で説得・動員可能性の高い有権者だけを抽出し，それらの州の過半数獲得の目標に絞り込んだ人的・財政的な資源配分を行う戦略であった (Grisolano とのインタビュー 2016)[2]。

(2)「脱人種」と「人種」併存アウトリーチ

　オバマの選挙のもとで戸別訪問の有効化が認められた背景には，オバマが目指した「脱人種」戦略も関係していた。オバマ陣営には全国向けのメディアでは人種色を排除して「1 つのアメリカ」を実現する指導者像を，黒人向けには本物のアメリカの黒人であることをアピールするという 2 つの作業が並行して求められたからだ。前者を強調すれば後者は実現できず，後者を強調すれば前者の障害になる。そこで特定の有権者集団だけにメッセージを届けられるアウトリーチの回路では人種を強調し，全国向けのメッセージや空中戦では，人種をあえて語らないという「2 層併存」戦略が生まれた。これを支えたのが，特定の選挙民だけに配布することが可能な戸別訪問で手渡しする紙製広報冊子であった。

　メディア中心選挙における「表」のキャンペーンは，不特定多数の視聴者や読者全員を対象としたものである。支持政党別，人種別，ジェンダー別，信仰別のキャンペーンには適さない。ディベートの発言においても，報道番組出演においても，政党支持層と支持に傾く無党派層の最大公約数を意識したメッセージ伝達にとどまらざるをえない。特定の視聴者層に狙いを定めた枠別の広告も制作するが，多様な有権者が視聴する可能性は排除できない。紙製広報物の効能が再評価されたのは，戸別訪問で相手を確認してから手渡しすることで，居住地域の人口動態や信仰心，党派性まで絞り込んだ，ニュアンスに変化を施したメッセージを限定的に浸透させられるからだった。限定配布の広報物は，伝達経路も絞り込んで管理され，地元メディアに配布されることもないため，ター

ゲット外の有権者が目にし，エスニック・メディア以外の主流メディア
で記事にされる確率が低く，ターゲット層への候補者の共感を相当程度
踏み込んで強調できたのである（Giangreco とのインタビュー 2013）。

第4節　アウトリーチ戦略の採用とその効果

(1) アウトリーチの効果

　戸別訪問や電話など投票日直前の票の駆り出し運動（GOTV）の効果に
ついて，2000 年代以降の実験を用いた研究が，個別訪問の有効性を実
証したことも戸別訪問の見直しに追い風となった（Green and Gerber 2004）。
アウトリーチの基礎である「アイデンティティ政治」への訴求力の効
果についても，特定の人種を対象にした実験が次々と行われ，アジア
系，ヒスパニック系などのマイノリティへの GOTV の効果も認められ
るようになった（Michelson 2005）[3]。たとえば，ヒスパニック系やアジア系
向けのアウトリーチでは，スペイン語やアジア言語への翻訳と民族向け
のメッセージが投票率上昇に効果があることが実験で認められた（Wong
2005）。

　アウトリーチ戦略が従来のテレビ広告に代表されるメディア戦略と一
線を画しているのは，投票を超えて政党と政策に及ぼす影響もある。対
面の「説得」で掘り起こされ，フィールドとオンラインで相互に交流を
深めた有権者は，単なる「票」ではなく，選挙サイクルを横断した永続的
な「支持者」，さらに潜在的な「活動家」に成長する側面がある。

　たとえば，予備選挙の緒戦重要州や本選挙の激戦州では，少数集団も
人口の実数以上の影響を及ぼせるため，アジア太平洋諸島系，ユダヤ系，
カトリック信徒などの人口面の少数派も重要なアウトリーチ対象となる。
また，全国党大会では，2008 年以降，党大会を演説中継という「空中戦」
の道具にとどめずに，民主党全国委員会の各アウトリーチ部門のほか党
や陣営の外部の同盟団体主催イベントが期間中に党大会会場で開催され
ている。ソーシャルメディアを通じた交流空間を創設し，エスニック集

団，利益団体のアドボカシーと有権者の相互交流の発信地となり，活動家の交流が活性化している。党大会には，候補者の指名や党綱領の採択とテレビ放送によるメディア・イベントとしての機能が存在したが，アウトリーチという新たな機能が全国党大会に組み込まれつつある。

　また，政権運営の過程におけるアウトリーチ効果も無視できない。民主党とオバマ政権移行チームは，熱烈な支持層を政党と新政権を支える活動家集団として取り込む方法を模索し，OFA (Organizing for America) が，民主党全国委員会本部の内部に組織された。医療保険改革法成立の足場として一定の成果をあげ，2012 年再選キャンペーンの後に 501 (c) (4) の独立した非営利団体として改組され，草の根の活動家と繋がりをもち続けたのである。

(2) アウトリーチの限界

　しかしながら，アウトリーチ戦略の限界についても言及しておかねばならない。

　第 1 に重要なのが，選挙のサイクルと種別との関係である。大統領選挙時と中間選挙時のアウトリーチ，予備選挙期間と本選挙期間では効果に差が生じるが，地方政党のアウトリーチでも州によって活性化の条件は異なる。また，アウトリーチ対象の集団が，選挙区内で集団の利益拡大を望む動機が存在していることも前提となる。

　第 2 に大統領候補の勝利見込みなど大統領候補の性質である。これはアウトリーチに用いられる新技術の有効度にも影響を与える。大統領や大統領候補者は，変容する流動的な存在であるため，アウトリーチの効果の永続性や安定性を保証するものではない。オバマ (Barak Obama) のような個人としてきわめて特異なレベルの支持を集めることができる候補や現職大統領を抱えているサイクルでは，連邦公職選挙の議席数における党勢の躍進やアウトリーチの効果は望みやすいが，現職や候補者の支持率が低い際にはその限りではない。たとえば，2012 年大統領選挙では，共和党ロムニー陣営がオバマ陣営と類似のデータ選挙の取り組みを行い

ながらも敗北した (Draper 2013)。

　第 3 に，たとえ好条件のもとで多くの制約がクリアされ，アウトリーチ戦略がうまく働き，大統領に当選したとしても，選挙民グループごとに異なるメッセージと政策提案が到達しているので，最終的にすべての選挙民を満足させるような政策を実行することは難しいことだ。アウトリーチは基本的に異なる選挙民グループとの閉鎖体系の中でそれぞれ行われるコミュニケーションである。アウトリーチが首尾よくいけばいくほど，政策成果への期待も高まる。しかし，アウトリーチは選挙民グループごとに水面下で行う政策の約束であるため，実際に政策に結びつける上では，閉鎖体系の外側に存在する利害が異なる集団ごとの調整の問題が発生し，政権期間中に公約を果たすことは困難になる。この繰り返しが有権者の幻滅を生めば，デモクラシーの危機を増幅しかねない。

第 5 節　2016 年の大統領選挙とアウトリーチ

(1) 第 3 政党的な候補の 2 大政党内の躍進

　2016 年大統領選挙は，前節で述べたアウトリーチ戦略の限界が端的に表れる選挙となったといえる。2 大政党の主流派のエリート層が指名を勝ち取り，本選挙で争う従来の選挙デモクラシーへの不満が両党内で非主流の候補を支える運動を盛り上げたからである。主流派のエリート層の候補を当選させても，ワシントンでの党派対立と妥協の結果として，有権者が望んだ公約を果たせないことに異議が申し立てられた。

　共和党側では，従来の尺度では「保守主義」とはいえないトランプ (Donald J. Trump) が共和党内で旋風を巻き起こし，指名を獲得しただけでなく本選挙でも勝利した。他方，民主党の指名争いにおいては，民主的社会主義者を自称する独立系のサンダース (Bernie Sanders) の旋風が巻き起こり，予備選挙は予想以上に長期化した。「政治革命 (Political Revolution)」をスローガンにしたサンダース陣営は，若年層の絶大な支持を得て，ヒラリー・クリントン (Hillary Clinton) を脅かす善戦を展開した。

　ワシントンの職業政治家には幻滅しつつ，勝算なき第 3 党候補を支持すれば相手政党に漁父の利を与えることは 1992 年のペロー現象，2000年のネーダー要因から明らかだった。この 2 大政党のジレンマに不満を感じていた有権者にとって，トランプやサンダースのような第三党的候補が，あえて党内で反主流として立候補したことは好機であった。共和党側ではジョージ・W・ブッシュ（George W. Bush）政権とイラク戦争への不満からブッシュ（Jeb Bush），移民制度改革への不満からルビオ（Marco Rubio）らの党内「エリート」候補への反発が，トランプを利した。民主党側では，リベラル派のウォーレン（Elizabeth Warren）の擁立運動がサンダース運動に転化した。リザ（Ryan Lizza）はウォーレンを「バーチャル候補者」と名付けたが，すなわちサンダースは，反格差・反ウォール街をめぐる「表の候補」となり，ウォーレンが「見えない候補」として「党内外圧」を与えた（Lizza 2015）。サンダース支持層の票とリベラル派の特別代議員の支持が必要なヒラリーは，環太平洋経済連携協定（TPP）に加えて，キーストーンパイプライン建設でも反対に転換し，予備選挙過程におけるサンダースとの政策の違いは，銃規制や安全保障以外ではみえにくくなっていった。サンダースを支持する活動家達の狙いは，選挙を通してリベラル派の支持基盤を活性化し，党の政策を左に引き寄せ，本選挙でのヒラリーの政策転換を封じ込めることにあった（Dunham および Hacket とのインタビュー 2016）。

(2)「エリート」「非エリート」：文化的左傾化で喪失した「非エリート」層

　また，2016 年選挙では，従来型のアウトリーチ戦略が「エリート」と「非エリート」の争いの構図には対応しにくい問題も浮き彫りになった。

　第 1 に，「エリート」と「非エリート」を隔てる要因は，人種，宗教など従来のアウトリーチの分類では対応できない性質を有していたことである。ヒスパニック系にも旧世代の経済的成功者と低所得者の新移民や不法移民の分断があり，アジア系にも所得や居住州，地域によって多様性が存在している。しかし，従来のとりわけ民主党のアウトリーチでは，

民族的なアイデンティティの尊厳への配慮などを基軸にしていた。ヒラリー陣営には2000年にニューヨークで勝利するために築いた属性別集票知識が蓄積されていたが，人種や性別など属性を横断して存在する「争点」で，支持者連合をまとめる横断的なアウトリーチの経験は深くなかった。近年の横断的アウトリーチの事例としては，2008年のオバマ陣営がイラク戦争への「反戦」で労働者，若者，マイノリティらを束ねた試みがある。2016年は製造業の疲弊に象徴される格差と雇用が有権者の関心事だったが，ヒラリー陣営は経済格差への不満を焦点に束ねるアウトリーチ戦略を構築できなかった。

　第2に，「エリート」「非エリート」の分断に個別に対応するアウトリーチを展開すると，政党支持連合にひびを入れる危険性もあったということだ。経済格差というアメリカを分断する階級的問題の縦軸の背後には，複数の横軸として価値的な分断が併存していたためである。共和党側では，労働者層寄りの方針をとることは，党内各派を束ねてきた「小さな政府」路線との齟齬をきたす恐れがあった。しかし，トランプは不法移民と雇用を因果関係として結ぶレトリックで，文化的な保守性を強調し，「大きな政府」に踏込むことに成功した。伝統的な共和党エリート層の支持基盤を有する他の候補は，こうした集票戦略に訴えることは到底できなかった（GlasgowおよびGizziとのインタビュー2016）。

　他方，民主党内では長年，女性解放運動が人工妊娠中絶の権利擁護というシングルイシューに拘泥してきたことが，貧困，平和などに強い関心のあるカトリック信徒との共闘を阻害する要因になってきた。民主党候補は，通常は労働者の雇用や保護貿易を訴えれば，共和党と差異化が可能である。しかし，共和党候補のトランプが労働者への再分配を重視し，TPPに反対する「大きな政府」的な人物であり，経済利益での差異化は困難を極めた。党内のサンダース旋風の圧力で，ヒラリー陣営は時給15ドルの最低賃金，公立大学の一部無償化などを受け入れたが，いずれも独自性に欠けていた。そこでヒラリー陣営が，ヒラリーの左傾化に真実味をもたらすために注力したのがLGBTや女性の権利擁護，環

境保護などを際立たせる「文化的理念」のリベラル旋回であった。「ヘイト」を強調すればトランプとの対比で好都合で，（経済格差を普遍的な問題として）黒人差別を特別視していなかったサンダースとも差異化できると考えられたのである。

　しかし，文化争点に傾倒したアウトリーチは，同性婚や人工妊娠中絶に反対するカトリックの離反を招いた。ヒラリーのカトリック票46％という得票率は，民主党候補としては1988年の大統領選で敗北したデュカキス（Michael Dukakis）以来の低さであった[4]。カトリックは反貧困と反戦では民主党寄りであるため，どちらかを相当に押し出さなければ，「中絶」「同性愛」を棚上げして民主党に投票してもらうことは困難である。「反戦選挙」にはできないサイクルで，経済を争点化せず，LGBTや女性やマイノリティのために「ヘイト」に打ち勝つ選挙をメッセージの中心に据えることは，カトリック票，すなわち白人労働者向けアウトリーチを放棄したことと同義であった。オバマ陣営が2012年再選選挙で，「ビン・ラディンは死んで，GMは生き残った」をスローガンに，「愛国」と「雇用」で白人労働者にアピールし，カトリック票に配慮したことと対照的であった（Creamer, Lux, Rosenberg および Miranda とのインタビュー2016）。

(3) 候補者要因と新たなテクノロジーをめぐる問題

　さらに重要な点は，候補者要因の重要性が，組織力や新テクノロジーに依存したアウトリーチ戦略の再考を迫っていることである。

　選挙運動組織の量的な規模は政党の「エリート」候補者の証でもあった。2016年においてもヒラリー陣営における有給スタッフは4,200人でトランプ陣営の800人の5倍の規模であり，バージニア，ノースカロライナなどは10倍の差がついていた（Hensch 2016）。トランプにも長年助言をしている保守系戦略家のストーン（Roger Stone）によれば，「トランプ陣営はオバマ流のコンピュータ基軸のGOTV（票の駆り出し）の努力を放棄」し，テレビ広告も手控えていた。代わりにトランプはツイッターでのつぶやきを頻繁に行い，従来は同行報道陣を介した「空中戦」機能し

かなかった候補者集会に傾倒した (Stone 2017)。草の根組織をもたないトランプ陣営にとって，集会参加者がソーシャルメディアで様子を逐一写真付きで知人に拡散することは大きな波及効果を呼び込めた。

　他方で，2012 年までに確立した新技術の万能性が否定されたことも 2016 年選挙の特質であった。2012 年大統領選挙で浸透し，2016 年サイクルまでに制度化されたビッグデータは 2016 年ヒラリー陣営には切り札にならなかった。同陣営フロリダ州スタッフのベルドック (Amory Beldock) は，ニューヨークの陣営本部がビッグデータ情報を過大に重視し，各州の現場の集票作業に自律性を与えなかった実態を指摘している。ベルドックによればヒラリー陣営の主眼はマイノリティと若年層のオバマ支持連合の票をビッグデータで集めることにあったが，「オバマに熱狂した支持層はクリントンに移行させられなかった」。草の根活動家の育成，地域との協同を軽視し，ヒスパニック系向けのスペイン語翻訳広報物の要求にも直前まで本部が応じなかった。地元採用のスタッフよりも他州からの経験者を送り込み，有権者登録や戸別訪問の数だけをオーガナイザーに競わせる手法を採用した (Beldock 2016)。

　ヒラリー陣営本部はオバマ陣営のデータチームからゴフ (Teddy Goff) などの人材を引き抜き，有権者データ分析に基づいて各州の勝率予測をしていたが，データ上の接戦州にしか資源を振り向けなかった。フィールドで基礎票の動員に危機感が募っていた中西部のミシガン州，ウィスコンシン州などの地方支部の要請を無視し，勝ち目の低いアイオワ州，ノースカロライナ州などに無駄な資源を振り向けた。民主党全国委員会出身でミシガン州の政治事情通であるローリンズ (Virgie Rollins) は，女性団体の応援代理人派遣の要請を本部が拒絶した事例などを紹介し，ビッグデータ選挙の弊害を批判している (Dovere 2016)。

　皮肉にもヒラリー陣営のビッグデータ依存は，2012 年オバマ陣営の成功例に学んだことが理由だった。一部の激戦州に特化して州別の勝率による切り捨てもオバマ陣営由来であるが，オバマ陣営は 2008 年選挙サイクルから草の根の活動家を育成し，OFA (Organizing for America) といっ

た支持者組織で地方の支持者ネットワークを維持した上で，2012年の
データ選挙に臨んだ。ヒラリーは上院議員の地盤であるニューヨーク
州内には広範に支持者基盤を拡充していたが，2009年以降は国務長官
という有権者と縁遠い職務にあり，草の根ネットワークの育成は事実上，
2015年以降という促成栽培であった。

　ローゼンバーグが「ビッグデータの傲慢 (data-driven arrogance)」と呼ぶこ
れらの問題は，ビッグデータの必要性を否定するものではない。問題は
第1に，地方組織が戸別訪問で長期間吸い上げたデータを地方スタッフ
との相互コミュニケーションの上で修正して初めてデータが有効になる
こと，そして第2に有権者の支援組織が草の根でどの程度の強度をとも
なって形勢されるかが既に指摘した候補者要因と密接にかかわっている
ことが軽視されていたことだ。2012年1回しか本格的なビッグデータ
選挙の経験がない中，量的にデータ蓄積を行えばオバマ再選と同じ効果
を期待できると2016年ヒラリー陣営は考え，2000年連邦上院選挙以降
に蓄積した州規模の草の根アウトリーチ戦略のノウハウの強みが大統領
選挙では活かせなかった。

　さらに第3に，政党および選挙陣営関係者に共通する指摘は「メール
問題」における FBI 再捜査など直前期の諸問題への有権者の反応を加味
した直前データが十分に採集されておらず，安全州と危険州の分析に歪
みが生じたためウィスコンシン，ミシカガンの2州の軽視が生じた可能
性である。データの随時更新が直前期まで各州への資源配分の柔軟な変
更に反映できない限り，巨大なデータ構築への執着は，草の根活動の
モチベーションを減退させる逆効果をもたらしかねない (Creamer および
Rosenberg とのインタビュー 2016)。

第7節　おわりに

　本章で確認したように，新しい選挙運動様式としてのアウトリーチは，
候補者によって可変的で未定型な特質をもっており，効果と限界が表裏

一体の関係にある。とりわけ，2016 年大統領選挙に鑑みるならば，第三党的な候補者の支持基盤の不安定さも無視できない。共和党に安定した支持基盤を有しないトランプは，予備選挙過程では「無料メディア」を利用し，本選挙では共和党地方組織の助けで「地上戦」も駆動させた。しかし，トランプのコアな支持基盤は「反エリート」の政治の素人であり，彼らが政党の活動家として共和党に定着するかどうかは未知数の部分でもある。公約を政権が実現できなかった際には，支持層が政党や政治活動そのものから離反するリスクもある。この点，トランプが就任後に 2 人の保守派の合衆国最高裁判所判事を指名し，キリスト教右派を支持基盤化している点は特筆に値する。伝統的な共和党支持層の一角を単一争点で基礎票化することに部分的に転じ，2016 年のコアな支持基盤の補完をはかっている。

　振り返れば，アウトリーチ戦略がアメリカ政治にもつもっとも重要な含意は，選挙政治の周辺にいた選挙民集団を次々と選挙に参加させることを通じて，アメリカ政治の民主化を促進することに貢献したことであった。その意味で，アメリカの大政党はアメリカ政治を民主化する動態的で重要なエージェントであった。しかし，新しい選挙民の動員は対立を煽りながらイデオロギー的分極化の中で行われていて，政治的なコンセンサス形成にはつながっていない。本章でみたように，アウトリーチ戦略の効果が，候補者や新たな政治的対立軸などの影響を受ける限界性が 2016 年大統領選挙で可視化されたともいえる。デモクラシーの危機の克服を目指した，政党や候補者による選挙運動様式での工夫は発展途上にある。

注

1　キンゼイ（Dennis E. Kinsey）は，「メディア・コンサルタント（media consultant）」「ダイレクトメール専門家（direct mail specialist）」「選挙資金調達専門家（fund-raiser）」「ストラテジスト（general strategist）」「世論調査専門家（pollster）」の 5 類型にコンサルタントを分類している。Kinsey, Dennis E.

1999. "Political Consulting: Bridging the Academic and Practical Perspectives," in Bruce I. Newman, ed., Handbook of Political Marketing, SAGE.

2　オバマ陣営の激戦州の定義は勢力が拮抗している接戦州であり，ウィスコンシン，ネバダ，アイオワ，ニューハンプシャー，ペンシルバニア，コロラド，バージニア，オハイオ，フロリダ，ノースカロライナの 10 州であったが，オバマはノースカロライナ以外の 9 州で勝利した。2012 Obama Campaign Legacy Report（オバマ陣営発行 2012 年選挙総括レポート）．

3　たとえば，マイケルソンによる 2001 年選挙の戸別訪問実験では，投票の市民の義務とヒスパニック系の結束を呼びかける内容をそれぞれ戸別訪問のメッセージにしたところ，民主党支持のヒスパニック系で 7.1％の上昇がみられた。

4　http://us.cnn.com/election/results/exit-polls/national/president（2016 年 1 月 25 日に閲覧）．トランプはカトリック票の 50％を獲得した。

参考文献

Ansolabehere, Stephen, and Shanto Iyengar. 1997. *Going Negative*. Free Press.

Beldock, Amory. 2016. "How Clinton Lost the Ground Game: A View from the Trenches." Graphite Publications, December 27. http://graphitepublications.com/how-clinton-lost-the-ground-game/（2017 年 1 月 15 日に閲覧）．

Diamond, Edwin, and Stephen Bates. 1992. *The Spot: The Rise of Political Advertising on Television*, 3rd ed. MIT Press.

Dovere, Edward-Isaac. 2016. "How Clinton lost Michigan and blew the election: Across battlegrounds, Democrats blame HQ's stubborn commitment to a one-size-fits-all strategy," *Politico*, December 14. http://www.politico.com/story/2016/12/michigan-hillary-clinton-trump-232547（2016 年 12 月 20 日に閲覧）．

Draper, Robert. 2013. "Can the Republicans Be Saved From Obsolescence?" *The New York Times Magazine*, February 14.

Gilliam, Franklin D. Jr., Shanto Iyengar, and Adam Simon. 1996. "Crime in Black and White: The Violent, Scary World of Local News." *The International Journal of Press/Politics* 1: 6-23.

Green, Donald P., and Alan S. Gerber. 2004. *Get Out The Vote!: How to Increase Voter Turnout*. Brookings Institution.

Hensch, Mark. 2016. "Clinton's paid staff outnumbers Trump's 5-1." The Hill October

7. http://thehill.com/blogs/ ballot-box/presidential-races/299779-dems-outnumber-gop-in-paid-staff-5-1（2016 年 11 月 2 日に閲覧）.

Jamieson, Kathleen Hall. 1996. *Packaging The Presidency: A History and Criticism of Presidential Campaign Advertising.* Oxford University Press.

Kirkpatrick, Jeane. 1978. *Dismantling the Parties: Reflections on Party Reform and Party Decomposition.* American Enterprise Institute for Public Policy Research.

Kreiss, Daniel. 2012. *Taking Our Country Back: The Crafting of Networked Politics from Howard Dean to Barack Obama.* Oxford University Press.

Lizza, Ryan. 2015. "The Virtual Candidate: Elizabeth Warren isn't running, but she's Hillary Clinton's biggest Democratic Threat." *The New Yorker*, May 4.

Michelson, Melissa R. 2005. "Meeting the Challenge of Latino Voter Mobilization." *The Annals of the American Academy of Political and Social Science* 601: 85-101.

Polsby, Nelson W. 1983. *Consequences of Party Reform.* Oxford University Press.

Sabato, Larry J. 1981. *The Rise of Political Consultants: New Ways of Winning Elections.* Basic Books.

Shea, Daniel M., and Michael John Burton. 2001. Campaign Craft: The Strategies, Tactics, and Art of Political Campaign Management. Praeger.

Stone, Roger. 2017. *The Making of the President 2016: How Donald Trump Orchestrated a Revolution.* Skyhorse Publishing.

Wong, Janelle S. 2005. "Mobilizing Asian American Voters: A Field Experiment." *The Annals of the American Academy of Political and Social Science* 601: 102-114.

吉野孝．2010.「アメリカの連邦公職選挙における選挙運動手段の変化と政党の対応」『選挙研究』26 巻 1 号．14-25 頁．

渡辺将人．2016.『現代アメリカ選挙の変貌：アウトリーチ・政党・デモクラシー』名古屋大学出版会.

インタビュー

Creamer, Robert 民主党全国委員会コンサルタント（June 8, 2012; August 15 and November 15, 2016）

Deeth, John アイオワ州ジョンソン郡民主党郡委員会委員（February 2, November 19, 2016）

Giangreco, Peter 元オバマ陣営・民主党戦略家（February 19, 2013; February 4, 2016）

Gizzi, John　ニューズマックス誌論説委員，保守系批評家（November 16, 2016）

Glasgow, Jim　トランプ支援活動家（アイオワ州），配管会社社長（November 18, 2016）

Grisolano, Larry　2012年オバマ陣営有料メディア局長・民主党戦略家（February 4, 2016）

Dunham, Bria　バーニー・サンダース支持者，ボストン大学臨床助教（February 6, 2016）

Hacket, Myra　バーニー・サンダース支持者（February 6, 2016）

Lux, Mike　元クリントン大統領補佐官（March 11, 2016）

Miranda, Luis.　民主党全国委員会メディア局長（September 29, 2016）

Rosenberg, Simon　NDN代表，元ビル・クリントン大統領選挙陣営（November 15, 2016）

Salt, James　民主党系活動家，元「連帯するカトリック信徒」代表（March 9, 2016）

Tacuyan, Naomi　民主党全国委員会アジア系アウトリーチ局長（September 7, 2012）

Vanderslice, Mara　元ジョン・ケリー陣営宗教アウトリーチ局長，オバマ政権大統領府信仰イニシアチブ副室長（October 11, 2005）

第7章　連邦議会における手続的分極化の進展と選挙デモクラシー

松本俊太

第1節　はじめに

　選挙デモクラシーは，公正で民主的な選挙によって選挙民が公職者を選ぶだけでは完結しない。選挙民は，政府内での政策決定過程に目を光らせることで公職者をコントロールし，それに呼応して公職者は，選挙区民が望む政策の実現に励み，多くの場合は，そのことによって再選に備える。そして，選挙民の期待に応えられなかった公職者は再選を果たせず，また，選挙民の人口動態（世代・社会的属性など）の変化に応じて，新たなタイプの公職者が選出され，政府内で新たな有権者の期待に応える。つまり，選挙デモクラシーとは，イーストン（e.g., 2002; 原著1965）のシステム論にはじまる，社会からの入力→社会への出力→社会からのフィードバックという一連のサイクルの一種として捉えられるべきものである。

　この選挙デモクラシーが，1960年代後半から現在にかけて機能不全に陥っていることを論じる本書の中で，本章は，政治システム内部，とくに連邦議会内での立法過程の変化を中心に論じる。より具体的には，これまで，議会の立法過程を円滑なものにする役割を担っていた議会内政党が，その機能を過度に強化させたがために，逆に選挙デモクラシーの阻害要因になっている可能性があることを論じる。つまり，議会内政党の指導部（以下，「議会指導部」または「指導部」と表記する）の強化が，議員間，あるいは議員が代表している社会アクター間のイデオロギー的な対立に加えて，指導部が政党内の組織や，議会内の議事手続きおよびその運用を党派的なものにすることによって，議員や社会が望まない立法過程や立法的帰結を生み出すようになっているのではないだろうか。こ

のような,「イデオロギー的分極化」の程度以上に, 主に議事手続きを
めぐって党派間対立が深まっている現象を, 本章では,「手続的分極
化」[1](Theriault 2008; 松本　2017) と呼ぶことにする。この手続的分極化が進
展してきた過程を記述し, それがどのように選挙デモクラシーの機能不
全に影響を及ぼしているのかを論じることが, 本章の目的である[2]。

　以下, 本章の構成を紹介する。第 2 節では手続的分極化という現象に
ついて定義をあたえ, その基本的な特徴や, 手続的分極化はどういう点に
おいて選挙デモクラシーにとって問題であると考えられるのかを, 先行
研究のリビューに基づいて論じる。第 3 節では, 手続的分極化が下院お
よび上院で進行してきた 1970 年代以降の過程を記述する。第 4 節では,
手続的分極化の新たな側面として, 議会, とくに特別多数の賛成を必要と
する議事手続きを迂回するさまざまな試みが行われるようになっている
ことを, バラク・オバマ (Barack Obama) 政権期およびドナルド・J・トランプ
(Donald J. Trump) 政権期 (本章の記述は, すべて 2019 年 1 月 31 日時点のものとす
る。) のいくつかの事例を通じて紹介する。最後の第 5 節は, 本章の要約と,
本章の議論が選挙デモクラシー全般に対してもつ含意について述べる。

第 2 節　手続的分極化とは何か

(1) イデオロギー的分極化と手続的分極化

　連邦議会議員は, 上院は州, 下院はより狭い選挙区から選ばれるもの
であり, また連邦制が成立した経緯からも, 議会における健全な選挙デ
モクラシーとは, 本来的には, アメリカ全体よりも州や地元の選挙区民
の政策要求に議員が応答することである。ところが, いうまでもなく選
挙区事情は多様であり, 異なる利害を代表する選挙区から選ばれる議員
同士は, 直ちに議会内部で合意形成の困難に直面し, 立法を中心とする
政策決定は困難を極める。

　少なくともニューディール期以降の連邦議会においては, この合意形
成の困難を乗り越えるための 2 つのメカニズムが備わっていた。1 つは,

本書第1章（吉野）で紹介されたような，多元的な社会と「緩やかな社会的コンセンサス」の存在である。ニューディール期以降においては，伝統的な経済的自由主義を前提としながらも，個別具体的な連邦政府のプログラムや租税優遇措置などの形をとって，連邦政府による「大きな政府」的な政策が許容されてきた。つまり，連邦議会，とくに下院の議員が代表する利益は，国論を2分するようなイデオロギー的なものではなく，選挙区や利益団体にかかわる個別的なものであり，議員同士の対立は，選挙区利益や地元密着型の利益団体が主張する利益に還元されることにより，決定的に深刻なものにはならなかった。政策別に組織された委員会制度や，主に委員会のメンバーによって構成される両院協議会（Confernce Committee）といった制度，さらには本会議でのログ・ローリングなどの非公式なルールなどが，選挙区利益や特殊利益の追求を実行せしめていた（e.g. Shepsle and Weingast 1987; Weingast and Marshall 1988）[3]。

　もう1つのしくみは政党である。分極化の研究が少なくとも暗黙の内に依拠している「条件付政党政府論」の定義に従えば，政党とは，議員間の集合行為問題を解決するためのものである（Aldrich 1995）。つまり，議員は，自らの再選可能性を最大化させるために選挙区利益を追求する動機をもつが，すべての議員が同じような行動をとると立法の生産性が著しく低下し，かえって再選につながる立法の実現が妨げられる。したがって議員は，ある一定程度の権限を党に委任することによって，選挙区利益の追求と立法の生産性の向上を両立させていると捉えられるのである。これによって，党に所属する議員は，集合財としての党ラベルの評判を維持させ，再選可能性を高めることができると考えられる。

　政党，より具体的には議会内政党における役職者（すなわち議会指導部。本章では，下院議長と，上下両院の両党の院内総務・院内幹事の計9人を念頭に置く）が議員の行動を制約するための制度は2つに大別される。1つは，上下両院の議事規則を中心とした議事手続きや議会内組織の編成である。（少なくとも相対的には）特殊利益の追求の場である委員会に対して，本会議，とくに下院は，議会指導部が議事日程の設定や党所属議員の票のと

りまとめを通じて，極端に利益誘導的な立法の抑止や立法の生産性の向上を果たす。たとえば，下院本会議の議事規則・これを定める規則委員会 (Rules Committee) の委員の人選・法案審議のスケジュールは，議会内政党の多数派から選出される議会指導部の意向に沿う傾向があることが実証分析によって明らかにされている (Cox and McCubbins 2006)。もう 1 つの制度は，議会内政党内部の意思決定の手続きである。議会指導部は，委員会人事や選挙資金の差配をつうじて所属議員を統制する手段を有している。

　ところで，選挙デモクラシーが健全に機能しているのであれば，社会の変化にともなって，選挙によって選ばれる議員の構成も変化する。本書第 2 章 (前嶋) が論じるように，1960 年代後半から，アメリカ社会においては有権者間あるいは有権者が組織する団体間のイデオロギー的な対立が激しくなった。それにともなって，選ばれる議員も，共和党は保守派が，民主党はリベラル派がそれぞれ増えることになり，中道派の議員がどちらの党においても減少することになった。これを本章では「イデオロギー的分極化」と呼ぶことにする。本章では，イデオロギーとは「複数の争点の束」であると定義しておく (e.g., Converse 1964)。1970 年代以降においては，新たに文化的争点が党派的争点として現われてきたにもかかわらず，既存の党派的争点は党を横断する争点には変化せずにそのまま党派的争点として残っているといわれる (Layman, Carsey and Horowitz 2006; Layman et al. 2010)。つまりイデオロギー的分極化とは，争点 A をめぐる党派的対立を緩和する役割をもっていた超党派的な争点 B が党派的な争点になることによって，これまで党派的な争点 A のみに関心をもっていた有権者や議員が争点 B についても党派的にかかわるようになったり，争点 B のみに関心をもっていて超党派的に行動していた有権者や議員が党派的な対立にかかわったりすることを意味する。

　さて，有権者がイデオロギー的に分極化し，それを反映する形で議員がイデオロギー的に分極化していることは，先にみた，議会内部での合意形成を促す 2 つのメカニズムのうち，前者の「緩やかな社会的コンセ

ンサス」が，社会だけでなく議会の中でも保たれなくなっていることを意味する。ところが，このことはさらに，もう1つのメカニズムである「政党」の合意形成を促進する機能をも阻害することになった。なぜなら，イデオロギー的に分極化した議員たちにとっては，これまでの議員以上に政党に自らの権限を委譲する動機をもつからである（e.g., Rohde 1991; Theriault 2008: 221）。

　議会内政党の権限の強化は，議会内政党内部のルールの改革と，議事規則や議会内の組織の再編といった議会制度の改革の2つによって行われてきた。ところが，制度の形成とその効果については，制度を設計したアクターの意図通りの帰結を生み出さない面がある。それは第1に，一般に議会の改革は，複数の意図に基づいて行われるものであり，その効果も必ずしも改革の意図どおりとなるとは限らない（Schickler 2001）[4]。次節でみるように，議事手続きやその運用の変化は，時間的にはイデオロギー的分極化の進行に先んじている（Sinclair 2012, Chapter 6）。議会改革の意図は必ずしも議会内政党の権限の強化ではなかったし，現に改革の直後はむしろ議会内政党の弱体化につながったような改革もある。したがって，制度自体のみならず，イデオロギー的に分極化した議員による制度の運用もまた，分極化の過程を理解する上では重要である。

　ところが第2に，一度形成された制度は，その正統性に大きな疑問が呈されない限りは存続し，制度自体が影響力をもちつづける。それどころか，一度形成された制度は自らを強化することもある[5]。議会改革の文脈に照らせば，権限をあたえられた議会指導部は，その権限を手放す動機に乏しいし，さらに自らの手によって，自らの権限の強化を模索したり，自らにより忠実な議員を委員会や議会内政党の要職に就けさせたりするのである。

　つまり，現在のアメリカ連邦議会内での分極化は，元々は有権者のイデオロギー的分極化を反映して議会内政党に関する制度が強化されるようになったのが，その制度の強化自体が，有権者のイデオロギー的分極化の進行以上の速度で進んでいることによって生じていると考えられる

のである[6]。このような分極化の側面を本章では,「イデオロギー的分極化」とは別の概念として「手続的分極化」(Theriault 2008; 松本 2017) と呼ぶことにする。次節でみるように,手続的分極化は,イデオロギー的分極化の 2 つの側面である,「政党内のイデオロギーの凝集性の拡大」と,「政党間のイデオロギー距離の拡大」にそれぞれ対応する形で,各党の議会指導部が所属議員を統制する手段を得たことと,多数党指導部が少数党を排除する議事手続きを得たことの 2 つの特徴をもつものである。

(2) 手続的分極化の何が問題なのか

　本章の課題は,手続的分極化の進行は,選挙デモクラシーにとってどのような意味をもっているのかを論じることである (松本 2017, 213-238 も参照)。議会において選挙デモクラシーが健全に機能しているかどうかを評価するには,さまざまな評価基準や,それを定量化した指標が考えられる。そういった基準や指標は,民主主義の手続き面への影響と,立法を中心とする政策の実体面への影響の 2 点に大別される。しかし,どの基準や指標を重視するか,そしてそれぞれをどう評価するか,研究者の間の評価も定まっていない。したがって,試論の域を出ないが,本章の立場を先に要約すれば,手続的分極化は,民主主義の手続面に対してはおそらく悪い影響をもつものであり,実体面に対しては,少なくとも悪い影響をもつ疑いがある。

　民主主義の手続面に関する問題とは,一般国民の (個々の議員ではなく,組織としての) 議会への評価である。議会に対する有権者の評価は元々低いが,それが近年になってさらに悪化している。ギャラップ (Gallup) 社の調査によれば,とくに 2010 年以降は議会への支持率は 20 パーセントを下回ることが常態化している[7]。

　なぜ有権者は「議会」という組織を嫌うのか。その理由といわれているのは,有権者は議会内での政治的な争い自体を嫌うことである (Hibbing and Theiss-Morse 1995)。さらに後述のように議会内の透明性が高まったことも相まって,両党の議会指導部同士あるいは大統領野党の議会指導部

と大統領の争いが顕著になったことにより，有権者は議会により強い不満をもつようになった，ということであろう。有権者が議会を支持しないもう1つの理由は，本書の選挙デモクラシーの定義に照らすならば，有権者は，地元選出議員や党所属議員の平均的なイデオロギーから逸脱することができるだけの権限をもちすぎた議会指導部に対して，議院内閣制の国における与野党の党首のようには，選挙を通じて責任を負わせることができないからであろう。連邦の政治に対する有権者のチェックの目は，第一義的には大統領に，次いで有権者が選出している選挙区の議員に向く。有権者がチェックの目を光らせていない議会指導部が権限をもつことは，実証はともかく，少なくとも論理的には，選挙デモクラシーの機能を低下させるということは少なくとも言えそうである。

　他方，実体面において少なくとも現段階でいえることは，手続的分極化の影響を肯定的に評価する研究は，管見の限り見当たらないことである。ただ，手続的分極化が選挙デモクラシーにとって悪い影響を及ぼしているかどうかは，手続面よりも自明ではない。その第1は，立法の生産性である。大統領と議会多数党が異なるいわゆる「分割政府」(divided government) の状態においては議会を通過する立法の数が低下するという通説に対し，アメリカ連邦議会研究の大家であるデイビッド・メイヒュー (Mayhew 1991) が，重要立法においては必ずしもそうではないという説を唱えたことを契機に，分割政府と立法生産性の関連に関する論争が勃発し，現在に至る。この論争の一環として，分割政府と議会の分極化の複合的な効果に着目する立場が現れてきたが (e.g., Cameron 2000; Brady and Volden 1998)，これも必ずしも正しい議論ではない。なぜなら，上院における「フィリバスター」と呼ばれる遅延行為や大統領の拒否権を覆すには，単純多数ではなく特別多数を必要とするからである。つまり，上下両院の各政党と大統領の所属政党がすべて一致する「統一政府」(unified government) であっても，特別多数を有しない限り，少数党や大統領野党が一致して反対に回れば，立法は途端に成立しなくなるのである (see also 松本 2017: 60-62, 233-234)。

　ここまでは，議会の分極化全般に関する議論である。本章の議論の対象は，党所属議員のイデオロギー的分極化の程度を越えて両党の議会指導部が党派的対立を引き起こす，手続的分極化という現象である。議会指導部は，その議会内政党に所属する議員一般（具体的にはたとえば党所属議員のメディアン）よりもイデオロギー的に極端な議員が選ばれる傾向があるといわれている (e.g., Grofman, Koetzle and McGann 2002; Jesse and Malhotra 2010)。さらにその傾向に拍車がかかった原因は，70 年代に行われた選出方法の変更以降，議会指導部は所属議員による直接選挙によって選ばれるようになったことである。その結果，自らの選挙区が安泰であったり，各種団体からの献金能力が高い議員であったりする議員の方がより議会内での指導的地位を得やすくなっている。このことを前提に考えれば，党所属議員よりもイデオロギー的な議会指導部が強硬な態度をとることによって，立法の生産性は低下する。

　ところが逆に，議会指導部が党内の抵抗を抑えて，敵対する党の指導部や大統領と妥協することもまたありうることである。待鳥 (2009a) は，多数党指導部は，「代表の論理」だけでなく，必要に応じて大統領側と協調しながら立法の効率性を担保する「統治の論理」に従うことを論じている。その背景には，選挙区民の利益ではなく広い世論があり，世論が妥協を求める場合は，指導部はそれに従う。

　実体面に及ぼすといわれている第 2 の影響は，立法のイデオロギー的な偏りである。共和党が保守に偏った政策決定を行っているという議論 (e.g., Hacker and Pierson 2005) や，分極化はアメリカ国民の所得格差を拡大させ，所得格差の拡大は分極化を進行させるという議論 (McCarty, Poole, and Rosenthal 2006) が既に行われている。これに対して，メイヒュー (Mayhew 2011) は，共和党への偏りは軽微なものであると論じており，この点に関しても確定的な結論は出ていない。さらにいえば，もし分極化によって共和党寄りの政策が生み出されているとしても，それはどの程度までがイデオロギー的分極化によるものであり，どこからが手続的分極化によるものか，少なくとも定量的には評価を下すことは難しい。

第3節　手続的分極化の過程

　手続的分極化は，大きく分けて3つの段階を経て進行してきた。第1に，多数党指導部に有利な議事手続きが整備されることによって，多数党指導部は所属議員をより有効に統制することができ，また，多数党はより少数党にとって厳しい議事手続きを採用するようになり，少数党は実質面における議論から排除されるようになった。第2に，そのために少数党は，実質面における譲歩を多数党から引き出すべく，本会議において，議事進行を遅らせるような手続きの行使に頼るようになった。これに対して多数党も結束してこうした遅延行為を防ぐ議事手続きを用いるようになった。第3に，とくに直近の現象として，そういった少数党の議事引き延ばしを一時的に，あるいは制度の変更によって中長期的に回避する試みが，多数党や大統領によって行われるようになっている。「手続的分極化」という概念を提示したショーン・セリオー（Theriault 2008）は，この第2の側面を主に論じているが，以下で述べるように，3つの段階は互いに関連しているため，これよりも対象を拡張して論じることにする。

　このような手続的分極化が進行してきた過程を知るために，本節では，上下両院それぞれにおいて，この第1段階と第2段階がどのように進行してきたかを述べる。つづいて次節では，第3段階についてオバマ政権期以降の事例を交えながら述べる。

(1) 手続的分極化の過程：下院

　手続的分極化は，主に下院において進行してきたため，下院の議事手続きの変更と分極化の関連を論じた先行研究の数も少なくなければ，日本語の先行研究もいくつか存在する（e.g., 廣瀬 2004; 待鳥 2009b; 松本 2017: 57-58）。ここでは主に廣瀬（2004; 2009a; 2014）に基づいて，本章の議論の進行上，最低限必要なことのみを述べる。

　多くの論者（e.g., Rohde 1991）が手続的分極化の起源として指摘するのは，

1959 年に下院民主党内で結成された議員集団「民主党研究会」(Democratic Study Group) である。この集団は，直接的には，南部選出の古参の民主党委員長が共和党保守派と結託して，民主党内の多数派を占めるようになっていたリベラル派の望む法案の通過を阻んできた現状を改革すべく結成されたものである。彼らが問題にしたのは党内の人事システムであり，その活動は，最終的には，1971 年と 1973 年にそれぞれ行われた，民主党議員総会規則の改正へとつながった。この党内の改革は，委員長の権限の縮小や，小委員会の役割と権限の拡大，当選回数の多い議員が自動的に委員長職に就く，いわゆるシニオリティ・システムの廃止に寄与した (Rohde 1991; 廣瀬 2004: 129-132; 待鳥 2009b: 169-170)。また，1975 年の民主党議員総会規則の改正で，議長が規則委員会の民主党委員の全員を選任できることになり，これによって多数党指導部が議事規則をコントロールできるようになった (廣瀬 2004: 131)。

　手続的分極化は，直接的には，議会指導部の権限が強まることによって進行してきた。しかしもう 1 つ重要な点として，手続的分極化は，間接的には，議会の透明性が向上したことによって進行してきたことも指摘できる。その契機は，民主党内の改革と同じ時期に，1970 年立法府改革法 (Legislative Reorganization Act of 1970) を中心とした議会制度の改革が行われ，委員会審査や点呼投票の記録が公開されたことである [8]。当時のこういった改革の目的は，委員長らによる密室での意思決定を妨げることであった。ところが，議会の透明性が高まったことは，有権者のイデオロギー的分極化が進行するにつれ，議員が党派的に行動するよう促すことになったのである。そのメカニズムは，1 つは，イデオロギー的に分極化した有権者からの支持を得て再選可能性を高めるためにはイデオロギー的な主張に固執することが合理的な選択になったことであり，もう 1 つは，議会指導部が独自のコミュニケーション戦略を採ることができるようになったことで，有権者を通じて党所属議員をより統制できるようになったことである [9]。

　ここで重要なことは，以上のような委員会の弱体化を意図した改革は，

短期的には党内規律の緩みにつながったし，また当初はそういった説が強かったことである。とくに，1974年初当選組の「ウォーターゲート・ベイビーズ」(Watergate Babies) と呼ばれたリベラルな議員や，「ボル・ウィービルズ」(Boll Weevils) と呼ばれた南部の保守的な議員は，党の方針に従おうとしなかった。追加的な制度変更を経ずに，指導部が議員を統制するようになったのは，議員のイデオロギー的分極化が進んだ1980年代に入ってからのことである。

　共和党の方でも，議事規則の改正による議会改革が推進された。その中心は，言うまでもなく，ニュート・ギングリッチ (Newt Gingrich) 率いる保守派である。1982年の中間選挙後，ギングリッチは若手共和党議員からなる議員集団「保守的機会協会」(Conservative Opportunity Society) を結成した。彼らは度々下院議事規則の改正案を作成，提出してきたが，それが最終的に結実したのは，1994年中間選挙において，下院共和党候補者全員が署名した『アメリカとの契約』(Contract with America) であった。議会改革は，『アメリカとの契約』の中に盛り込まれたものであり，共和党が多数党を獲得し，ギングリッチが下院議長に就任した直後の第104議会の初日に下院本会議で成立した。その内容の中で，「手続的分極化」との関連で重要なのは，3つの常任委員会の廃止，小委員会の削減や権限の縮小，委員長や小委員長の任期制限，議長の権限の強化などである。民主党多数党の時代には議事規則の運用などで議会指導部は権限を行使してきたが，共和党は，多数党指導部の権限を強化する明らかな意図をもって制度自体に手を加え，委員会や小委員会を弱体化させたのである。

　ギングリッチ以後，本章を脱稿した2019年1月31日までに下院議長に就任したのは4人 (のべ5人) である。いずれもギングリッチ期の改革を基本的には踏襲しているのみならず，手続的分極化を進行させる改革をいくつか行っている。ギングリッチの後継者となったデニス・ハスタート (Dennis Hastert) は，ギングリッチよりは穏健で党内の合意を重んじる議長であるとの評価が一般的であるが，下院共和党は，ギングリッ

チに与えた権限を奪うようなことはなかった。また，この時期に，「ハスタート・ルール」と呼ばれる下院共和党内の非公式なルールが確立された。これは，多数党の多数派の合意がない法案については，議長は採決の予定を組まないとしたものである（Davidson et al. 2014: 138）。そしてその目的は，少数党が多数党の一部と多数派連合を組んで法案を成立させることを妨げることであり，つまり，少数党を議事手続きから排除することである。

　2006年に民主党が下院の多数派を奪還し，新たに議長に就任したナンシー・ペロシ（Nancy Pelosi）は，就任直後の2007年こそ前会期までの議事規則を概ね踏襲したものの，2009年1月に，ギングリッチ以降確立した委員長の任期制限を撤廃したり（これは後に共和党に多数派が交代したさいに元に戻される），少数党が議事遅延のために利用してきた，指示付き差し戻し動議（motion to recommit）を制限したりした（廣瀬2009a）。

　2010年に共和党が再度多数党となった際に議長に就任したジョン・ベイナー（John Boehner）は，現実主義的な政治家であると言われており，議事手続きについても，多数党が交代したにもかかわらず小規模な改革にとどまったが，それでも，ギングリッチの『アメリカとの契約』を踏襲する改革を一部行っている（廣瀬2011）。その内容は，委員会審議の透明性の向上や，法案や文書などの電子媒体による公開の促進などである。また，委員長の任期制限も再度導入された。その後任のポール・ライアン（Paul Ryan）は，2015年の就任から2019年初頭の（議員引退にともなう）辞任に至るまで，議長職自体に消極的であったこともあり，党内の人事について一部党所属議員の要求を呑んだが，それでもこの数十年の間に強化された議会指導部の権限を根本的に見直すことはなかった。

　以上のような制度改革によって，既存の議事手続きの党派的な運用も進むようになった。とくに重要立法において，多数党指導部（とりわけ下院議長）が，アド・ホックにタスク・フォースを形成して政策立案を行うようになったり，複数付託や付託先に関する議長の裁量・委員会審議の迂回・委員会通過後の法案の内容の調整といった，委員会よりも指導

部がより法案審議の実質面にまでも影響力を及ぼしているようになった
りしている (Sinclair 2012)[10]。この傾向は次項で論じる上院でも同様である。
　さて，これら一連の多数党指導部の権限の強化によって，少数党指
導部や少数党所属議員は，次第に立法過程から排除されるようになっ
た。そのため，少数党は次第に，本会議において，法案の委員会への指
示付き差し戻しや法案の棚上げ (table) といった，議事手続きに関する手
段を行使することで抵抗をするようになっているのである (Theriault 2008,
Chapter 8)。先に紹介したセリオー (Theriault 2008, Chapter 8) は，「重要立法」
をめぐる点呼投票を，「手続 (procedure)」「修正 (amendment)」「最終通過 (final
passage)」の 3 つに分類し，それぞれについて，その件数の推移と，それぞれ
の分類の投票における党派的対立の程度に関する分析を行っている。そ
の結果，もっとも党派的対立が強いのは「手続」であり，しかも，その件
数が，時代を下るにしたがって増加していることを明らかにしている[11]。

(2) 手続的分極化の過程：上院[12]

　上院は，伝統的に下院と比べれば，議事手続きも整備されていなけれ
ば，議会指導部が党所属議員を有効に統制できるだけの権限も発達して
いない[13]。その理由は，上院は下院に比べて議員の数が少なく，上院議
員は州の代表という面も強いので，個々の議員の自由な判断や行動が尊
重されるからである。
　しかし上院でも，1970 年代に行われたフィリバスターと呼ばれる行
為をめぐる各種の議事規則の改革が，議員のイデオロギー的分極化が進
行した 1980 年代以降になって，議会内政党の規律の強化に寄与し，あ
るいはその後の運用をめぐって，党派的対立が激化している (e.g., Sinclair
2012: 152-154)。ただし，下院においては多数党指導部にとって有利な状
況に変化したのとは違い，上院では，少数党指導部がより有効に議事を
妨害できるようにフィリバスターやその運用が変化してきた。フィリバ
スターとは，狭義には上院本会議において議員が長時間にわたって討論
を行うことによって議事進行を妨害することを指す。ところが，とくに

現在では，単に採決を行う日時に反対することや，フィリバスターを行う威嚇まで含めてフィリバスターを行う手段として用いられる (Koger 2010: 4) ことがより一般的である。つまり，1970 年代以降のさまざまな制度変更によってフィリバスターの行使が容易になり，現にフィリバスターがより頻繁に，しかも党派的な目的のために行使されるようになってきているのである。

　第二次世界大戦後に限れば，フィリバスターをめぐる最初の大きな制度変更は，1975 年の上院議事規則の改正である。これを機にフィリバスターの行使が頻発するようになった。なぜなら，この改正によって，フィリバスターを打ち切るための動議(cloture：以下本章では「クローチャー」と表記) に必要な賛成数が出席者の 2/3 (全員出席の場合は 67) から，全在籍議員の 3/5 (同じく 60) に下がったからである。これは多数党の議事進行の権限の強化を意図したものであったが，この時代から 60 議席を超える議席を確保する多数党が現れづらくなってきたこともあり，逆にフィリバスターが有効に行使される状況が続いている。

　このような制度変更やその運用の変化が生じた理由は，本来，少数党指導部の権限強化を意図したものではない。フィリバスターに関する最も体系的な研究を著したグレゴリー・コーガー (Koger 2010) は，上院議員が多忙になり，時間を費やす事柄をいやがるようになったために簡単にクローチャーを発動できるようにしたことによって，フィリバスターに訴えるコストが低下し，かえってフィリバスターが頻発するようになったと論じている。現にこれらの改革の直後は，多数党であった民主党を含む議員による，個別利益に基づいたフィリバスターが急増し，とくに 1976 年から 78 年にかけては，クローチャー後に修正案を提出するという，規則の抜け穴を利用するという行為に及ぶ議員すら現れた [14]。

　この状況が変化し，1980 年代に入ってフィリバスターやクローチャーの党派的な行使が増加したのは，下院と同様，議員のイデオロギー的分極化が進行した [15] ことによる (廣瀬 2009b: 215-216)。廣瀬 (2014: 40-41) は，クローチャーの動議が提出されたことをフィリバスターが存在したもの

とみなし[16]，クローチャーの提出数と可決数の会期ごとの推移を提示している（**図 7-1**）。フィリバスターは，制度変更が容易になった 1970 年代から増加の一途を辿っている。とくに 2000 年代半ば以降はクローチャーの提出数も可決数も激増している。廣瀬（2014: 40-41）は，これは，日常的にフィリバスターが利用されるようになったこと，たとえば少数党だけでなく多数党もフィリバスターを用いるようになっていることや，経歴に問題のないような人事承認に対して承認を遅延させるために利用されていることによると指摘している。以上より，現在の上院の議会政治は，フィリバスターとクローチャーをめぐる党派間の争いを中心に展開していると断言してもよいであろう。

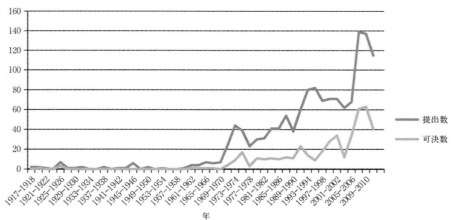

（出典）"Senate Action on Cloture Motions." Senate Website <http://www.senate.gov/pagelayout/reference/cloture_motions/clotureCounts.htm> を基に筆者作成。

図 7-1　クローチャー動議の提出数と可決数
出典：廣瀬 2014: 41.

第 4 節　多数および特別多数を必要とする議事手続きを覆す試み

分極化と立法の生産性の因果関係については論争があることは先述した。ただ，定量的にはともかく，多数党にとって有利な議事手続きが採用されるようになったことに対抗して少数党が結束して抵抗することを選択する場合，多数党は特別多数を確保しない限り立法を通過させられなくなっていることは間違いない。

この状況に対して，議会の多数，とくに特別多数を必要とするルールを一時的な手段あるいは制度変更によって覆す試みを，多数党や大統領が模索するようになっている。これが手続的分極化の第 3 の局面であり，とくにオバマ政権が発足してから顕著にみられる現象である。そこで本節では，こうした試みとして，オバマ政権期以降における 4 つの事例を簡単に紹介する[17]。

(1) 財政調整法によるフィリバスターの回避

先に，上院でフィリバスターを乗り越えて法案を通過させるには，特別多数の 60 票が必要であると述べた。ところが，これを迂回する議事手続きの手法として，1974 年議会予算法の制定にともなって定められた，「財政調整法」(budget reconciliation) という種類の法律によって法案を通過させる手法がある (詳しくは，中林 2017: 156-160)。これは，上院が財政調整法案を審議する際に，修正案の内容や関連性に関する制限を課すものであり，フィリバスターも制限される (廣瀬 2014: 38)。現に，この規則を用いてフィリバスターを回避することはこれまで度々模索されてきたし，古くは 1996 年福祉改革法などいくつかの重要立法は，この手法を用いることで成立している。ここで重要な点は，この規則は，元々は均衡財政を達成させることを目的とした予算法の一環として設けられていたものが，これが次第に党派的に用いられるものに変質していることである。2 つの事例を紹介しておく。いずれも，ビル・クリントン (Bill Clinton) 以降の 4 人の大統領の最重要の立法課題である。

　1つは，医療制度改革である（詳しくは，松本 2017: 142-153, 208-220）。1993 年に，クリントン政権が推進した医療制度改革について，当初は財政調整法案の形式で立法を行うことが検討された。しかしこのときは，上院の議事規則の権威であった，ロバート・バード（Robert Byrd）議員（当時の肩書は歳出委員長）が，財政調整法案に予算以外のことを含めることに反対したことから，これを断念した[18]。これとは対照的に，オバマ政権が就任直後の統一政府の状況下で，（後に「オバマケア」と呼ばれるようになる）医療制度改革の立法を推進した際，60 票を確保できる見通しが立たなくなった段階で，財政調整法による立法を最後の手段として用いたのである。対する共和党も，トランプ政権の発足にともなって実現した統一政府の状況下で，オバマケアの廃止や見直しを行う法案を提出・審議したが，最初から財政調整法案の形式を採用し，最終的には後述の税制改革法の一部として，無保険者への罰金を定めた部分を廃止させている。これも，統一政府といえども 60 議席を確保しておらず，民主党からの賛成票をまったく期待できないためである。

　もう1つの例は，共和党政権による減税である。減税は，2001 年に発足したジョージ・W・ブッシュ（George W. Bush）（子）政権の選挙公約であり最大の立法課題であった。減税を行うこと自体については，議会でも超党派的な賛同があったのが，いざ立法が始まると，減税の程度とその内訳について，および，議事手続きから排除されていることについて，民主党から不満が生じた。これに対して，上院共和党は，60 票を得られる見通しが立たなくなったために，財政調整法によって減税法案を通過させた。これが，財政調整法を党派的に用いて成功した最初のケースである。ただ，この際は「バード・ルール」（注 18 を参照）の制約により，恒久的な税制改革ではなく，10 年の時限的な減税措置という形での成立となった（そして，これが後述する「財政の崖」（Fiscal Cliff）問題の一因となる）。恒久的な税制改革法が成立するのは，トランプ政権発足1年目の2017 年末のことである。そしてこのときの立法過程は，2001 年のときよりもさらに党派的なもの，つまり，最初から財政調整法を用いた成立

を念頭に置き，民主党の調整をまったく行わないものであった。

　財政調整法による法案の通過は，その党派的な使用が本格化した2000年代初頭には，フェアではない，いわば「抜け道」とみなされるものであった。オバマも上院議員時代にはその旨を述べていたし，そのオバマが財政調整法を用いてオバマケアを成立させたことが，法案成立後から現在に至るまでの，共和党のオバマケアに対する強い反発を招いた一因であることは否めない。ところが，現在では財政調整法の使用が半ば前提になっている。税制改革についても同様である。財政調整法による立法が，もはや抜け道ではなく，普通に考慮される立法の戦略として定着しているのは，今では超党派的な60票による立法が現実味に乏しいものになっているからであろう。

(2)「財政の崖」をめぐる共和党議長 vs 茶会系共和党議員

　先述したように，議会指導部は，その党に所属する議員一般よりもイデオロギー的に極端な議員が選ばれる傾向があるといわれている。ところが，下院の多数党の地位を共和党が奪還して「分割政府」の状況になっていた2012年後半に議会で審議された，いわゆる「財政の崖」への対応をめぐる問題の場合は，オバマ政権や議会民主党との徹底抗戦を要求する「ティーパーティ運動」(Tea Party Movement：以下「茶会」と表記) の影響下にある議員を中心とした党内保守派の方が，議会指導部よりも極端な立場をとっていた。「財政の崖」の事例のように，議会指導部よりも所属議員の方がイデオロギー的に極端な場合，どちらの意思がより実現されたかを分析することは，イデオロギー的分極化と手続的分極化のどちらが，より立法の帰結を規定するのかを知るための恰好の事例となる。

　「財政の崖」とは，上述のブッシュ (子) 政権による10年限定の減税措置 (さらにオバマ政権による2年間の延長) の期限切れと，連邦債務不履行 (デフォルト) を回避するための特別措置が終了して強制的な歳出削減が開始される期限が，ともに2012年末に発生することで，景気が急速に悪化することが懸念された問題である。これに対応する方法は，歳出の

削減と増税の2つであったが，歳出削減に否定的な民主党と増税に反対する共和党との間での調整が著しく難航した。

　結局，富裕層への増税と中間層への恒久的な減税を中心とした税制法案（American Taxpayer Relief Act of 2012: いわゆる Fiscal Cliff Act）は，2013年1月1日に上院で可決され，ベイナー議長はこの上院案に対する修正を認めず採決にかけ，翌2日に下院で可決されることで，事実上成立した。この下院の採決の結果は，賛成257票・反対167票であったが，共和党議員は賛成85票・反対151票であった。つまり，ベイナーは，先述のハスタート・ルールが確立されてからはじめてこれを破ったのである。しかし，上院で可決された法案に対して修正案の提示を断念したベイナーに対して，安易な妥協を行ったとして，茶会系議員を中心とする共和党議員の強い反発が起こった。ベイナーにとっては，予算案を通して財政の崖からの転落を防ぐことと，そのことによって共和党議員の離反を招き議長の座を失うことのジレンマに陥っていたが，当時の世論は，財政の崖に陥った場合の責任は議会共和党にあるとしていたこともあり，強硬な態度をとる共和党議員に対して強い態度で臨んだのである。

　結果的には，ベイナーは茶会系議員の反対を抑えて法案を成立させることに成功した。この事例を一般化することが許されるならば，イデオロギー的対立と議会指導部の権限のどちらが強いかといえば，それは後者である。ただし，同法案の成立直後に招集された第113議会の冒頭での議長選挙において，多くの共和党議員のベイナーへの造反が懸念されるに至った。結果的には造反（棄権や他の議員への投票）は12人にとどまったが，議会指導部による議員の統制の限界をも示唆するものであった。また，2015年10月にベイナーが突如議長を辞任したのは，ベイナーに批判的な共和党議員の圧力に屈したからであるとも言われている。

(3) 承認人事をめぐる「核オプション」の発動

　上院において，フィリバスターを覆すためのクローチャーを可決するには60票が必要であるということは，上院議事規則第22条に定められ

ているものである。しかし，これは実は憲法上の根拠をともなわないものである。さらに，先述したように，近年フィリバスターは政策の内容をめぐるものというよりも党派的な対立のために用いられるようになっている。これが最も顕著にみられるようになったのは，議会の承認を必要とする人事案件である。

　そこで，憲法の条文に立ち返って，クローチャーを特別多数ではなく単純多数によって可決させるよう改める試みが，2000年代に入って続いてきた。2003年に連邦裁判所判事の人事をめぐって，民主党がフィリバスターに及んだことに対抗し，上院の共和党指導部が，上院議長である共和党の副大統領の権限を用いて，クローチャーを迂回して採決に持ち込もうとした。当時多数党であった共和党のトレント・ロット（Trent Lott）院内総務が，これを「核オプション」（nuclear option）と呼んだことから，以降，この規則変更のことをこう呼ぶようになった。オバマも，多数党の上院民主党の議員であった時期に，共和党に対する威嚇の手段として，核の選択肢に言及したこともあった。この「核オプション」という言葉の含意についてはさまざまなことが言われている。1つは，いざ行使すると，多数党の地位を失った際に同じ手段によって報復されるために，「強力すぎて使えない選択肢」という意味で解されることがある[19]。

　2013年11月，上院多数党であり大統領与党である民主党は，ついに「核の選択肢」の行使に及んだ。合衆国最高裁判所を除くすべての行政府および司法府の人事承認には，クローチャー動議の発動に在籍議員の5分の3ではなく，出席し投票した議員の単純過半数の賛成の投票のみを必要とするという，上院議事規則第22条の解釈の変更が賛成52，反対48で実質的に可決され，先例の変更が確立されたのである（廣瀬 2014: 48-49）。これが使われてからはじめての選挙となる2014年中間選挙において上院多数党は民主党から共和党に交代したが，その共和党も60議席を確保しておらず，その状況が2019年1月現在もつづいている。その上院共和党は，2017年4月に，ニール・ゴーサッチ（Neil Gorsuch）最高裁判所判事の人事承認について，他の人事案件よりも強い「核オプショ

ン」による報復に踏み切ったのである。つづく 2018 年 10 月のブレット・カバノー（Brett Kavanaugh）判事の承認に至っては，最初から民主党議員全員の反対と，共和党議員による単純多数での可決を想定していたのである。

　このように，予算に関連する法案につづき，「核オプション」もまた，「タブー」から「あたり前」になりつつある。60 票が必要な採決として残されたのは，通常の法案の立法のみである。トランプ大統領は，後述する移民政策の立法について核の選択肢を行使するよう主張しているが，上院共和党指導部は，今のところこれを拒否している。ただ，これまでは考慮だにされなかったことが公然と語られるようになっていることを考えれば，通常の法案についても 60 票の壁は近いうちになくなるのかもしれない。

(4) 大統領令による大統領の政策転換

　議会の分極化が進行するにつれて，大統領が立法を通じて政策を実現させることは，次第に難しくなっている。その主な理由は，大統領野党が結束して大統領が推進する法案に反対するからである。分割政府の状況下ではもちろん，統一政府であっても，わずかな大統領与党の議員の反対票でも致命傷になるため，多かれ少なかれ立法は難航する。トランプ政権発足直後の共和党統一政府が，オバマケアの撤廃や見直しの法案を成立させられなかったのはその典型例である。

　そこで大統領は，議会を通さずに，自らに与えられた権限の範囲内で政策転換を行う手法を多用するようになっている。「大統領令」と総称されるものである[20]。大統領令による政策転換は，大統領の「単独主義」と批判されがちで，トランプ大統領に対する批判の 1 つとしてよく言われることではあるが，実はその前のオバマもブッシュ（子）も，同じような批判を受けてきた。梅川(2018b: 66-71)は，ロナルド・レーガン(Ronald Reagan)以降の大統領の就任 1 年目の大統領令の件数を，月別・種類別に提示している。これによると，確かにトランプ政権の大統領令の件数

は多いが，同時に大統領令はレーガン政権以降，一貫して増加している。この知見は，リアルタイムで生じている現象を理解するにも長期的・構造的な要因をきちんとみなければ不十分である，という一例でもある。

　大統領令による政策転換は，定量的な指標のみならず，定性的にも，重要な事例の観察から確認できる。オバマ・トランプ両大統領による移民政策である（梅川 2018a: 54-57）。増加し続ける不法移民への対処として，オバマ政権は，国境警備の強化と，既にアメリカ国内に居住する不法移民に市民権をあたえることを柱とした包括的な移民法の改革法案を推進した。同法案は，2013 年 6 月に，一部の共和党議員の賛成を含む超党派で上院を通過したものの，下院共和党指導部の反対により，2014年 6 月末に事実上廃案となった。これを受けてオバマは，国境付近の治安維持の強化とともに，大統領の権限の範囲で可能な措置を速やかに実行することを関係閣僚に指示した。これと並行してオバマ政権は，2012年 6 月に，DACA（Deferred Action for Childhood Arrivals）と呼ばれる，若年時に入国した不法移民に対して，一定の要件を満たせば強制送還を延期する政策を開始している。オバマ政権は，DACA は移民国籍法が大統領にあたえている，誰を強制送還するかを決める裁量の行使の一環である，と主張している（梅川 2018a: 54-55）。

　これまでも，たとえば分割政府の時期に大統領が大統領令に依存する傾向があることは指摘されてきたが（e.g., Howell 2003），重要立法にかかわる内容について大統領権限による手法で処理することは，これまではあまり例がないことであった。このことが批判の対象になったことも新しい現象といえよう。したがって，トランプ大統領が就任直後に入国禁止令を発したり，2017 年 9 月に DACA の廃止を表明したりしたことも，トランプ個人の性格に起因する強権的な手法としてではなく，分極化の進行のために立法が困難になっている現状への大統領の合理的な対応として理解されるべきであろう。

第5節　おわりに

　以上，本章は，社会や社会を代表する議員によって構成される連邦議会におけるイデオロギー的分極化の程度を越えて，手続的分極化というものが議会内で進行していること，そして，それによって生じる可能性のある立法の膠着状態を回避するために，議会の多数，とくに特別多数を必要とする合意を迂回するさまざまな手段が用いられるようになっていることを論じた。とくにオバマ政権期以降の主要な立法・政策・人事等は，いずれもそうした手段によってかろうじて成立していることを明らかにした。ただし，とくに下院では共和党ベイナー議長と茶会系議員の対立の表面化から，現在の民主党ペロシ議長就任にかけて，党所属議員からの反発とそれに対する指導部の譲歩という動きもみられる。これが一時的な現象であるのか長期的な趨勢であるのかは，2019 年 1 月の段階では判断が難しい。今後の研究課題としたい。

　以上の議論を踏まえて，今後のアメリカ議会政治の展望をいくつか述べることによって本章を閉める。まず，このような，議会の多数や特別多数の賛成を回避するような措置を議会多数党や大統領が多用することは，今後も継続するであろうか。これは現在進行中の事象であるため，現時点で判断を下すことは難しい。議事手続きを回避することは技術的には可能であるにせよ，権力分立や少数派も含めた熟議を損なうといった規範的な批判は生じるであろう。実際，たとえば，オバマケアは成立後も訴訟など強い反発を招いているし，大統領令を中心とする単独的な手段は，大統領が交代すれば直ちに覆されうる。また，メイヒュー（Mayhew 2011, Chapter 5）は，国民の多数派の意思に反した制度や手続きは，世論の反発を招き，いずれは改革の俎上にのぼることを論じている。

　次に，手続的分極化がアメリカ政治に対して悪い影響をもつとするならば，それはどのようにすれば緩和されるのか。学術的なレベルにおいては，議会において党派的対立を乗り越えて合意形成を促す方策について議論が進んでいる。ここではその一例として，アメリカ政治学

会（APSA: American Political Science Association）が組織しているタスク・フォースの手による報告書，*Negotiating Agreement in Politics* およびそれを基にしたMansbridge and Martin（2016）を紹介しておく。その報告書の中で，サラ・ビンダーとフランシス・リー（Binder and Lee 2016）は，分極化が進んだ議会において議員同士が合意に至るためには互いに妥協が必要であることを論じ，そのために必要な手立てをいくつか挙げている。ここでは 2 つ紹介しておく。1 つは，1970 年代以降の改革によって高まった立法過程の透明性の行き過ぎを是正することが提唱されている（Binder and Lee 2016: 105-107）。透明性が高まったことによって，一般国民が議会に注目するようになり，そのことが，議員が党派的なメッセージに固執する動機となっていたり，一般国民にとって不人気な妥協を模索する妨げになっていたりしているからである。もう 1 つの方法は，アクター同士が頻繁に顔を合わせることで個人的に知り合いになることである（Binder and Lee 2016: 109-111）。委員会こそが，そのような場として機能し，超党派的な合意形成を促す場であったが，議会指導部の強化や，委員長の任期制限などにともなう委員会の弱体化のため，それが難しくなっている。要するに，ここでのビンダーとリーの主張は，指導部がつよくなったことと議会の透明性が高まったことが良くない，つまり 1970 年代以降の議会改革（あるいはその行き過ぎ）を否定するものである。

　この主張が正しいならば，手続的分極化を是正するためには，議員の努力やモラルに訴えかけるのでは不十分であり，議会内の制度の変更を必要とする。そしてそれは，議会による自己改革のみによって実現されうる。ところが，議会指導部は手続的分極化によって得られた権力を手放す動機に乏しいため，議会指導部に自己改革を求めることは難しい。そこで改革の担い手となりうるのは，議会指導部に権限を付与している議員であり，より根本的には，その議員を選出している有権者である。もし手続的分極化を，選挙デモクラシーの機能不全の一因として有権者が捉えたいならば，ほかならぬ有権者が，議会内での議事手続きをよりよく学び，現在の議会制度やその運用に異を唱えることが求められるで

あろう。古くから言われているように，政治は国民の姿を映す鏡である。

　しかしながら，アメリカの有権者の態度が「権力闘争が醜いが故に議会を嫌う」(Hibbing and Theiss-Morse 1995) というものであるならば，有権者に議会内制度の改革自体を求めることは難しい。歴史的にみても，手続的分極化を推進してきた議員たちは，公民権であったり保守的なアジェンダであったり，何らかの政策転換を有権者から期待されて当選し，頭角を現してきた。そしてそうした政策転換を行う下準備あるいはその一環として議会制度の変更は行われてきた。有権者は議事手続きに無関心なものであり，何らかの政策転換のアイデアとセットにならなければ，手続的分極化を緩和させるような議員を有権者が選ぼうにも難しいのではないだろうか。

附　記

　本研究は，本書全体の基である，文部科学省科学研究費「危機のアメリカ「選挙デモクラシー」：社会経済変化と政治的対応」(2011-2015 年度　基盤研究 (B)　研究代表者：吉野孝・早稲田大学政治経済学術院教授　課題番号 23330046) の他，文部科学省科学研究費「アメリカ連邦議会指導部の強化と立法過程の行動論的分析」(2016-2019 年度　基盤研究 (C)　研究代表者：松本俊太・名城大学法学部教授　課題番号 16K03496) による研究成果の一部である。また，本章の一部は，3 本の口頭報告，(1) 国立国会図書館調査及び立法考査局講演「21 世紀の大統領と連邦議会：100 日と 2 年とその後」(2018 年 8 月 20 日)，(2) 慶應義塾大学法学研究科・比較政治セミナー「量が質に転化したのか？　アメリカ連邦議会の分極化と議会内政党の変化」(2018 年 10 月 6 日)，(3) 日本政治学会 2018 年度総会・研究大会報告「政党指導部は今でも所属議員の代理人なのか：アメリカ連邦議会における政党指導部の発達と分極化」(2018 年 10 月 14 日) の一部をそれぞれ使用した。それぞれの口頭報告の場で有益なコメントをくださった方々に，この場を借りて感謝申し上げる。

注

1　本章で用いる用語のうち,「手続的分極化」「条件付政党政府論」の 2 つは,本書全体の送り仮名の規則にしたがえば, それぞれ「手続き」「条件付き」と表記せねばならないが, 既に筆者は複数の別稿でこれらの用語を用いているため (たとえば松本 2017), そのまま使用することを, ここでことわっておく。

2　手続的分極化は, 本章が論じる議会内部のほか, 議会と大統領との関係においても進行してきたが, 本章では紙幅の都合上省略する。詳しくは松本 (2017) を参照。

3　ただし, 委員会は議員の特殊利益を追求する場であるとの見方は一面的であり, 委員会は本会議に対して専門的な情報を提供するという見方 (e.g., Krehbiel 1991) や, 多数党 (あるいは多数党の指導部) の政策選好を反映させる場であるという見方 (e.g., Cox and McCubbins 2006) も存在する。

4　この点は,「アメリカ政治発展論」(American Political Development) の代表的研究者のひとりであるスティーブン・スコウロネクら (e.g., Orren and Skowronek 2004) がいう,「併発」(intercurrence) という概念と共通するものである。

5　ピアソン (2010) は, この現象を「正のフィードバック」と名づけている。

6　もう 1 つ, 議員のイデオロギー的分極化が有権者のイデオロギー的分極化以上の速度で進行していることも, 選挙デモクラシーの機能不全の側面として頻繁に指摘されている。その具体的な原因としては, 予備選挙の仕組みの変化や, 草の根型団体の衰退とアドボカシー団体の登場, メディアの変化, 党利党略に基づいた下院の選挙区割りなどさまざま指摘されている (松本 2017:28-37)。これらの詳細はそれぞれ, 本書第 5 章 (今村) と第 2 章・第 4 章 (前嶋) に譲る。

7　http://www.gallup.com/poll/1600/congress-public.aspx (2019 年 1 月 31 日最終閲覧).

8　同法のその他の内容としては, 委員会スタッフの増員や, 議会調査局と会計検査院の拡充などがある (廣瀬 2004: 28-129)。

9　筆者は既に後者に関する議論を行っている。松本 (2014) を参照。

10　バーバラ・シンクレア (Sinclair 2012, Chapter 6) は, その原因として, 本章が論じている 1970 年代以降の議会改革や有権者のイデオロギー的分極化のほかに, 予算過程の変化や, 分割政府の頻発や財政赤字などさまざまな要

因が複雑に絡み合っていることを論じている。

11　さらに筆者は，このセリオ一の分析を，1953年から2012年までのすべての点呼投票に拡張し，上院についても同様の分析を行っている（松本2017: 76-79）。結果，やはり「手続」がもっとも件数が増えておりかつ党派的な対立が強いことや，上院についても下院より緩やかながら同様の傾向がみられることなどを明らかにしている。

12　上院における手続的分極化の進展の詳細は，Smith（2014）を参照。

13　分極化と議会指導部の権限強化（本章の用語でいうイデオロギー的分極化と手続的分極化）は下院においては連動しているが，上院においてはそうでもない，という議論もある（Smith and Gamm 2013）。つまり，両党の上院内組織は1950年代から1980年代後半にかけて整備されてきたが，これは分極化とはほぼ無関係に発達してきた現象であり，また，1994年に共和党が上院の多数派を奪還した際も，意思決定過程は，党内においても院内においてもほぼ変化はなかった。

14　この，クローチャー後のフィリバスターは，1979年の議事規則の改正によって正式に禁止されている。

15　セリオー（Theriault 2008, Chapter 9）は，下院議員の上院への鞍替えをその一因としている。

16　これは，フィリバスターと通常の審議とを区別する明確な基準が存在しないことによる（廣瀬2014: 38）。コーガー（Koger 2010）は，フィリバスターを測定することは難しいことを前提に，20世紀以降のフィリバスターについて，各種の新聞・雑誌の記事をもとに分析を行っている。

17　事例の経過については，とくにことわりがない限り，各年版の *CQ Almanac* を参照している。

18　正確には，財政調整法に関連して，「バード・ルール」と呼ばれる議事規則が上院に設けられており，予算と関係がないなどの6つの規定のいずれかにひっかかる法案は，異議申し立てにより財政調整法から削除されることになっている。

19　そのほかには，多数党が行使できる最後の手段である，下院よりも個々の議員の権利や熟議を重んじる上院の存在意義が失われる，行使した場合は少数党が議会運営に全面的に非協力的になる，などである。

20　大統領令に関する最新かつ最良の解説は，梅川（2018b）である。梅川（2018b）は，大統領令の定義や訳語は混乱をきたしてきたが，大統領が行う行政命令（Executive Orders）・大統領覚書（Presidential Memoranda）・布告

（Proclamations）の総称として「大統領令」という語を用いている。今後はこれが定訳および通常参照される定義となってゆくのではないか。

参考文献

Aldrich, John H. 1995. *Why Parties?: The Origin and Transformation of Political Parties in America*. University of Chicago Press.

Apter, David E. ed. 1964. *Ideology and Discontent*. The Free Press.

Binder, Sarah A., and Frances E. Lee. 2016. "Making Deals in Congress." In Mansbridge and Martin. eds. 91-117.

Brady, David W., and Kraig Volden. 1998. *Revolving Gridlock: Politics and Policy from Carter to Clinton*. Westview Press.

Cameron, Charles M. 2000. *Veto Bargaining: Presidents and the Politics of Negative Power*. Cambridge University Press.

Converse, Philip E. 1964. "The Nature of Belief Systems in Mass Publics." In Apter. ed. 206-261.

Cox, Gary W., and Matthew D. McCubbins. 2006. *Legislative Leviathan: Party Government in the House*. 2nd ed. University of California Press.

CQ Almanac, 2009-2016: Washington D.C.: CQ Press.

Davidson, Roger H., Walter J. Oleszek, Frances E. Lee, and Eric Schickler. 2014. *Congress and Its Members*. 4th ed. CQ Press.

Dodd, Lawrence C., and Bruce I. Oppenheimer. eds. 2013. *Congress Reconsidered*. 10th ed. CQ Press.

Grofman, Bernard, William Koetzle, and Anthony J. McGann. 2002. "Congressional Leadership 1965–96: A New Look at the Extremism versus Centrality Debate." *Legislative Studies Quarterly* 27 (1) : 87-105.

Hacker, Jacob S., and Paul Pierson. 2005. *Off Center: The Republican Revolution and the Erosion of American Democracy*. Yale University Press.

Hibbing, John R., and Elizabeth Theiss-Morse. 1995. *Congress as Public Enemy: Public Attitudes Toward American Political Institutions*. Cambridge University Press.

Howell, William G. 2003. *Power without Persuasion: The Politics of Direct Presidential Agenda*. Princeton University Press.

Jesse, Stephen, and Neil Malhotra. 2010. "Are Congressional Leaders Middlepersons or Extremists? Yes." *Legislative Studies Quarterly* 35 (2) : 361-392.

Koger, Gregory. 2010. *Filibustering: A Political History of Obstruction in the House and Senate.* University of Chicago Press.

Krehbiel, Keith. 1991. *Information and Legislative Organization.* University of Michigan Press.

Layman, Geoffrey C., Thomas M. Carsey, and Juliana Menasce Horowitz. 2006. "Party Polarization in American Politics: Characteristics, Causes, and Consequences." *Annual Review of Political Science* 9: 83-110.

Layman, Geoffrey C., Thomas M. Carsey, John C. Green, Richard Herrera, and Rosalyn Cooperman. 2010. "Activists and Conflict Extension in American Party Politics." *American Political Science Review* 104 (2) : 324-346.

Mansbridge, Jane, and Cathie Jo Martin. eds. 2016. *Political Negotiation: A Handbook.* Brookings Institution.

Mayhew, David R. 1991. *Divided We Govern: Party Control, Lawmaking, and Investigators 1946-1990.* Yale University Press.

Mayhew, David R. 2011. *Partisan Balance: Why Political Parties Don't Kill the U.S. Constitutional System.* Princeton University Press.

McCarty, Nolan, Keith T. Poole, and Howard Rosenthal. 2006. *Polarized America: The Dance of Ideology and Unequal Riches.* The MIT Press.

Orren, Karen, and Stephen Skowronek. 2004. *The Search for American Political Development.* Cambridge University Press.

Rohde, David W. 1991. *Parties and Leaders in the Postreform House.* University of Chicago Press.

Schickler, Eric. 2001. *Disjointed Pluralism: Institutional Innovation and the Development of the U. S. Congress.* Princeton University Press.

Shepsle, Kenneth A., and Barry R. Weingast. 1987. "The Institutional Foundations of Committee Power." *American Political Science Review* 81 (1) : 85-104.

Sinclair, Barbara. 2012. *Unorthodox Lawmaking: New Legislative Processes in the U.S. Congress.* 4th ed. CQ Press.

Smith, Steven S. 2014. *The Senate Syndrome: The Evolution of Procedural Warfare in the Modern U.S. Senate.* University of Oklahoma Press.

Smith, Steven S., and Gerald Gamm. 2013. "The Dynamics of Party Government in Congress." In Dodd and Oppenheimer. eds. 2013: 167-192.

Theriault, Sean. M. 2008. *Party Polarization in Congress.* Cambridge University Press.

Weingast, Barry R., and William J. Marshall. 1988. "The Industrial Organization of Congress; or, Why Legislatures, Like Firms, Are Not Organized as Markets." *Journal of

Political Economy 96 (1) : 132-163.

イーストン，ディビッド．2002．片岡寛光監訳／薄井秀二・依田博訳．『政治生活の体系分析〔新装版〕』上・下．早稲田大学出版部 (Easton, David. 1965. *A Systems Analysis of Political Life.* John Wiley and Sons).

五十嵐武士・久保文明編．2009.『アメリカ現代政治の構図 イデオロギー対立とそのゆくえ』東京大学出版会.

梅川健．2018a.「協調的大統領制からユニラテラルな大統領制へ」久保・阿川・梅川編 2018．45-60 頁.

―――．2018b.「乱発される『大統領令』」久保・阿川・梅川編 2018．61-73 頁.

久保文明・阿川尚之・梅川健編．2018.『アメリカ大統領の権限とその限界―トランプ大統領はどこまでできるか』日本評論社.

中林美恵子．2017.『トランプ大統領とアメリカ議会』日本評論社.

ピアソン，ポール．2010．粕谷祐子訳.『ポリティクス・イン・タイム―歴史・制度・社会分析』勁草書房 (Pierson, Paul. 2004. *Politics in Time: History, Institutions, and Social Analysis.* Princeton University Press).

廣瀬淳子．2004.『アメリカ連邦議会―世界最強議会の政策形成と政策実現』公人社.

―――．2009a.「【アメリカ】下院議事規則の改正」『外国の立法　月刊版』238 (2)．2-3 頁.

―――．2009b.「連邦議会におけるイデオロギー的分極化―両院の立法過程と党派性」五十嵐・久保編．2009．185-219 頁.

―――．2011.「【アメリカ】第 112 議会における下院議事規則の改正」『外国の立法　月刊版』246 (2)．2-3 頁.

―――．2014.「アメリカ連邦議会上院改革の課題：フィリバスターの改革」『レファレンス』758．35-50 頁.

待鳥聡史．2009a.『〈代表〉と〈統治〉のアメリカ政治』講談社.

―――．2009b.「分極化の起源としての議会改革」五十嵐・久保編．2009．159-184 頁.

松本俊太．2014.「連邦議会指導部によるコミュニケーション戦略の発達と 2012 年議会選挙」吉野・前嶋編．2014．125-158 頁.

―――．2017.『アメリカ大統領は分極化した議会で何ができるか』ミネルヴァ書房.

吉野孝・前嶋和弘編．2014.『オバマ後のアメリカ政治：2012 年大統領選挙と分断された政治の行方』東信堂.

第Ⅳ部　トランプ政権の誕生

第8章　なぜトランプは支持されたのか：2016年大統領選挙におけるリスク受容的有権者

飯田　健

第1節　はじめに

　2016年アメリカ大統領選挙では，民主党のヒラリー・クリントン(Hillary Clinton)候補有利との大方の予想に反して共和党のドナルド・J・トランプ(Donald J. Trump)候補が当選を果たした。トランプは共和党予備選挙に立候補した直後から「問題発言」を繰り返し，誤った現状認識や陰謀論を振り撒くなど，当初は泡沫候補と思われていた。しかしながら相次ぐ問題発言にもかかわらず，選挙運動期間を通じてその支持率はほとんど落ちることなく，トランプは順調に共和党予備選挙を勝ち抜き，ついには本選挙で当選するまでに高い支持を獲得したのである。

　このような一連の事態受けて，なぜトランプがこれほど人気を集めたのか，誰がトランプを支持したのかという議論が巻き起こった。そしてその中で注目されたのが白人の労働者層であった。白人の労働者層はグローバル化の進展にともなう国内製造業の流出および安価な労働力の流入により，職を奪われ，賃金を下げられ，ひいては誇りまでをも失った人々である。もはや国内に高卒で就ける安定した高賃金の職は少なく，社会経済地位の低い白人にとってかつてのように自力で家族を支えることは困難になっている。その一方で，彼らは人種的マイノリティほど貧困ではないため福祉政策の恩恵に十分あずかることはできない。

　こうした彼らの前に現れたのがトランプであった。トランプは反グローバル化，反移民的な主張を掲げる一方，大規模なインフラ投資や国内の製造業保護を訴えることで，白人労働者層の支持を集めた。トランプの政策は合理性を欠いており，民主党政権の政策のみならず共和党主

流派のそれからも乖離しているなど，その実効性には疑問がもたれていた。しかしそれにもかかわらず，民主党支持者やかつての民主党支持者を含む多くの白人労働者層はトランプを支持したのである。

　本章ではこれらの白人労働者層によるトランプ支持について，リスク受容的態度という要因を用いて説明を行う。成功すれば多くを得るが，失敗すれば多くを失うという意味での候補者の不確実性は，一般的には有権者に忌避される要因であると考えられてきた。その意味で先に述べたような不確性の高いトランプに対する不安は，白人労働者層の間にもあったはずである。いくら苦境にある白人労働者層といえども，ただそれだけでトランプのような非正統派の候補者に多くが投票するとは考えにくい。

　こうした白人労働者層の間でのトランプ投票／非投票を分けたのがリスク態度である。トランプの政策はアメリカ人，とりわけ白人労働者層に「再び」繁栄をもたらす可能性がある一方，トランプの政治経験のなさや，個人的な性格とも相まって，現状よりも悪い結果をもたらす可能性も高い。この意味でトランプに投票することはまさに賭けであった[1]。そのような中，このまま現状が維持されてもますますグローバル化が進展し，自分たちの雇用や収入は失われることは明らかであり，それならいっそ現状よりも悪くなる可能性があったとしても大胆な現状変更を掲げる未知数のトランプに賭けたい，と考えたリスク受容的な白人労働者がトランプに投票したのである。

　以下，本章では選挙結果を概観し，この仮説の理論的妥当性を検討した後，それに基づいて2016年大統領選挙後にアメリカの有権者を対象に実施した独自のインターネット調査を分析する。そしてその分析を通じて，リスク受容的な態度をもつ民主党支持の白人労働者ほどトランプに投票したこと，さらにはリスク受容的な態度をもつ無党派の白人労働者ほど2012年オバマ(Barak Obama)投票から2016年トランプ投票へと投票選択を変えたことを示す。

第2節 白人労働者層とトランプ支持

　2016年アメリカ大統領選挙において，共和党候補者のドナルド・トランプは50州と首都ワシントン（コロンビア特別区）に割り当てられた合計538議席の大統領選挙人の票のうち過半数を超える306議席を獲得し，民主党候補者のヒラリー・クリントンを下し当選を果たした。しかしながら，その一般得票数はクリントンのそれを290万票弱下回っており，まさに薄氷を踏む思いでの勝利であった。

　こうしたトランプの勝利は多くの人々に衝撃を与えた。というのもこれまでの数々の「問題発言」や，現行の民主党政権や共和党主流派の政策から大きく乖離する政策的主張などから，トランプは大統領としての適性を疑われ，いくら世論調査での支持率が高くとも実際に彼が当選する可能性については疑問視する向きが強かったからである。

　共和党予備選挙立候補以前の過去にまでに遡ってのトランプの問題発言は大きく，反移民，反イスラム，反同盟，女性蔑視，反性的マイノリティに分類することができる。中でもとりわけ非難を集めたのが，トランプの反移民および反イスラム的態度である。たとえばトランプは，2015年6月16日に共和党予備選挙に立候補を表明した演説の中で，薬物や性犯罪と関連付けてアメリカに入国するメキシコ移民を非難し，加えて国境警備を強化する目的でメキシコ国境に壁を建設した上で，その費用をメキシコに支払わせると主張した[2]。また既に共和党予備選挙に関する世論調査で首位に立っていた2015年12月7日には，その前の週にカリフォルニア州で発生したアメリカ在住のイスラム教徒による銃乱射事件の発生を受けて，当局が問題を分析できるまでの当面の間，イスラム教徒による米国への入国を完全に禁止することさえ主張した[3]。

　こうした発言は，これまで宗教や民族などが理由で迫害された人々を移民として受け入れることで発展してきた自由の国アメリカのいわば国是に反するものであり，大きな物議を醸した。対立候補の民主党のヒラリー・クリントンは2017年9月9日，移民問題をはじめとするあらゆ

る点におけるトランプとその支持者の不寛容さを揶揄し，トランプ支持者の半分は人種差別主義者で，女性差別主義者で，同性愛嫌悪で，外国人嫌悪で，イスラム嫌悪であると厳しく非難した[4]。

　しかしながら，結局大統領として当選したのはトランプであった。トランプは 2016 年 11 月 9 日，当選して最初の Twitter の書き込みで，忘れられた人々は今後再び忘れられることは決してないであろう，と述べた[5]。クリントンが人種差別主義者と呼び，トランプが忘れられた人々と呼んだトランプ支持者は同じ人々である。それは白人，とりわけ白人労働者層であった。出口調査の結果[6]によると，白人の投票者のうち57％がトランプに投票したと答えた一方，クリントンに投票したと答えた者は 37％に過ぎなかった。さらに非大卒の白人男性の場合，実に71％がトランプに投票したと答えていた。また，Sides, Tesler, and Vavreck (2018)によると，2012 年と比べて 2016 年に民主党候補者よりも共和党候補者に投票する傾向がもっとも著しく強くなった有権者グループは高卒未満の白人であり，このグループは有権者全体の中では必ずしも大きくはないものの，彼らの割合がミシガン，オハイオ，ペンシルバニア，ウィスコンシンなどの戦場州でとりわけ高かったことが，選挙人団制をつうじてトランプが勝利し，ヒラリーが敗北した原因であるという。

　このように白人という人種要因が 2016 年大統領選挙で大きな影響を示したという証拠は多くの先行研究で指摘されている。Green and McElwee (2018)は，白人有権者の間で人種差別的態度が経済的困難よりも顕著にトランプ投票に結び付いていること，加えて経済的困難はむしろ人種的マイノリティの有権者を棄権に向かわせたことを示した。またGimpel (2017)によると，白人の間での移民に対する態度がトランプへの投票に強い影響を及ぼしており，学歴の高さや民主党支持といった要因があっても移民政策において保守的であれば 2012 年のロムニーのときと比べて 2016 年にトランプに投票する確率は高くなるし，反対に高所得の共和党支持者であっても移民政策においてリベラルな意見をもっていることで 2012 年のロムニーのときと比べて，トランプに投票する確

率は低くなる。さらに郡レベルの集計データを用いた研究からは，白人が支配的な地域における製造業の衰退はトランプ投票に結び付く一方で，白人が支配的でない地域における製造業の衰退はトランプ投票には結び付いていないなど，製造業の衰退と 2016 年大統領選挙の投票との関係は人種的コンテクストに依存することが示されている (Freund and Sidhu 2017)。

　図 8-1 は各州の非ヒスパニック系の白人の人口割合を横軸に，2012 年大統領選の共和党候補者ミット・ロムニー (Mitt Romney) の得票率と 2016 年のトランプのそれとの差を縦軸にとったものである[7]。これによると，概して白人人口割合が高い州ほど，2012 年のロムニーに比べて 2016 年のトランプは得票を伸ばしている一方，白人人口割合が低い州では得票率を落としていることが分かる。たとえば人口に占める白人の割合が 93.3％ と非常に高いウェストバージニア州では，2012 年のロムニーに比べて 6.3％ ポイントもトランプの得票率が上昇している一方で，白人人口割合が 45.3％ に過ぎないテキサス州では 4.9％ ポイントもロムニーに比べてトランプは得票率を下げている。ウェストバージニア州もテキサス州も 2012 年には両方とも大差で共和党候補者が勝利を収めた保守的な州であることから，2016 年においてこれだけ得票の変動の方向性が分かれたのは，イデオロギーや経済要因ではなく人種要因がトランプ支持に作用した結果を反映したものと思われる。

　このようにトランプの支持がとりわけ白人労働者層の間で高かった理由は，現在彼らが置かれている状況に見出すことができる。グローバル化による製造業の国外流出により，2000 年から 2016 年にかけて 500 万人の製造業の雇用が失われた結果[8]，それまで自動車産業など国内の製造業で安定した職を得ていた白人労働者の多くが失業した。さらにグローバル化は国外からの安価な労働力の流入をもたらした。約 1,100 万人いると推計される不法移民労働者[9]により，建設作業など単純肉体労働者の賃金が下がり，白人労働者の収入もそのあおりを受けて減少した。実際，1996 年には 40,362 ドルだった高卒白人の所得は，2014 年には

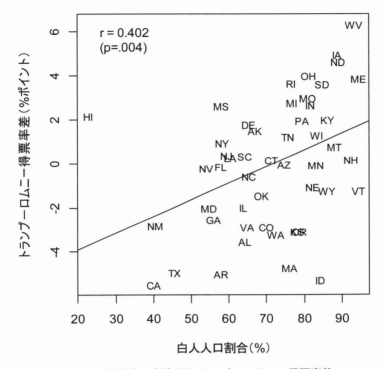

図8-1　白人人口割合とトランプ-ロムニー得票率差

注：ユタ州ではトランプの得票率はロムニーのそれよりも約27%ポイントも下回っ
ており，外れ値となっているため，上の分析からはユタ州を除いている。

36,787ドルにまで低下している[10]。同じ期間，大卒白人の所得は77,201
ドルから94,607ドルへと上昇していることから，単純に不景気に見舞
われたというのではなく，グローバル化の中で低技能の白人労働者が「負
け組」と化したということが分かる。

　彼らの批判の矛先は自ずと外国や移民へと向けられることになる。ま
た経済的苦境の中，自分たちが納めた税金が，貧困層の多くを形成する
人種的マイノリティの福祉へと流れるのを苦々しく思う。さらには人
口に占める白人の割合がどんどん縮小する中[11]，多文化主義の名のもと，
かつては主流であった自分たちの文化がメキシコをはじめとする外国の

文化と同列に並べられ脅かされるなど，自分たちがむしろマイノリティ
になろうとしていると感じている。

　しかしながらそうした彼らの思いに対して既存の政治家はあまりにも
冷たい。彼らはただ昔ながらのアメリカ人の生活や価値観を守りたいだ
けなのに，クリントンが実際そうしたように，リベラルからは人種差別
主義者や外国人嫌悪と批判され，悪魔化される。また概して人種的マイ
ノリティほど貧困ではないため，福祉の恩恵も十分に受けられない[12]。

　このような白人労働者層のやりきれない思いを表現し，彼らから支持
を受けているのが，カントリー歌手のトビー・キース (Toby Keith) である。
彼の曲には白人労働者階級の郷土愛，愛国心，信仰心のモチーフが散り
ばめられており，とりわけそれらが良く表れているのが，辞退者が続出
したトランプの大統領就任式のコンサートにおいて彼が演奏した曲の1
つである "Made in America"（2011 年 6 月発表）である[13]。

　この曲の中では彼の父親がモデルとされる年老いた男のことが歌われ
ている。その男は自分の農場に星条旗を掲げる元海兵隊員であり，外国
車が幅をきかせたり，身の回りのものが外国製であったりすることを胸
が張り裂けそうな思いで見ている。また中西部を中心とする合衆国内陸
部を指すハートランドで生まれ，信仰心と愛国心に満ち溢れた大家族
を興したことを誇りに思っている。さらにこの曲のプロモーションビ
デオには，パレードをする年老いた白人退役軍人に向かって "God Bless
America!" との横断幕を掲げたり，星条旗を降ったりする大勢の白人の
群衆や，小麦畑に囲まれた田舎の白人大家族のイメージが描かれ，有色
人種はほとんど画面に映らないが，当然それを悪びれる様子は一切ない。
ただひたすらに素朴な田舎の白人の愛国心と信仰心である。リベラルか
ら見れば，何と偏狭な人々か，というところであろう。

　しかしキースはそんな昔堅気で頑固者の父について，曲のサビの部
分で，「偏見をもっているわけではない，ただ "Made in America" なんだ」
と擁護する。つまり自分たちの生活や文化を脅かす外国を不愉快に思っ
たり，昔ながらのキリスト教的価値観を守ろうとしたりすることの何が

いけないのか，ただ「アメリカ生まれ」であることの何がいけないのか，とキースは歌うのである。

　こうしたリベラルからは人種差別主義者，宗教右翼と眉をひそめられかねない白人労働者層は，トランプが臆することなく発する直截的で政治的に正しくないメッセージを好意的に受け止め，トランプを支持した。彼らの思いを，かつてティーパーティ運動が受け止めたが，トランプはティーパーティ運動の指導者以上に包み隠さず白人労働者層の思いを直截的に代弁したと言える。

　キャサリン・クレイマー（Catherine Kramer）によると，このような白人労働者層のトランプへの支持は，政策争点での立場の一致など合理的なものではなく，むしろアイデンティティによる感情的なものである[14]。勤勉に肉体労働をすればそれが報われ，家族と幸せに暮らせると素朴に信じ，アメリカの古き良き価値観に従って真面目に生きているにもかかわらず，政府や高学歴エリートから不当な扱いを受ける白人として自己を規定する人々の思いを表現し，それに訴えかけている点にトランプの強さがある。そこにはもはや政治的な正しさ，マイノリティに対する配慮，ましてや政策の合理性は必要ないのである。

　とはいえ，いくらトランプが自分たちと思いを共有していると感じようとも，白人労働者層からすれば，トランプはしょせん一切政治経験のない，高学歴の金持ちである。また少し考えればトランプの主張する，メキシコ国境での壁の建設やすべてのイスラム教徒の入国禁止といった政策は荒唐無稽であることが分かるし，外国からの輸入を制限し国内の製造業を保護することが簡単に実現するとは思えない。むしろ実現不可能な大風呂敷を広げるトランプが大統領になることにより，かえって政治が混乱し，自分たちの境遇が今以上に悲惨なものになる可能性もある。

　つまり，いくらトランプが白人労働者層のアイデンティティに訴えたからといって，それだけではトランプへの投票を説明するには不十分である。白人労働者層がトランプに投票先としての魅力を感じたとして，彼らがどのようにトランプの大きな不確実性を評価するのか，どの程度

トランプによって損をさせられる可能性を許容できるのかという，受け手の側の問題が残っているのである。

第3節　候補者の不確実性とリスク受容的有権者

　こうした不確実性の高い候補者に直面した有権者の行動を説明する概念がリスク態度である [15]。選挙での選択肢としての候補者や政党は，それぞれが当選した結果どのようなことが起きるか分からないという意味で多かれ少なかれ不確実性をもつ (Shepsle 1972)。たとえば大胆な改革を掲げる候補者や政党は，選挙に勝ってその改革が実行され意図通りに成功すれば大きな成果をもたらすかもしれないが，改革が失敗すれば単なる混乱やそれにかかったさまざまなコストだけが残り，現状よりも悪くなるという意味で不確実性が高いと言える。一方，現職の候補者や政党は，選挙に勝っても基本的に現状が維持されるだけであり，良い方向にも悪い方向にも触れ幅はある程度予測可能であるという意味で不確実性は低い。

　このように不確実性の程度の異なる候補者や政党に選挙で投票することは，候補者間の選挙戦が競馬にたとえられることからも示唆されるように，本質的に馬券を買うことと同じである。いわば大して儲からなくても勝てる見込みの高い馬に賭けるのか，それとも負けて馬券の購入費が無駄になる可能性が高いことを知りつつ，当たれば大きいが勝てる見込みの低い馬に賭けるのかという選択と同様の選択に，有権者は選挙において直面すると考えられるのである。

　こうした候補者や政党の不確実性は，一般的には有権者に忌避され，選挙では候補者に不利に働く要因であると考えられてきた (e.g., Enelow and Hinich 1981; Bartels 1986; Alvarez and Brehm 1997)。しかしながら近年になって，有権者は必ずしもリスク回避的ではないとの研究も現れてきている (e.g., Morgenstern and Zechmeister 2001; Berinsky and Lewis 2007)。

　では，どのような場合に有権者はより不確実性の高い候補者や政党に

賭けようとするのか。これについて考える際には，著名な社会心理学者のダニエル・カーネマンとエイモス・トベルスキーが行った有名な実験結果が非常に参考になる (Kahneman and Tversky 1979)。たとえば次のような2つの選択肢が示されたとしよう。1つは確実に 5,000 円がもらえるという選択肢。そしてもう1つが，サイコロを振って奇数が出れば 10,000 円がもらえるが，偶数が出れば何ももらえないという選択肢。この場合，多くの人は確実に 5,000 円をもらうことを好む。つまり確実な＋ 5,000 円の利得と，不確実な期待値＋ 5,000 円（＋ 10,000 円× 0.5 ＋ 0 円× 0.5）の利得とを比較した場合，確実な＋ 5,000 円が好まれるのである。

　しかし，次のような2つの選択肢が示された場合どうか。1つは確実に 5,000 円を失うという選択肢。そしてもう1つは，サイコロを振って奇数が出れば何も失わないが，偶数が出れば 10,000 円失うという選択肢。この場合，多くの人は確実に 5,000 円を失うことよりも，サイコロを振ってギャンブルを行うことを好む。つまり確実な－ 5,000 円の損失と，期待値－ 5,000 円（－ 10,000 円× 0.5 ＋ 0 円× 0.5）の損失とを比較した場合，何も払わなくて良い可能性がある期待値－ 5,000 円の損失が好まれるのである。

　これら2つの結果が示唆するのは，人々が不確実性を好む度合いは，意思決定の時点で確実な利益を見込んでいるか，それとも確実な損失を見込んでいるか，によって異なるということである。つまり，確実な利益を見込んでいる場合，人々は不確実なギャンブルによってその利益を失うことを恐れリスク回避的になる一方，確実な損失を見込んでいる場合，人々はむしろその状態を挽回しようとリスク受容的になり不確実なギャンブルを好むようになる。実際のギャンブルにおいて，負けが込んでくるとそれを取り返すために，どんどん大穴狙いの危険なギャンブルにのめり込む人がいることもこれで説明できる。

　以上の議論をふまえて話を選挙に戻すと，大成功と大失敗の振れ幅の大きな不確実な候補者や政党を好むのは，既に「負け」を見込んでいる有権者，すなわちかつてもっていたもの，そして本来もっているべき

ものを「失った」という感覚をもつ有権者であると言える。この失った
ものには，金銭的利益のほか，名誉，権利 (特権) など目に見えないもの
も含まれる。近年の社会の変化の中でこれらを「失った」と感じた人は，
その確定しつつある「負け」を取り戻すために，大成功と大失敗の振れ
幅の大きな不確実性の高い候補者に投票するというギャンブルを好むよ
うになるのである。

　この議論を 2016 年大統領選挙におけるトランプへの投票に当てはめ
ると何が言えるであろうか。既に述べたように，この選挙でトランプを
とりわけ支持した有権者はかつて労働者としてアメリカ国内の製造業で
安定した雇用と収入とを得て家族を養い，分厚い中間層を構成していた
白人たちであった。しかし彼らは近年のグローバル化の進展にともない，
安い労働力を求めての海外への工場移転や，海外からの安い労働力の流
入が起こることで，近年雇用や，ひいては尊厳までも失ってしまった。

　こうした人々からすれば，このまま現状が維持されてもますますグ
ローバル化が進展し，自分たちの雇用や収入は失われる一方であり，そ
れならいっそ現状よりも悪くなる可能性があったとしても，大胆な現状
変更を掲げる未知数のトランプに賭けたいと考えるのは自然である。す
なわちトランプの掲げる保護主義的な通商政策や，減税とインフラ投資
という一貫しない経済政策，そして排他的な移民政策は，現状の政策か
らの大きな乖離であり，それらが意図するようにアメリカ人，とりわけ
白人労働者層に「再び」繁栄をもたらす可能性もある。そうである以上，
トランプの政治経験のなさや，個人的な性格とも相まって，単なる混乱
をもたらす可能性も高かったとしても，トランプを受け入れる余地は十
分あるであろう。

　以上の理論的検討から，次のような仮説が導かれる。すなわち，リス
ク受容的な態度をもつ白人労働者層ほどトランプに投票した一方，白人
労働者層であってもリスク受容的でない (リスク回避的な) 有権者ほどト
ランプに投票しなかったであろう。また，2016 年にトランプに投票し
た有権者の中には前回 2012 年大統領選では民主党の現職大統領バラク・

オバマに投票した者をも多く含まれるが，このように投票先を変更した有権者たちによるスウィングがトランプ勝利の要因の1つである可能性が高い。こうした2012年にオバマに投票した白人労働者についても，リスク受容的な態度をもつ者ほどトランプに投票先を変更した一方，リスク受容的でない者ほどトランプに投票先を変更しなかったと考えられる。

第4節　データ分析

　これらの仮説を検証するために，独自のインターネット調査データの分析を行う。この調査は2016年アメリカ大統領選挙の1週間後の2016年11月15日から11月17日の期間，アメリカのインターネット調査会社（Qualtrics社）に登録されたパネルから居住地域，性別，年齢によってアメリカの有権者の代表となるように有意抽出した18歳以上の有権者からなる割り当て標本（n=629）に対してインターネット上で実施されたものである[16]。

　独立変数であるリスク態度は次の質問文によって測定されている。

　　To what extent do you agree with the saying: "Nothing ventured, nothing gained?"（あなたはどの程度「危険を冒さなければ何も得られない」とのことわざに同意しますか？）

　　　1. Strongly agree（強く同意）

　　　2. Somewhat agree（ある程度同意）

　　　3. Neither agree nor disagree（どちらでもない）

　　　4. Somewhat disagree（ある程度不同意）

　　　5. Strongly disagree（強く不同意）

　この質問はMorgenstern and Zechmeister（2001）に倣ったものであり，危険を避けていては，大きな成功も有りえないということのたとえとして

用いられる，このことわざについて同意する程度をたずねたものである。
これに同意する回答者ほど，相対的にリスク受容的，同意しない回答者
ほどリスク回避的ということである。

　図8-2はこの「危険を冒さなければ何も得られない」とのことわざに
同意する程度で測定したリスク受容度態度の分布を示したものである。
この図によると，もっとも割合が大きい回答カテゴリは「ある程度同意」
であり，約50％にもなる。また完全に「同意する」とした回答者の割合
は約23％となっており，「ある程度同意」と合計して約4分の3の回答
者がリスク受容的であると言える。これは，このことわざが概して良い
意味をもつと考えられることから，納得できる結果であろう。なおこの

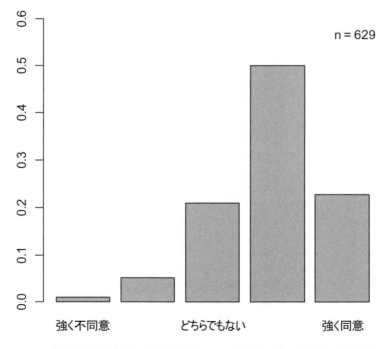

図8-2　リスク受容的態度の分布

質問は量的な選択ではなく質的な選択であり，絶対的な意味でのリスク中立を定めることはできないため，あくまで個人間あるいはグループ間で，リスク態度の違いを議論する際に用いられる相対的なリスク態度の尺度となっている。

　この独立変数について，リスク受容度が高いほど値が大きくなるように，「危険を冒さなければ何も得られない」ということわざに対して，「強く不同意」との回答を 1，「ある程度不同意」との回答を 2，「どちらでもない」との回答を 3，「ある程度同意」との回答を 4，「強く同意」との回答を 5 とコード化する。

　また，従属変数は，2016 年大統領選挙におけるトランプへの投票と，2012 年大統領選挙オバマへの投票から，2016 年大統領選挙トランプへの投票への投票先野変更の 2 種類である。前者について，トランプに投票したとの回答を 1，クリントンに投票したとの回答を 0 とコード化する。また後者について，2012 年大統領選挙でオバマに投票しかつ，2016 年にはトランプに投票したとの回答を 1，2012 年大統領選挙でオバマに投票し，かつ 2016 年にはトランプ以外に投票したか，棄権したとの回答を 0 とコード化する。

　統制変数としてモデルに含める変数は，民主党支持（1：民主党支持，0：それ以外），共和党支持（1：共和党支持，0：それ以外），男性ダミー（1：男，0：女），大卒以上ダミー（1：大卒，0：非大卒），世帯収入 6 万ドル以上ダミー（1：6 万ドル以上，0：6 万ドル未満），40 歳以上ダミー（1：40 歳以上，0：40 歳未満），白人ダミー（1：白人，0：非白人），良い経済状況認識ダミー（1：1 年前に比べて国の経済は良くなっている，0：それ以外），悪い経済状況認識ダミー（1：1 年前に比べて国の経済は悪くなっている，0：それ以外），である。従属変数は 2 つとも，二値変数であるため，分析にあたってはロジットを用いる。各変数の記述統計は**表 8-1**，トランプ投票を従属変数とする分析結果は**表 8-2**，オバマからトランプへの投票先変更を従属変数とする分析結果は**表 8-3** にそれぞれに示したとおりである。

表8-1 分析に用いた変数の記述統計

変数	ケース数	平均値	標準偏差	最小値	最大値
トランプ投票	488	0.51	0.50	0	1
投票先変更	270	0.23	0.50	0	1
民主党支持	629	0.36	0.48	0	1
共和党支持	629	0.33	0.47	0	1
男性	629	0.48	0.50	0	1
大卒	628	0.44	0.50	0	1
世帯年収6万ドル以上	613	0.45	0.50	0	1
40歳以上	629	0.56	0.50	0	1
白人	628	0.81	0.39	0	1
良い経済状態認識	629	0.32	0.46	0	1
悪い経済状態認識	629	0.24	0.43	0	1
リスク受容態度	629	3.88	0.86	1	5

　まず表8-2に示された結果からわかるように，他の変数の影響を考慮してもなお，リスク受容的態度は，トランプ投票に対して5％水準で統計的に有意な正の影響を与えている。すなわち，党派性，個人属性，経済状況認識の影響を考慮してもなお，「危険を冒さなければ何も得られない」とのことわざに同意する回答者ほど，トランプに投票したという傾向が見られた。これは仮説の予測どおりの結果である。

　他にも，共和党支持ダミーが1％水準，男性ダミー，白人ダミー，悪い経済状態認識ダミーがそれぞれ5％水準で統計的に有意な正の影響を示しており，これは他の要因を考慮してもなお，共和党支持者ほど，男性ほど，白人ほど，悪い経済状態認識をもつ回答者ほど，トランプに投票したということを意味する。

　反対に，民主党支持ダミーが1％水準，大卒ダミー，40歳以上ダミー，良い経済状態認識ダミーがそれぞれ5％水準で，トランプ投票に対して負の影響を示している。これは，民主党支持ほど，大卒ほど，40歳以上ほど，良い経済状態認識をもつ回答者ほど，クリントンに投票する傾向があったということである。

表8-2　トランプ投票の決定要因

独立変数	推定値
民主党支持	-2.186**
	(0.343)
共和党支持	2.895**
	(0.432)
男性	0.642*
	(0.308)
大卒	-0.834*
	(0.337)
世帯年収6万ドル以上	0.266
	(0.323)
40歳以上	-1.098**
	(0.332)
白人	1.069*
	(0.418)
良い経済状態認識	-1.041**
	(0.361)
悪い経済状態認識	1.800**
	(0.417)
リスク受容的態度	0.401*
	(0.190)
n	476
AIC	320.82

有意水準：†：10% *：5% **：1%
カッコ内は標準誤差。
ロジットモデルの推定。
定数項の推定値は表から省略。

　以上のロジットの推定結果の表からは，各独立変数が従属変数に対して正負どちらの影響をもっているか，またその影響は統計的に有意かを判断できるのみである。そこでここでは，トランプ投票に対するリスク受容態度の影響をより具体的に解釈するために，この推定結果に基づいて一種のシミュレーションを行う。男性で，非大卒で，世帯収入が6万

ドル未満で，白人で，悪い経済状態認識という比較的トランプに投票し
やすい属性（社会経済地位が低い白人男性）をもつ有権者を想定しよう。**図
8-3** は表 8-2 にある推定結果に基づき，この有権者のリスク受容度が変
化するごとに，トランプに投票する予測確率がどのように変化するか，
党派性別にそれぞれ示したものである。

　これを見てわかるとおり，この有権者が民主党を支持しており，かつ
リスク受容度が低く，「危険を冒さなければ何も得られない」とのこと
わざにまったく不同意の場合，トランプに投票する予測確率は約 23％
と低くなっているが，この予測確率はリスク受容度が高くなるにつれ上
昇し，このことわざについて「強く同意」する場合，約 60％にも達する。
つまり，社会経済地位が低い男性白人の場合，民主党支持者であったと

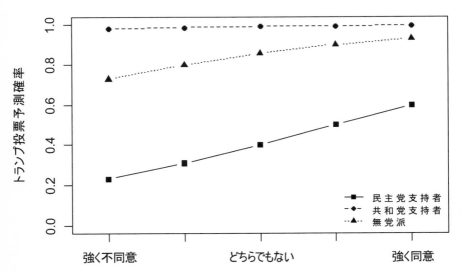

図 8-3　リスク受容態度のトランプ投票への影響

注：表 8-2 の分析結果に基づくシミュレーション。男性，非大卒，世帯年収 6 万ドル
　　未満，40 歳以上，白人，悪い経済認識の有権者を想定。

しても，リスク受容的態度をもっているならクリントンよりもトランプに投票する可能性の方が高くなると言える。

　またこの有権者が共和党支持者の場合は，リスク受容的態度にかかわらず，常にトランプに投票する予測確率は95％を超えており，やはり共和党支持で社会経済地位が低い男性白人はトランプに投票する傾向がきわめて強いことがうかがえる。

　一方，この有権者が無党派だった場合は，リスク受容的態度にかかわらず，常にクリントンよりトランプに投票する確率が高いものの，リスク受容度がもっとも低い場合ともっとも高い場合とを比較するとトランプに投票する予測確率に約20％の違いがあり，リスク受容度は無党派の社会経済地位が低い白人男性の投票選択に実質的な影響をあたえていると言える。

　次に，2012年のオバマ投票から2016年のトランプ投票へ投票選択を変えた要因について推定した結果をまとめたものが表8-3である。これによると他の変数の影響を考慮してもなお，リスク受容的態度はオバマからトランプへの投票先の変更に対して5％水準で統計的に有意な正の影響を与えている。すなわち，党派性，個人属性，経済状況認識の影響を考慮してもなお，「危険を冒さなければ何も得られない」とのことわざに同意する回答者ほど，2012年にオバマに投票していても2016年にはトランプに投票したという傾向がみられる。これは仮説どおりの結果である。

　ほかにも，共和党支持ダミーが1％水準，白人ダミー，悪い経済状態認識ダミーがそれぞれ10％水準で統計的に有意な正の影響を示しており，これは他の要因を考慮してもなお，共和党支持者ほど，白人ほど，悪い経済状態認識をもつ回答者ほど，オバマからトランプへと投票先を変更したということを意味する。

　反対に，民主党支持ダミーが1％水準，大卒ダミー，40歳以上ダミーがそれぞれ5％水準で，トランプ投票に対して負の影響を示している。これは，民主党支持ほど，大卒ほど，40歳以上ほど，2012年にオバマ

表 8-3　オバマからトランプへの投票先変更の決定要因

独立変数	推定値
民主党支持	-1.605**
	(0.454)
共和党支持	3.623**
	(0.781)
男性	0.608
	(0.433)
大卒	-1.086*
	(0.530)
世帯年収 6 万ドル以上	0.648
	(0.493)
40 歳以上	-1.857**
	(0.478)
白人	0.958 †
	(0.551)
良い経済状態認識	-0.814
	(0.499)
悪い経済状態認識	1.118 †
	(0.662)
リスク受容的態度	0.587*
	(0.276)
n	263
AIC	180.15

有意水準：†：10% *：5% **：1%
カッコ内は標準誤差。
ロジットモデルの推定。
定数項の推定値は表から省略。

に投票したとして 2016 年にはクリントンに投票したか棄権した傾向が
あったということである。

　先ほどと同様，オバマからトランプへの投票先変更に対するリスク受
容態度の影響をより具体的に解釈するために，この推定結果に基づいて
一種のシミュレーションを行う。同じく，男性で，非大卒で，世帯収入

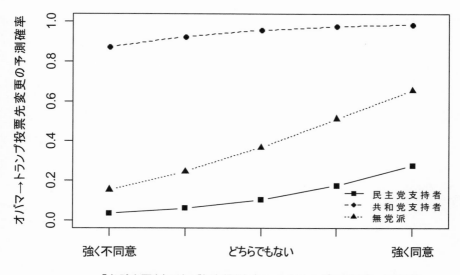

図8-4　リスク受容態度の投票先変更への影響

注：表8-3の分析結果に基づくシミュレーション。男性，非大卒，世帯年収6万ドル未満，40歳以上，白人，悪い経済認識の有権者を想定。

が6万ドル未満で，白人で，悪い経済状態認識という比較的トランプに投票しやすい属性（社会経済地位が低い白人男性）をもつ有権者を想定しよう。**図8-4**は表8-3にある推定結果に基づき，この有権者のリスク受容度が変化するごとに，オバマからトランプに投票先変更する予測確率がどのように変化するか，党派性別にそれぞれ示したものである。

　図8-4をみてわかるとおり，この有権者が無党派であり，かつリスク受容度が低く，「危険を冒さなければ何も得られない」とのことわざにまったく不同意の場合，オバマからトランプに投票先を変更する予測確率は約15%と低くなっているが，この予測確率はリスク受容度が高くなるにつれ上昇し，このことわざについて「強く同意」する場合，約65％にも達する。つまり，社会経済地位が低い男性白人で無党派だった場合，リスク受容的態度が強いほどオバマからトランプに投票先を変更

する可能性の方が高くなると言える。

　またこの有権者が民主党支持者の場合，2012 年のオバマ投票から
2016 年のトランプ投票へと転じる予測確率は，もっともリスク受容度
が低いときの約 4％からもっともリスク受容度が高い時の約 28％へと，
リスク受容度が高まるにつれ実質的に上昇しているが，それでも依然と
してトランプ投票へと投票先を変更する可能性は 50％未満と低い。同
様に，この有権者が共和党支持者の場合，2012 年のオバマ投票から
2016 年のトランプ投票へと転じる予測確率は，もっともリスク受容度
が低いときの約 87％からもっともリスク受容度が高い時の約 99％へと，
リスク受容度が高まるにつれ実質的に上昇しているが，結局はリスク受
容的態度変数の値にかかわらずトランプ投票へと投票先を変更する可能
性は 50％以上と常に高い。

　以上の分析結果をまとめると，まずリスク受容度は社会経済地位の低
い白人の民主党支持者の間でのトランプに投票するかどうかの決定に大
きな影響を及ぼしている。すなわち，この有権者のリスク受容度が低い
場合，党派性にしたがってクリントンに投票するが，リスク受容度が高
い場合，党派性に反してトランプに投票する確率の方が高くなる。さ
らに，リスク受容的態度は社会経済地位の低い白人の無党派の間での，
2012 年のオバマ投票から 2016 年のトランプ投票への投票先の変更を促
す。つまり，2012 年にオバマに投票した社会経済地位の低い白人無党
派は，リスク受容度が低い場合，2016 年にもクリントンに投票かある
いは棄権するが，リスク受容度が高い場合，トランプ投票へと投票先を
変更する可能性の方が高くなる。

　こうしたことから，2016 年大統領選挙におけるトランプの勝利の背
後には，悪い結果になる可能性が大いにあったとしても，良い結果にな
る可能性を信じてあえてトランプという不確実性の高い候補者で「ギャ
ンブル」を行ったリスク受容的な有権者，とりわけ民主党支持および無
党派の白人労働者層の存在があると言えるだろう。

第5節　おわりに

　本章では，2016年大統領選挙においてトランプが勝利を収めた原因について，リスク受容的な白人労働者層に焦点を当てつつ説明を試みた。多くの既存の見解によると，グローバル化の進展にともなう製造業の衰退や移民の流入により自らの利益が不当に脅かされていることに怒りを感じた白人労働者層が，その状態をもたらした政府や政治エリートに対する不満を高める一方，政策的合理性や政治的な正しさを欠きつつも自分たちに寄り沿うメッセージを発するトランプに共感した結果，トランプに投票したとされる。しかし，トランプが白人労働者層の自己規定する世界観に沿った主張を行ったとして，それだけでは人格的な問題の多さや，政策的合理性の乏しさゆえ，どのような結果をもたらすか分からない不確実性の高いトランプに，彼らが投票したことは必ずしも説明できない。

　そこで本章では，白人労働者層のトランプへの投票を説明する上で，リスク受容的態度という変数に着目し，白人労働者層の中でも，このまま現状が維持されてますます自分たちの状態が悪くなることを座して見守るよりも，現状よりも悪くなる可能性があったとしても大胆な現状変更を掲げる未知数のトランプに賭けたい，と考えたリスク受容的な白人労働者がトランプに投票したと論じた。そしてこの仮説に基づく独自の調査データの分析の結果，リスク受容的態度はとりわけ民主党支持の白人労働者層によるトランプへの投票，および無党派の白人労働者層によるオバマからトランプへの投票先の変更をよく説明することを示した。

　さてこうした本章の知見は，今後のトランプの政権運営にどのような示唆を与えるであろうか。それは何よりも，リスク受容的な白人労働者層はトランプによる大胆な改革を後押しするがゆえに，彼らの存在がかえってトランプ政権の制約になりうるということである。彼らはトランプの穏健化を決して望みはしないであろう。とりわけ，保護主義的な通商政策などいくつかの大胆な現状変更をともなう政策はトランプ支持者

にとって非常にこだわりの強い政策であり (飯田 2017b)，トランプがこれらの公約を果たさなければ，トランプ投票者の間での支持は大きく損なわれると考えられる。その意味で，大統領就任直後の 2017 年 1 月 23 日，TPP から永久に離脱するとした大統領令に署名したことや，2017 年 1 月 25 日にメキシコとの国境に壁を建設するとする大統領に署名したことは，トランプ投票者を大いに満足させたことは想像に難くない。

　しかしながらトランプの政策の特異性に鑑みるに法案を連邦議会で通すのは難しく，今後もトランプが大胆な変更を求めるリスク受容的な支持者に満足を与え続けられるという保証はない。実際，政権発足直後の 2017 年 3 月 24 日には早速，トランプは重要な公約の 1 つであった医療保険制度改革 (オバマケア) 代替法案の下院での採決を諦め，撤回するなど連邦議会の抵抗を受けている。

　これに対抗するためにトランプが取るべき戦略は，選挙時にそうしたように，ひたすら自らの支持の中心である白人労働者層のアイデンティティや現状認識に寄り沿ったパフォーマンスを行うことである。そして変革への期待をともなう自らの不確実性を高めることである。こうしたアイデンティティ政治においては，政策的合理性や正しい現状認識は意味をなさず，自分たちにとって心地の良い「真実」や現状認識が語られることになるであろう。そしていよいよこれも手詰まりになったとき，リスク受容的な有権者はトランプに見切りをつけ，新たなる「賭け」の対象を求めて第 2 のトランプを探そうとするであろう。

　最後により広い視点から，選挙デモクラシーにおいて本章が分析の対象としたリスク受容的有権者の存在はどのような意味をもつのであろうか。まずリスク受容的有権者は現職の政治家にとって怖い存在であると言えるだろう。本章の分析では，有権者のリスク態度は政党帰属意識とは独立した影響を投票選択およびその変更に対してあたえていた。心理的愛着 (Campbell et al. 1960) としての政党帰属意識をもつ有権者は，しばしば公約の不履行，経済運営の失敗，スキャンダルの発生など政党が有権者に対して低い応答性を示したさいにもその政党への投票を続けるた

め，政党にとって「ありがたい」存在である。しかしこれに対してリスク受容的有権者は，現職の政党や政治家が悪い意味で不確実性が低い，つまり確実に悪い選択肢であると思えば，政党帰属意識を超えて，不確実性が高い選択肢としての未知の政党やその候補者に魅力を感じる有権者である。低い応答性に対して忍耐強くないリスク受容的有権者を前に，次の選挙での勝利を目指す現職の政治家はより緊張感をもって有権者に対する応答性を高めることを強いられるであろう。

　しかしながら一方で，こうしたリスク受容的有権者は政治に混乱をもたらす可能性がある。大きく利益を得る可能性があるなら大きく損失を被る可能性があることも厭わないリスク受容的有権者にとって，実績を大きくアピールしたり，効果が高いことを謳った大胆な政策を掲げたりする未知の候補者は，たとえそれが誇大あるいは実現不可能であったとしても魅力的に映るであろう。そしてそうした候補者が当選し，政策を実行に移そうとすることは，政策の継続性を損ね政治の予測不可能性を高めるだけでなく，連邦議会との無用な軋轢やこう着状態を生み有権者の政治不信をも高めるであろう。われわれはまさにそれを目撃しようとしているのかもしれない。

注

1　実際，ウォールストリートジャーナル紙は選挙直前の社説で，トランプに投票することはまさに賭けであると述べている。"The Gamble of Trump: The hope of better policies comes with his manifest personal flaws." *The Wall Street Journal*, November 5, 2017.

2　"Full text: Donald Trump announces a presidential bid." The Washington Post, June 16, 2015. https://www. washingtonpost.com/news/post-politics/wp/2015/06/16/full-text-donald-trump-announces-a-presidential-bid/?utm_term=.3b7dcb24aaa4（2019年5月30日閲覧）.

3　Jeremy Diamond. "Donald Trump: Ban all Muslim travel to U.S." CNN.com, December 8, 2015. http://edition.cnn.com/2015/12/07/politics/donald-trump-muslim-ban-immigration/（2019年5月30日閲覧）.

4　Amy Chozick. "Hillary Clinton Calls Many Trump Backers 'Deplorables,' and G.O.P. Pounces." *New York Times* September 10, 2016. https: //www.nytimes. com/2016/09/11/us/politics/hillary-clinton-basket-of- deplorables. html (2019 年 5 月 30 日閲覧)．ただしこの発言は非難を浴び，翌日クリントンはこの発言について後悔していると述べた．

5　トランプの自身の Twitter での発言。https: //twitter.com/realdonaldtrump/ status/796315640307060738 (2019 年 5 月 30 日閲覧)．同様の発言を就任式後の 2017 年 1 月 21 日にも Twitter 上で行っている。

6　"exit polls." CNN.com, November 23, 2016. http: //edition.cnn.com/election/ results/exit-polls (2019 年 5 月 30 日閲覧)．

7　各州の白人人口割合の変数および，ロムニーとトランプの得票率差の変数は以下の資料より作成した。
United States Census Bureau. 2011. "The White Population: 2010." https: //www. census.gov/prod/cen2010/ briefs/c2010br-05.pdf (2019 年 5 月 30 日 閲 覧); Federal Election Commission. 2013. "FEDERAL ELECTIONS 2012." http: // www.fec.gov/pubrec/fe2012/federalelections2012.pdf (2019 年 5 月 30 日　閲覧); "Presidential Election Results: Donald J. Trump Wins." The New York Times, February 10, 2017. http: //www.nytimes.com/ elections/ results/president (2019 年 5 月 30 日閲覧)．

8　Heather Long. "U.S. has lost 5 million manufacturing jobs since 2000." CNN Money, March 29, 2016. http: // money.cnn.com/2016/03/29/news/economy/us-manufacturing-jobs/ (2019 年 5 月 30 日閲覧)．

9　Jens Manuel Krogstad, Jeffrey S. Passel, and D' Vera Cohn. "5 facts about illegal immigration in the U.S." Pew Research Center. November 3, 2016. http: //www. pewresearch.org/fact-tank/2016/11/03/5-facts-about-illegal- immigration-in-the-u-s/ (2019 年 5 月 30 日閲覧)．

10　John Coder and Gordon Green. 2016. "Comparing Earnings of White Males by Education for Selected Age Cohorts." Sentier Research. http: //www.sentierresearch. com/StatBriefs/Sentier_Income_Trends_ WorkingClassWages_ 1996to2014_ Brief_10_05_16.pdf (2019 年 5 月 30 日閲覧)．

11　アメリカ合衆国国勢調査局 (United States Census Bureau) の集計によると，2000 年には人口の 69.1％を占めていた非ヒスパニック系の白人は，2010 年には 62.8％と，10 年間で大きく低下している (参照資料は注 6 と同じ)。

12　アメリカ合衆国国勢調査局の集計によると，2012 年に資力調査をともな

う政府による公的扶助プログラムへの参加者に占める割合は，黒人（アフリカ系）が41.6%，ヒスパニック（ラテン系）が36.4%，アジア系／太平洋諸島系が17.8%，非ヒスパニック系白人が13.2%と，白人の割合がもっとも低くなっている。United States Census Bureau.2015. "21.3 Percent of U.S. Population Participates in Government Assistance Programs Each Month." May 28. https:// www.census.gov/newsroom/press-releases/2015/cb15-97.html（2019 年 5 月 30 日閲覧）.

13　"Made in America."の歌詞とプロモーションビデオは次の公認ウェブサイトで参照可能である。 http://www.metrolyrics.com/made-in-america-lyrics-toby-keith.html（2019 年 5 月 30 日閲覧）.

14　Jeff Guo. "A new theory for why Trump voters are so angry? That actually makes sense." *The Washington Post*, November 8. https://www.washingtonpost.com/news/wonk/wp/2016/11/08/a-new-theory-for-why-trump-voters- are-so-angry-that-actually-makes-sense/（2019 年 5 月 30 日閲覧）. この記事の中でのインタビューで，クレイマーは自身の近著 Cramer（2016）に基づき，トランプ支持者の動機を分析している。また，このクレイマーの議論については西川（2017）を参考にした。

15　リスク態度と投票行動の理論や尺度，最近の研究動向について詳しくは，飯田（2016）を参照。またこの節での記述は一部，一般向けの論考である飯田（2017a）と重複している。

16　このインターネット調査（Doshisha American Voter Survey 2016, DAVS2016）は，筆者が代表を務める同志社大学アメリカ研究所の第 9 部門研究が部門研究費によって，同志社大学「人を対象とする研究」に関する倫理審査委員会の承認の下，実施したものである。部門研究は，飯田健，西澤由隆，池田謙一（以上同志社大学），松林哲也（大阪大学），大村華子（関西学院大学），三村憲弘（武蔵野大学）によって構成される。ただし本研究における分析はすべて著者の責任によって行われたものであり，これらのデータを収集した研究者グループに責任はない。この調査のコードブックおよびローデータは筆者のウェブサイトから入手可能である。https://tiida.doshisha.ac.jp/datadl.html（2019 年 5 月 30 日閲覧）.

参考文献

Alvarez, R. Michael, and John Brehm. 1997. "Are Americans Ambivalent Toward Racial Policies?" *American Journal of Political Science* 41: 345-374.

Bartels, Larry M. 1986. "Issue Voting Under Uncertainty: An Empirical Test." *American Journal of Political Science* 30: 709-728.

Berinsky, Adam J., and Jeffrey B. Lewis. 2007. "An Estimate of Risk Aversion in the U.S. Electorate." *Quarterly Journal of Political Science* 2: 139-154.

Campbell, Angus, Phillip E. Converse, Warren E. Miller, and Donald E. Stokes. 1960. *The American Voter*. John Wiley.

Cramer, Katherine J. 2016. *The Politics of Resentment: Rural Consciousness in Wisconsin and the Rise of Scott Walker*. University of Chicago Press.

Enelow, James, and Melvin J. Hinich. 1981. "A New Approach to Voter Uncertainty in the Downsian Spatial Model." *American Journal of Political Science* 25: 483-493.

Freund, Caroline, and Dario Sidhu. 2017. "Manufacturing and the 2016 Election: An Analysis of US Presidential Election Data." Peterson Institute for International Economics Working Paper. https: //piie.com/system/files/ documents/wp17-7.pdf（2019 年 5 月 30 日閲覧）.

Gimpel, James G. 2017. "Immigration Policy Opinion and the 2016 Presidential Vote: Issue relevance in the Trump-Clinton election." Center for Immigration Studies Report. https: //cis.org/Report/Immigration-Policy- Opinion-and-2016-Presidential-Vote（2019 年 5 月 30 日閲覧）.

Green, Jon, and Sean McElwee. 2018. "The Differential Effects of Economic Conditions and Racial Attitudes in the Election of Donald Trump." *Perspectives on Politics*: 1-22（online first view）.

Kahneman, Daniel, and Amos Tversky. 1979. "Prospect Theory: An Analysis of Decision under Risk." *Econometrica* 47: 263-292.

Morgenstern, Scott, and Elizabeth Zechmeister. 2001. "Better the Devil You Know than the Saint You Don't?: Risk Propensity and Vote Choice in Mexico." *Journal of Politics* 63: 93-119.

Shepsle, Kenneth A. 1972. "The Strategy of Ambiguity." *American Political Science Review* 66: 555-568.

Sides, John, Michael Tesler, and Lynn Vavreck. 2018. *Identity Crisis: The 2016 Presidential Campaign and the Battle for the Meaning of America*. Princeton University Press.

飯田健．2016.『有権者のリスク態度と投票行動』木鐸社.

─────. 2017a.「投票というギャンブルで「負け」を取り返そうとする人々：安倍政権・トランプ支持の背後にあるもの？」SYNODOS. http: //synodos.jp/politics/19022（2019 年 5 月 30 日閲覧）.

第8章　なぜトランプは支持されたのか：2016年大統領選挙におけるリスク受容的有権者　211

───────．2017b．「2016 年アメリカ大統領選挙と日米同盟・TPP に対する世論の支持」平成 28 年度外務省外交・安全保障調査研究事業「国際秩序動揺期における米中の動勢と米中関係」研究報告書『米国の対外政策に影響を与える国内的諸要因』日本国際問題研究所．

西川賢．2017．「『トランプ現象』は理解可能である」シノドス．http://synodos.jp/international/19120 (2019 年 5 月 30 日閲覧)．

第9章　トランプ外交のルーツ

中山俊宏

第1節　異形の外交

　トランプ政権の対外政策が，従来のそれと比べて「異形」のものであることについて異を唱える人は少ないだろう[1]。2017 年 1 月の政権発足以降，世界はその「異形の外交」に振り回され続けている。トランプ外交の特異性を論じる際に直面する問題として，それがドナルド・J・トランプ（Donald J. Trump）という特異な個人に起因するもので一過性のものに過ぎないのか，それともそれは世界政治とそれに向き合うアメリカ政治の構造変動の帰結であり，それがトランプ政権を超えて存続するものなのかどうかを見極めることが難しい点が挙げられる。もちろん，すべての政権が固有の状況に直面し，それぞれ固有の国内的な制約のもとで対外政策を練り上げていかざるをえないことはいうまでもない。その限りにおいては，すべての政権が「特殊」である。しかし，トランプ政権以前は，仮に政権交代があったとしても，当該政権の対外政策は前の政権が積み上げてきた対外政策の延長線上に想定しうるものであり，対立と継続の座標軸の中に定置できた。いわば，政権の「外交レトリック」とはまた別の次元で，「外交の連続性」を前提にすることができた。

　しかし，トランプ外交にあって特徴的なのは，政策の次元で軌道修正を試みるよりも先に，アメリカが外の世界と向き合う際の姿勢そのものを大幅に修正し，対外政策の根幹にある国家像，そして国益概念に大きな変更を加えている点が挙げられる。それは，従来の対外政策の座標軸から大きくはみ出し，「外交の連続性」そのものを標的にしている点で際立っている。「アメリカ・ファースト」のレトリカルなインパクトが

あまりに大きいため，それが構造的変動であるかもしれないという問題意識をもちつつも，ついトランプ外交の「異形ぶり」に意識を攫われてしまいがちである。

　本章の関心は，トランプ外交にみられる極端な異形性ではなく，いわばそれが「原因 (cause)」なのか，それとも「症状 (symptom)」なのかについて考えてみることにある。リスナーとラップ・フーパーは，この対比を「設計者 (architect)」と「アバター (avatar)」という言葉で置き換え，トランプ現象との関係においてトランプは設計者であるよりは，構造が生みだしたアバターだと結論づけている (Lissner and Rapp-Hooper. 2018: 7)。答えが仮に前者の場合，トランプ時代を乗り切れば，どうにか「常態 (normalcy)」に復帰するということを前提に (もしくは期待し)，アメリカに向き合えばいいということになる。対米政策についても，修正は必要ではあっても，それは抜本的な性格のものではないだろう。しかし，仮に前者だとしても，2020 年の大統領選挙の結果次第で，政権が 4 年で終わるのか，それとも 8 年間続くかでは大分大きな違いが出てくるだろう。トランプ外交が標的にしている諸々の国際レジームは，トランプ以前に既に制度疲労が発生しており，トランプによる執拗な攻撃を 4 年はもちこたえることができても，8 年は無理だとする論者もいる[2]。

　仮に答えが後者の場合，事態はより深刻である。多くの国は，場合によってはアメリカとの関係を見直す必要性に迫られるかもしれない[3]。2019 年 6 月，トランプ大統領が G20 出席のために訪日する直前，日米同盟の破棄を考えているという報道が日本を揺さぶったが，最高司令官である大統領がどう考えているかということももちろん重要だが，それをアメリカ国民がどのように受け止めるかということもあわせて考える必要があろう (Jacobs 2019)。アメリカの対外政策は，大統領，行政機構，議会，外縁の政策サークル，各種利益・政治団体，そして世論の相互作用の中で形成されていく。とかく大統領と行政機構の動きのみに関心を払いがちだが，外縁が及ぼす影響力に無頓着であってはならないだろう。外縁は政策形成能力こそないが，時として拒否する力を発揮する。

それこそアメリカ・ファーストの核心にあるのが，従来の決め事を不要なものとして退ける拒否する力である。対外介入，同盟国に対して発生する義務に関する不信感が高まっていることが背景にあることを考えると，いくらなんでも同盟破棄は現実性がないとしても（なぜならそれはアメリカの国益とも合致するから），同盟へのコミットメントが揺らぐ可能性を完全には排除はできない。

　こうした動向を正確に読み解くためにも，トランプ現象を生み出した構造的要因がどこにあり，それがアメリカの対外行動にどのような長期的な影響を及ぼすのかを明らかにしなければならない。この構造変動は，2016年には「トランプ」を触媒にして表面化したが，それがまた違った触媒を介して表面化する場合，見た目はまったく異なった現象を生み出すことになるかもしれない。同じ構造変動が主動因であるにもかかわらず，党派政治の影響でその共通性を見えにくくしてしまうことも十分に想定しうる。

　冷戦終焉後，「アメリカン・ユニポラリティ（アメリカの単極時代）」は，武力介入に積極的なリベラルというタカ派のミュータントを生み出し，それは1990年代の人道的介入／「人道上の罪」から国民を守る責任（R2P）の議論を牽引した。リベラル・ホークはアメリカの圧倒的な力を背景に，「よき目的」のためにアメリカの力を行使することについて積極的な論陣を張った。彼らはアメリカの覇権的地位への挑戦者が不在だという認識に依拠するアメリカン・ユニポラリティの副産物でもある。結果として，彼らはイラク戦争を主導したネオコンとほぼ見分けがつかなくなった。両派は，その共通性につき否定的だが，ネオコンもまたアメリカン・ユニポラリティの副産物である。トランプ現象を生み出した構造的要因は，反作用で逆にそれを跳ね返すような力学を生む可能性もあるし，それとは反対に民主党の側に民主党版のアメリカ・ファーストを生み出すことになるかもしれない[4]。

第 2 節　トランプ外交の特徴

　トランプ政権の外交の特徴として，「トランプ大統領」と「トランプ政権」とは異なり，大統領が規格外の行動をとろうとしても，政権，そして行政機構が大統領の「規格外の行動」を無害化するか，それをフォローアップしないという従来ならばとても考えられない傾向がしばしば指摘された。ボブ・ウッドワード (Bob Woodward) の『恐怖の男―トランプ政権の真実 (*Fear*)』(2018 年) でもそのような事例がいくつか紹介されている[5]。いわゆる「グロウン・アップス (大人たち)」が政権の中枢にいた時は，そうしたことが頻繁に起きていたようだ[6]。政権一年目が終わった時点で，トランプ政権は想定したほどひどくはないという評判さえ聞かれた (Cohen 2018: 2-9)。それは「グロウン・アップス」の「抵抗」によるところが大きかった。たしかに環太平洋戦略的経済連携協定 (Trans-Pacific Partnership: 以下，TPP と略す) からの離脱，パリ協定からの離脱通告はあったものの，それはトランプ・アジェンダの核心に触れる事案でもあり，やむをえないものとして受け止められた。

　全体を見渡すならば，政権が発足して 1 年目は，マティス (James N. Mattis) 国防長官，ティラーソン (Rex W. Tillerson) 国務長官，ケリー (John F. Kelly) 首席補佐官，マクマスター (Herbert R. McMaster) 国家安全保障担当大統領補佐官，コーン (Gary D. Cohn) 国家経済会議委員長らが，大統領の行動をかろうじて制御し，どうにかガードレールからははみ出さない程度に，政権の対外政策のブレを抑えていたといえる[7]。彼らは，外交経験を一切欠く大統領が，政権発足当初，周囲の意見をどうにかふまえながら決定した人選だった。5 人のうち，職業軍人が 3 人 (うち 4 つ星が 2 人，3 つ星が 1 人)，残りの 2 人はエクソンモービルの会長，そしてゴールドマン・サックスの COO，さらに自由貿易派だった。このチームでは，純粋型のアメリカ・ファースト外交を遂行しようとしても，とても無理な人選である。アンチ・エスタブリッシュメントを謳った大統領も，当初はエスタブリッシュメントに譲歩したかにみえた[8]。

　ただ，「グロウン・アップス」の前に大統領が完全にひれ伏していた
わけではなかった。政策サイドではなく，政治サイドには，バノン（Steve
Bannon）上級顧問，ミラー（Stephen Miller）上級政策アドバイザー，そして
ナバロ（Peter Navarro）国家通商会議委員長ら，いわばトランプ派のナショ
ナリストたちが控えていた。ただ，彼らは本筋の外交安全保障政策か
らは隔てられ，対外的なメッセージの発信や移民問題に特化していた[9]。
しかし，改めて強調するまでもなく，大統領にとっては，通常の外交安
全保障政策にかかわる問題群よりも，移民問題の方が，プライオリティ
が高かったであろうことは想像に難くない。また「グロウン・アップス」
の方もひたすら抵抗をしていたわけではない。マクマスターとコーンは，
「アメリカ・ファースト」を正面切って訴えたこともあった（McMaster and
Cohen 2017）。2人はウォール・ストリート・ジャーナル紙にオプエドを
寄稿，世界はグローバルなコミュニティなどではなく，競合のアリーナ
だとし，その競合を避けるのではなく，アメリカの軍事的，政治的，経
済的，文化的，そして道徳的な力を動員しつつ，それを受け入れると宣
言した。コミュニティでは共通の利益を見出せるかもしれないが，アリー
ナでは勝者か敗者しかいない，そう宣言しているかのようだった（Brands
2018: 161）。
　しかし，ティラーソンを皮切りに，「グロウン・アップス」は順次，政
権から離れていき，2019年になると全員政権から離脱していた[10]。伝
えられるところによれば，ケリー以外はすべて大統領とのなんらかの確
執が原因で辞めている。マティスが退任の際，大統領と考え方が異なる
がゆえに退任すると記した事実上の抗議書簡を公にしたのも，国防省の
中で共有されていた強い危機感の現れだろう[11]。ケリーでさえ，自分の
首席補佐官としての仕事は，大統領が行わなかったことを基準に評価さ
れるべきだと述べているほどである（O'Toole 2018）。
　こうしてトランプ大統領からトランプ政権の外交を守ってきた「グロ
ウン・アップス」が不在になったことによって，「トランプ外交」の本質
が少しずつ露呈していく。「グロウン・アップス」の後を継いだポンペ

イオ国務長官，ボルトン (John R. Bolton) 国家安全保障担当大統領補佐官，クドロー国家経済会議委員長らは，前任者たちとは異なり，時としてトランプ・アジェンダを利用しているようにみえることはあっても，それを制御しているとはいえないだろう[12]。トランプ大統領自身も，ヘビー級の閣僚の圧迫から解放され，しかも大統領としての経験を積み重ねていく中で，自信を深めているようにもみえる。しかし，果たしてトランプ外交の本質とはなにか。それは，おそらく国家安全保障戦略 (2017NSS) や国家国防戦略 (2018NDS) などの行政府が策定した戦略文書にて示された世界観や政策とは異なる次元の話で，むしろトランプ大統領とその支持者たちの世界観から派生するものである。

　普通は戦略文書と大統領の世界観は概ね一致すると考えるのが当然ながら一般的だ。とくにホワイトハウスが発出する国家安全保障戦略は，大統領の思考をグランド・ストラテジーに落とし込んでいくことを目的とした宣言文書だからなおさらだ[13]。「予防攻撃 (preventive attack)」［実際に用いた表現は「先制行動 (preemptive action)」］を事実上容認した 2002 年の国家安全保障戦略も，アメリカによる「戦略的忍耐 (strategic patience)」の必要性を訴えた 2015 年の国家安全保障戦略も，それぞれジョージ・W・ブッシュ（George W. Bush）（子）大統領とオバマ (Barak Obama) 大統領の国際情勢認識と合致していた。しかし，トランプ政権が 2017 年に発出した国家安全保障戦略とトランプ大統領との間には決定的な欠落がある。その欠落部分こそが，むしろトランプ外交の本質であり，トランプという個人を超え，トランプ以降も（もしくはトランプ以前から）継続する潮流であるという可能性がある。

　2017NSS には，当然のことながら「アメリカ・ファースト」というフレーズが随所に散りばめられている。それが「原則に基づく現実主義 (principled realism)」に依拠していること，そしてアメリカは「修正主義国家 (revisionist power)」である中国とロシアとの大国間競争を躊躇なく引き受ける用意があること，アメリカの主権 (American sovereignty) が最上位の価値であること，同盟国やパートナーにより平等な負担を求めること，そして移民

の取り締まりを強化すべきことなど，トランプ外交を構成する要素への言及がふんだんにある。トランプ政権高官は，「アメリカ・ファースト」は「アメリカ・アローン (America alone)」ではないということをことさら強調するが，この文書は単独主義的色彩を強くもちながらも，外に乗り出していくアメリカを描いたものだ。この文書は，ともすると孤立主義の方向に傾斜しがちなアメリカ・ファーストを，アメリカン・パワーに依拠する前傾姿勢の安全保障戦略として読み換えていく。だとすると，2017NSS や 2018NDS は，むしろトランプ大統領の気質，そしてあえていえば支持者たちの気分に支えられたトランプ外交を封印する機能を担ってきたとさえいえるのではないか。

　トランプは 2016 年の大統領選挙において，はっきりとした外交政策を掲げて戦ったわけではない。そもそも 2016 年の選挙において，外交は大きな争点ではなかった。それは対抗馬のヒラリー・クリントン候補が国務長官経験者からだということもあっただろう。外交通のクリントンに外交でチャレンジするのは当然得策ではなかった。しかし，それよりも，2016 年の選挙においては，有権者の関心は国内の方に向いていた。その意味で，トランプは，2008 年のオバマがそうであったように，対外政策の根本的見直しを付託されたわけではない。2008 年は，イラク戦争の評価が大統領選挙における一大争点だった。しかし，有権者の意識が国内の方に向いていたことの背景には，既に 2016 年の時点で 15 年間続いていた戦争に対する疲弊感があったのは確かだ。従来通りの国際的なエンゲージメントを約束するクリントン候補と，「もうアメリカにとって何の得にもならない対外的なコミットメントはご免だ」と言い放ったトランプ候補では，トランプの方がアメリカの「気分」と合致していた。トランプが掲げたアメリカ・ファーストは，それが国のあり方を論じた限りにおいては，アメリカと外の世界とのかかわりについてのある種の基本姿勢をはっきりと提示していた。そこにこそトランプ外交の本質がある。

第3節　タッカー・カールソンとアメリカの気分

　なぜタッカー・カールソンなのか[14]。タッカー・カールソン (Tucker Carlson) は，FOXNEWS の「タッカー・カールソン・トゥナイト」の人気政治トーク番組のホストとして知られている。1969 年生まれの 50 歳，一躍有名になったのは 2001 年に CNN の政治討論番組「クロス・ファイア」の 4 人のホストの 1 人になってからだ。彼の得意とする分野は，決して国際情勢や対外政策ではなく，あくまで党派的な政治評論 (ポリティカル・コメンタリー) である。ちょうど，9.11 テロ攻撃の衝撃にアメリカが大きく揺れていた時期に全国的にその存在が知れ渡ったことになる。「クロス・ファイア」は，保守派とリベラル派に分かれ，喧嘩まがいの激しい議論を戦わせるディベート番組だった。カールソンは，トレードマークの蝶ネクタイとベビーフェイスに似合わず，激しいリベラル派攻撃を行うことで知られていた。

　そのカールソンは，共和党保守派として当初イラク戦争に賛成していた。しかし，2004 年ごろには既にイラク戦争に幻滅し，単にイラク戦争に反対するだけではなく，イラク戦争を主導した介入主義者たち (とりわけネオコン) に対する敵意を剥き出しにするようになっていく。感覚としては「騙された」という反応に近いだろう。それは民主，共和両党を跨ぐ外交安保エスタブリッシュメントに対する不信感，さらにはアメリカを主導するエリートたちに対する嫌悪感に帰結していった。2005 年に「クロス・ファイア」が打ち切られると，アメリカ人の意識の中でカールソンの存在は希薄になっていったが，一気に返り咲くのが 2016 年 11 月，トランプが勝利をおさめた大統領選挙の翌週にフォックスで「タッカー・カールソン・トゥナイト」(放送は平日米東部時間 20 時から 60 分) が始まってからだった。

　ここでカールソンを取り上げたのは，カールソンという個人が重要だからではない。カールソンに体現されるいまのアメリカの「気分 (= 苛立ち)」がトランプ外交と不可分の関係にあると考えられるからだ。カール

ソンが「苛立つホスト」であることは広く知られていたが，それがさらに広く知れ渡ったのは，2019年1月3日の番組冒頭の15分に及ぶモノローグ（独白）だった（Carlson 2019）。それは，もはや保守でも（当然ではあるが）リベラルでもなく，強烈な純粋型の「エリート不信」だった。彼は，民主党，共和党を構わずに批判し，保守主義のテーゼであった市場経済までをも俎上にのせた。独白冒頭では，上院議員就任直前のミット・ロムニー（Mitt Romney）（ロムニーは2018年11月の中間選挙でユタ州選出の上院議員に選出されていた）が直前にワシントンポスト紙に寄稿したトランプ批判のオプエドを取り上げ，ロムニーが根拠を提示することなしにアメリカはシリアから撤退すべきでないとの議論を展開していることを批判し，ワシントンの「住人」は，誰もがアメリカが中東で警察の役割を果たすことが正しいことだと信じていると酷評した（Romney 2019）。

　カールソンは，2018年10月に刊行した『愚者の船（Ship of Fools）』（ニューヨークタイムズ・ベストセラー・リスト第1位）の中で，こう述べている。「2016年の選挙はトランプに関する選挙ではなかった。それはアメリカの支配階級の顔に向けて激しく中指をつき立てたようなものだった。それは不服従の表明であり，怒りの叫びであり，何十年にもわたる利己的で愚かなリーダーたちによる，利己的で愚かな決断の結末だった。幸福な国はドナルド・トランプを大統領に選びはしない。絶望した人々がそうする」と（Carlson 2018: 2）。この本は，主として内政状況をめぐるものではあるが，対外政策についても「馬鹿げた戦争（Foolish Wars）」という章を設け，イラク，リビア，シリア，そしてイエメンに至るまでのアメリカの「冒険主義的な軍事介入」を批判，それがアメリカにとっての「実存的な脅威」とは無関係で，いずれも長期的には国民の支持を失ったと論じていた。そして，近年の主要な対外政策にかかわる決定はすべて大失態であったが，それにもかかわらずエリートたちの国家建設と無意味な戦争に対する熱狂は一切止んでいないと断じる。カールソンは，そうなるともう左とか右というカテゴリーは無意味であり，断絶は現状を維持することで利益を蒙る層と，そうでない人たちとの間にあると論じた（Carlson 2018:

12,13,18）。

　カールソンの徹底した反介入主義は，左派との奇妙な附合に帰結した（Mills 2017）。対外介入に関していえば，カールソンは左派反戦主義陣営とほとんど見分けがつかなくなっていた。『愚者の船』の中で，カールソンは1972年の大統領選挙におけるベトナム反戦候補であった民主党のジョージ・マクガバン（George S. McGovern）の立場を「アメリカ・ファースト」と形容している。その後，民主党も次第に介入主義に傾斜していき，44年後にトランプが登場するまで，アメリカ・ファースト候補は誰一人としていなかった。カールソンは，2016年の大統領選挙は，共和党の候補が民主党の候補よりも実は左に位置取っていた歴史的に稀な選挙であったと指摘する。たしかにクリントン（Hillary Clinton）候補のタカ派ぶりを指摘する声はたえずあったが，それは外交安全保障が不得手だとされた民主党のイメージを払拭するという意味で肯定的な意味合いさえあった（Zenko 2016）。トランプは2016年2月13日にサウスカロライナ州で行われた共和党候補の公開討論会で，アメリカのイラクへの介入が間違っていたことを指摘し，アメリカが中東を不安定化させたと論じ，その構図が決定的になった（Carlson 2018: 90,103,108）。カールソンと左派反戦主義者との，決定的な違いは，カールソンが当面はトランプしかいないと考えていることである。また移民についても，左派とは立場を大きく異にする。カールソンは，多様性それ自体を高次の価値として礼賛する風潮に対して懐疑的だ。多様性の過度な追求は畢竟，「部族主義（tribalism）」を助長してしまうと彼は信じている。

　カールソンは，対外政策に関する章を以下のように締めくくる。「［トランプは］少し単純すぎるかって？もちろんだ。ダボスのカクテル・パーティーよりも真実に近いかって。おそらくそうだろう。アメリカ国民の気分との距離は近いかって？それはたしかだ」（Carlson 2018: 116）。

　2019年6月末，アメリカがイランとの核合意を離脱したことをきっかけとして，イランとの間で危機が高まる中，アメリカ軍の無人偵察機グローバルホークがイランによって撃墜された。イランは領空侵犯が

あったと公表し，アメリカはそれを認めなかった。一触即発の状況下，大統領が相談したうちの一人がタッカー・カールソンだったという（Baker et al 2019）。大統領は，国民の気分を，「タッカー」を介して確かめたかったということだろう。大統領が，このタイミングでの攻撃を思いとどまったのはいうまでもない。カールソンは，イラン攻撃は「クレイジー」だと大統領に伝えたという。

第4節　民主党版アメリカ・ファースト [15]

　トランプ外交の特徴を論じたさい，「トランプ大統領」と「トランプ政権」の対外政策は異なるという見方があることを指摘した。そうした傾向があることは確かだろう。「グロウン・アップス」が去った後も，官僚機構（professional bureaucracy）がトランプ大統領からトランプ政権の対外政策を守ろうとしている。実際，大きくぶれていない政策も数多くある。また連邦議会もさまざまなかたちで，トランプ的なるものがアメリカの対外政策に侵入してくるのを防ぐべく，対外政策への介入を試みている。同盟国を安心（reassure）させるための法案が，何本も議会で可決されているのはその証左だろう [16]。しかし，それにも限界がある。大統領が直接決断を下さなければいけないような状況下では，このような抑制が作用しない可能性があることも想定しておくべきだろう。なんといっても，「トランプ政権」とアメリカ国民の気分は違うところにあり，後者についていえば，トランプ大統領の方がはるかにアメリカ国民の気分と近いところにある。

　たしかに気分で政策は策定できない。しかし，大統領を介して，何かを制止することはできる。トランプ政権が発足して以来，問題を引き起こしてきたケースは，既定の方針が大統領の介入によって妨げられたというケースが多い。TPPとイラン核問題包括的共同作業計画（JCPOA）からの離脱，パリ協定からの離脱通告もそうだろう。北米自由貿易協定（NAFTA）や米韓自由貿易協定（KORUS）の見直しもそうだ。NATO諸国

との間で抱える問題もこの部類に入るだろう。

　しかし，「トランプ後」を見渡した時はどうだろうか。2020年の大統領選挙に向けて，民主党からは20人以上の候補が名乗りを上げている。そのうちの主要候補をみると，クリントン的な国際主義への回帰を掲げている候補は明らかに少数派である。まだディベートがはじまったばかりのタイミングなので予断はゆるさないものの，基本的には「ネイション・ビルディング・アット・ホーム」により力をいれようという姿勢が顕著だ。トランプ批判の文脈で，同盟国との信頼の回復，多国間外交の復権，国際機関の活用など，おきまりのフレーズは繰り返されるが，アメリカの力で「リベラル・インターナショナル・オーダー」を支えようなどという候補はまずいない。リベラル派のシンクタンク，アメリカ進歩センター（Center for American Progress）が行った調査によれば，有権者は「リベラル・インターナショナル・オーダー」というフレーズを耳にしても，何のことなのか皆目見当がつかないという（Haplin et al 2019: 4）。

　つまり，トランプが察知し，カールソンが言語化した「気分」は，トランプ・サポーターだけに限られるものではない可能性がある。上記のアメリカ進歩センターの調査によれば，有権者は「抑制されたエンゲージメント（restrained engagements）」を求めているという。それは，軍事的手段を後退させ，外交的，政治的，経済的アプローチを優先する姿勢だという。しかも，ミレニアル世代やＺ世代と世代が下にいけばいくほど，国際情勢に対する関心が希薄になっていくという。関心はもっぱら国内インフラ，医療保険，教育などへの投資だ。一時，民主党の左傾化を食い止めるために唱えられた「マスキュラーなインターナショナリズム（力強い国際主義）」というビジョンは，もはや魅力を失いつつある（Daalder and Lindsey 2005）。トランプ派と異なるのは，気候変動への関心が強いことだ。

　この姿勢は，民主党は決してそうはいわないものの，「民主党版アメリカ・ファースト」と形容できる。それはトランプ型のように突発的で破壊的ではないものの，マクガバンがアメリカ・ファーストであったの

と同じ意味において，アメリカ・ファーストと形容できよう。その長期的な効果は，トランプ型と大きくは変わらないかもしれない。トランプ型の場合，まだ主権とナショナリズムへの強いこだわりがあるため，脅威認識さえ共有できれば，そしてその脅威と競合する際に有用なパートナーだとアメリカがみなしさえすれば，関係はむしろ強化される余地を残している。いまの日本が目指している方向はこれだろう。民主党版の場合にはそれを期待することが難しいかもしれない。その場合，同盟へのコミットメントの不安は高まる。いずれにせよ，もし民主党の中で，そうは呼ばれなくとも「アメリカ・ファースト的なるもの」が高まっているとすると，民主党にとっての困難は，トランプ型を手法の面では否定できても，その目的の部分はある程度共有せざるをえないということになる。実質的には，「あるべきアメリカ・ファースト」のあり方をめぐる論争という色彩をおびることになる。

　こうしてみると，トランプ外交のルーツは深い。しかし，それでもこの傾向がドラスティックに現れるのか，それともある程度調整時間が設けられ，少しずつ顕在化していくのかで，世界の対応の仕方は大分異なる。また，アメリカ・ファーストがもたらす変化の負の影響を十分に認識しながらそれを進めていくのか，それとも単独主義的にそれを行うかでも大分違うだろう。しかし，いずれにしても，アメリカ外交の潮目が変わりつつある可能性が高まることは十分に認識していなければならない。

注

1　国内で講演をする際，この「異形」という表現を演題にしばしば用いる。その際，講演主催者から，「イケイ」と読めばいいか，それとも「イギョウ」と読めばいいか尋ねられることがあるが，「好きなように呼んでください」と答えることにしている。するとたいていの人がこれを「イギョウ」と読む。

2　Jake Sullivan, "The World After Trump: How the System Can Endure," *Foreign Affairs*, Vol. 97, No. 2, 2018, pp.10-19. サリバンは，2016年のヒラリー・クリントン大統領選挙キャンペーンのシニア・ポリシー・スタッフであり，その点は差し引いて評価しなければならないだろう。

3　一例としてこういうものがある。Peter Jennings, "With Trump at large, Australia needs a Plan B for defense," *The Australian*, July 21, 2018.

4　Charles Krauthammer, "The Unipolar Moment," *Foreign Affairs*, Vol. 70, No. 1, 1990/1991, pp. 23-33. リベラル・ホークについては，中山俊宏『介入するアメリカ』勁草書房，2014年を参照。

5　Bob Woodward, *Fear: Trump in the White House*, Simon & Schuster, 2018（伏見威蕃訳『恐怖の男』日本経済出版社，2018年）．

6　こうした事実を指摘した「トランプ政権高官（senior official）」の匿名オプエドも話題になった。このオプエドは，閣僚よりも下のレベルでもある種の「サボタージュ」が行われていたことを示唆していた。依然としてこのオプエドの書き手は明らかになっていない。"I Am Part of the Resistance Inside the Trump Administration," *The New York Times*, September 5, 2018.

7　James Mann, "The Adults in the Room," *The New York Review of Books*, October 26, 2017. 通常，「グロウン・アップス」にはコーンは含まれないことが多い。このマンの論考でもコーンは含まれていないが，通商政策において保護主義的な政策を押し返したという点で，コーンも「抵抗勢力」であった。なお，グロウン・アップスが一枚岩だったわけではない。マクマスターは，マティスやケリーと難しい関係にあったことが伝えられている。Cf., Mark Perry, "McMaster's Problem Isn't Trump. It's Mattis and Kelly.," *Foreign Policy*, March 7, 2018. https://foreignpolicy.com/2018/03/07/mcmasters-problem-isnt-trump-its-mattis-and-kelly/（2019年5月21日に閲覧）．

8　ティラーソンは，外交安全保障エスタブリッシュメントの本丸といっても大袈裟ではない戦略国際問題研究所（CSIS）の評議会のメンバーだった。

9　当初，バノンは国家安全保障会議のフォーマルな構成員として加わることになっていたが，マクマスターらの押し返しにあい，外された経緯がある。Cf., Robert Costa and Abby Phillip, "Stephen Bannon removed from the National Security Council," *The Washington Post*, April 5, 2017. その後存在感を増す対中強硬派のナバロも，政権発足1年目はあまり目立つ存在ではなかった。

10　トランプ大統領との確執云々とはまったく別の文脈で，ティラーソンの国務長官としての評価はきわめて低かったといわざるをえない。Cf., Zack Beauchamp, "Rex Tillerson has been fired. Experts say he did damage that could last 'a generation.'," Vox, May 13, 2018. https://www.vox.com/world/2018/3/13/16029526/rex-tillerson-fired-state-department（2019年3月21日に閲覧）．

11　マティスの書簡は，https://d3i6fh83elv35t.cloudfront.net/static/2018/12/mattis-letter2.pdf などで閲覧可能。

12　2019 年 7 月 1 日時点で，マティス国防長官の正式の後任はまだ決まっていない。マティスの退任からおよそ 7 か月が経過しているにもかかわらず国防長官ポストは空席のままだ。(その後，エスパー国防長官に確定。)

13　まさにそうであるがゆえに，その政策的含意が希薄で，あまり意味がないという意見も根強い。ロバート・ゲーツ国防長官も，長官就任のための準備のさい，NSS を読んだ記憶がないと回顧している。しかし，それは政権内部にいる人たちにとっての話であって，外の世界に対して大方針を提示するという意味において，NSS はそれなりの意味をもつ。だからこそ，その基本的なトーンは大統領の世界観と合致していなければならない。Cf., Robert M. Gates, *Duty: Memory of Secretary at War*, Alfred A. Knopf, 2014, p.143-144.

14　「トランプ現象」を理解するにあたってカールソンの存在に着目した論考として，Michael Anton, "Tucker's Right," *Claremont Review of Books*, Vol. XIX, No. 2, 2019 がある。アントンは，トランプ政権の国家安全保障会議で戦略的コミュニケーション担当次席大統領補佐官を務めていた。これとは別に，アントン自身も，「トランプ・ドクトリン」について論じている。Cf., Michael Anton, "The Trump Doctrine," *Foreign Policy*, Spring 2019, pp. 40-47. これについては，中山俊宏「アメリカ・ファーストの系譜」『論究ジュリスト』(2019 年夏号)を参照。なお，カールソンに着目した論考としては他にも以下がある。会田弘継「アメリカが心酔する『新ナショナリズム』の中身」東洋経済 ONLINE (2019 年 6 月 27 日) https://toyokeizai.net/articles/-/288843 (2019 年 7 月 1 日に閲覧).

15　この問題については，中山俊宏「トランプ後も続くアメリカ・ファースト」『Voice』(2019 年 7 月号)でも考察している。

16　アジア諸国向けのものについては，Asia Reassurance Initiative Act of 2018 (S.2736) がある。

参考文献

Baker, Peter, Maggie Haberman, and Thomas Gibbons-Neff. 2019. "Urged to Launch an Attack, Trump Listened to the Skeptics Who Said It Would Be a Costly Mistake." *The New York Times*, June 21.

Brands, Hal. 2018. *American Grand Strategy in the Age of Trump*. Brookings Institution.

Carlson, Tucker. 2018. *Ship of Fools: How a Selfish Ruling Class is Bringing America to the Brink of Revolution*. Free Press.

Carlson, Tucker. 2019. "Tucker Carlson's Monologue: America's goal is happiness, but leaders show no obligation to voters," *Fox News Channel*, January 3. https://www.foxnews.com/opinion/tucker-carlson-mitt-romney-supports-the-status-quo-but-for-everyone-else-its-infuriating（2019 年 5 月 4 日に閲覧）.

Cohen, Eliot A. 2018. "Trump's Lucky Year," *Foreign Affairs* 97 (2): 2-9.

Daalder, Ivo. H. and James M. Lindsay. 2005. "Why the Democrats Have a Hard Time Gaining Trust in Diplomacy and Security." Brookings Institution, May 1. https://www.brookings.edu/articles/why-the-democrats-have-a-hard-time-gaining-trust-in-diplomacy-and-security/（2019 年 5 月 23 日に閲覧）.

Halpin, John, Brian Katulis, Peter Juul, Karl Agne, Jim Gerstien, and Nisha Jain. 2019. *America Drift: How the U.S. Foreign Policy Debate Misses What Voters Really Want*. Center for American Progress.

Jacobs, Jennifer. 2019. "Trump Muses Privately About Ending Postwar Japan Defense Pact," *Bloomberg*, June 24. https://www.bloomberg.com/news/articles/2019-06-25/trump-muses-privately-about-ending-postwar-japan-defense-pact（2019 年 7 月 1 日に閲覧）.

Lissner, Rebecca Friedman, and Mira Rapp-Hooper. 2018. "The Day After Trump: American Strategy for a New International Order." *The Washington Quarterly* (Spring): 7-25.

McMaster, H. R., and Gary Cohn. 2017. "America First Doesn't Mean America Alone." *The Wall Street Journal*, May 30.

Mills, Curt. 2017. "Tucker Carlson Goes to War Against the Neocons," *The National Interest*, July 14. https://nationalinterest.org/feature/tucker-carlson-goes-war-against-the-neocons-21545（2019 年 7 月 1 日に閲覧）.

O'Toole, Molly. 2018. "John F. Kelly says his tenure as Trump's chief of staff is best measured by what the president did not do," *Los Angeles Times*, December 30.

Romney, Mitt. 2019. "The president shapes the public character of the nation.," Trump's character falls short," *The Washington Post*, January 2.

Zenko, Micah. 2016. "Hilary the Hawk: A History," *Foreign Policy*, July 27. https://foreignpolicy.com/2016/07/27/hillary-the-hawk-a-history-clinton-2016-military-intervention-libya-iraq-syria/（2019 年 5 月 23 日に閲覧）.

第Ⅴ部　結　論

第 10 章　選挙デモクラシーの再起動に向けて

吉野　孝

第 1 節　政治の分極化とトランプ現象の背景としての選挙デモクラシーの機能障害

　アメリカにおける政治の分極化は，1990 年代中頃から突然に始まった現象ではない。まず注目しなければならないのは，1950 年代以降のさまざまな経済社会変化の中で，交渉による多数派形成と超党派型妥協を不可欠の要素とする，アメリカに固有の選挙デモクラシーが少しずつ機能しなくなっていたという点である。マイノリティと女性の利益表出により合意形成が難しくなり，合衆国最高裁判所によるマイノリティと女性の権利を認める判決は，それらの団体の主張に根拠をあたえ，別の判決により言論の自由とイデオロギー的言説が蔓延した。

　政治アクターや制度はこれらの政治経済変化に対応したものの，選挙デモクラシーの機能が回復することはなかった。社会の保守化にともないメディアは 2 分化し，保守対リベラルという社会と政治の対立が先鋭化した。共和党の候補者指名過程では，ますますアウトサイダーの参入可能性が高まった。新しい選挙運動様式としてのアウトリーチは，大統領候補者指名競争が激しいとき，候補者間対立を強めた。そして，連邦議会における政党間の手続き対立の激化が円滑な議会運営を妨げることが明らかにされた。

　選挙デモクラシーの機能障害により政治が沈滞する中で，候補者と政党の行動様式は変わらざるをえなかった。1994 年の中間選挙ではギングリッチ（Newt Gingrich）を中心に一部共和党候補者は保守政策マニフェストを作成し，多数党になった後，対決姿勢で政治運営に臨んだ。また，

保守団体（宗教右派，ティーパーティ運動）に賛同する候補者は過激な政策メッセージを発信し，一部の候補者は当選・再選を確実にするためにそれらの団体に接近した。こうして政治の分極化が加速されたのである。

このように1990年代中頃以降に政治混乱と政治の分極化が進行する前に，交渉による多数派形成と超党派型妥協が少しずつ難しくなり，選挙デモクラシーが機能障害に陥りつつあったことを考えると，2016年に共和党大統領候補者のドナルド・J・トランプ（Donald J. Trump）が大統領選挙で勝利することができた背景をよりよく理解することができる。

これまでトランプが大統領選挙で勝利した理由として，たとえば，民主党大統領候補者ヒラリー・クリントン（Hillary Clinton）の人気のなさ，選挙人制などが挙げられてきたものの，より重要なのは，選挙デモクラシーが十分に機能しなかった結果として，アメリカが直面する深刻な問題が解決されず，選挙民の間に大きな不満が蓄積されてきていたという点であろう。

アメリカは1950・60年代の経済繁栄の時代を迎えた後，1970年代に入ると，経済環境の大きな変化に直面した。西欧諸国と日本の製品の国際競争力が高まり，1971年にアメリカの貿易収支は赤字になった。さらに発展途上国の製品がアメリカに流入したことにより貿易赤字は増大し，生産能力が過剰になったことにより企業利益は減少した。その結果，企業は外国政府には市場開放を，連邦政府には減税と規制緩和を要求し，労働組合の要求には海外への工場移転で対抗した（Judis 2016: 40-41）。

1981年に共和党のレーガン（Ronald W. Reagan）が大統領に就任すると，保守革命の名のもと，規制緩和，減税などの保守（リバタリアン）政策が採用され，企業は雇用の流動化の中での安い労働者確保の重点化やさらなる多国籍化を進めた。当初，これらの政策は成功したと賞賛されたものの，その後，成長率は低下し雇用は減少し始めた。レーガン政権，それに続くブッシュ（George H. W. Bush）（父）政権も，アメリカの製造業部門を保護する産業政策の実施要求を重視しなかった。その結果，1980

年代末には，家電，機械，繊維を含む国内に基盤を置く産業の多くが消滅した (Judis 2016: 45)。

　他方で，労働力市場にも変化が起こっていた。1965 年の移民法は，特殊技能をもつ人材の積極的受け入れだけでなく離散家族の再会を目的としていた結果，家族呼び寄せが予想以上に増え，ラテンアメリカおよびアジア諸国からの多数の未熟練労働者が流入した。こうした外国人労働者は，農業，食品加工，建設，ホテルや娯楽などのサービス分野で雇用された。これらの外国人労働者の多くは正規書類をもたない不法移民であり，多くの企業は，彼らを雇用することにより賃金水準を引き下げ，労働組合の影響力を弱めようとした (西山 2016: 39-43)。

　1990 年代に入り，自由貿易には雇用を増やす，移民法改正には不法移民の流入を止めるなどの期待効果がないことが判明すると，ペロー (Ross Perot) とブキャナン (Partick Buchanan) がそれぞれ 1992 年と 1996 年の大統領選挙に無党派または共和党を割る形で立候補し，自由貿易の見直しと移民の受け入れ制限を争点に掲げた。しかし，当時の政権は十分な対応をしなかった。また，リーマンショックの後，2009 年 1 月に政権についたオバマ (Barak Obama) 大統領は，大型景気刺激策，金融安定化，自動車会社ビッグスリーの救済など経済危機からの脱出政策を実施したものの，規制緩和を唱える保守派からは猛反対が起こった。その結果，同大統領は金融の規制・監督には消極的であった。医療保険制度改革法の制定後，保守側からはティーパーティ運動が台頭した。また，リベラル側からは，2011 年にウォールストリート占拠運動が起こり，オバマ政権が深刻化する経済不平等に何らの対策を講じないことを批判した。

　さらに，2000 年代に入り，アフガニスタン，イラクへのアメリカの軍事的介入が長期化すると，リベラル派からは軍事介入政策の正当性を疑問視され，軍事介入への反対運動が起こされた。そして，オバマ政権が中東地域からの米軍の撤退を進めると，保守派から中東からの米軍撤退政策は中東地域を不安定にさせると批判された。現在でも，国際社会においてアメリカが演じる役割についてコンセンサスは存在しない。

　もっとも国境を越えて活動するグローバル資本主義を政治がコントロールすることは容易ではなく，結果として生じた経済不平等の拡大を一国の政府が是正することは容易ではない。また，アメリカが国際社会でどのような役割を果たすべきかについて，明確な判断基準は存在しない。しかも実際にも困ったことに，アメリカにおいては，選挙デモクラシーが機能障害に陥った結果，交渉による多数派形成と超党派型妥協が難しくなり，政治の分極化が進行化する中で，いずれの政党も候補者も経済不平等や国際社会におけるアメリカの役割の問題を正面から取り上げて議論しようとはしなかった。

　確かに，2016 年の大統領選挙では，イギリスの国民投票における EU 離脱決定，ロシアによるアメリカ大統領選挙運動介入疑惑，オバマ政権の外交への不満など特殊事情や要因が重なり，従来の投票モデルの説明力は失われた。しかし，結局のところ，政治が沈滞し選挙民の間に大きな不満が蓄積する中で，「究極のアウトサイダー」の地位が 2016 年選挙でトランプ大統領を誕生させた 1 つの理由であることに疑いはない (Ceaser, Busch and Pitney 2017: 129)。

第 2 節　選挙デモクラシーの再起動の可能性とその方法

　それでは，アメリカにおける選挙デモクラシーの機能障害の現状をどのように評価したらよいのであろうか。そして，どのようにしたらアメリカの選挙デモクラシーを再起動させることができるのであろうか。アメリカにおける現在の政治混乱は多くの視点から研究されており，とくに次の 2 つの研究が注目に値する。

　第 1 は，トーマス・E・マン (Thomas E. Mann) とノーマン・J・オーンスタイン (Norman J. Ornstein) による研究である。アメリカにおいては，1994 年の中間選挙で共和党が勝利し，翌年，同党が連邦下院の多数党となると対決型政治が出現し，さらにオバマ政権のもとで医療保険制度改革法が制定され，2010 年の中間選挙で共和党が連邦下院の多数党に

なった後，再度，対決の様相が強まった。マンとオーンスタインは，『見た目以上に事態は深刻：アメリカの憲法システムと新しい過激主義の政治の衝突』(2012年)の中で，対決型政治手法によって引き起こされた連邦政治の行き詰まりを「連邦政府の機能障害」と特徴づけ，その原因を，①アメリカ型憲法システムと議院内閣型政党とが両立不可能である，②共和党が造反型逸脱者(insurgent outlier)に変質したという2点に求めた(Mann and Ornstein 2012: xiii, xiv, 102-103)。

　彼らによると，このような政党対立が生じたのは，1960年代以降の主要な社会変化(イデオロギー的対立の表面化，共和党の保守化と民主党の中道化，メディアの2分化など)が起こり，ギングリッチが対決型アプローチを連邦議会政治に持ち込んだからである。さらに，機能障害が悪化したのは，連邦上院で共和党が議事妨害を頻繁に行い，大統領人事を承認しなかったからである。したがって，連邦政府の機能障害を克服するために，一方において，①選挙民を拡大することにより政治を穏健化する，②いずれか一方の政党の候補者の勝利を確実にする選挙区変更を少なくする，③政治資金改革をつうじて政党対立を緩和するなどの制度改革を実施し，他方において，公共放送への資金提供強化と「影の議会」(さまざまな政治的考えをもつ前連邦議会議員が定期的に集まり，アメリカが直面する重要な問題について議論する機関)の創設などをつうじて政治文化を変え，内部改革，市民のイニシアティブ，大統領のリーダーシップをつうじて造反型逸脱者をコントロールすることを提案する(Mann and Ornstein 2012: 40-80, 84-100, 132-133, 180-185)。

　彼らは，アメリカの分権的政治構造の中に共和党が対決型政治手法を持ち込んだとみなす点でアメリカの分権的政治構造を受け入れ，また，内部改革，市民のイニシアティブ，大統領のリーダーシップをつうじて造反型逸脱者をコントロールすることを提案した点で，従来型の超党派政治への復帰を求めている。しかし，その後，トランプ大統領が誕生し，彼がこれまでの政治慣行を無視し，ときには政治の分断を加速する発言をするなどして，連邦政府の機能障害がますます深刻化しているという

事実を考えると，マンとオーンスタインの研究の前提と提案の根拠が少なからず失われたといわざるをえない。

　第 2 は，フランシス・M・ローゼンブルース（Frances M. Rosenbluth）とイアン・シャピロ（Ian Shapiro）による研究である。現在，世界中の民主国で，候補者選出に予備選挙や比例代表が採用され，イニシアティブやレファレンダムなど投票者が直接的に提案し決定する制度が導入されるなど，決定を国民一般に近づけようとする改革がなされているにもかかわらず，投票者の怒りが静まらず，政治家，政党，民主的政治制度への不信が高まり，一部の国では選挙でポピュリズムが勝利した。彼女らはこうした事実に注目し，『責任政党：デモクラシーをそれ自体から擁護する』（2018 年）の中で，イギリス，アメリカ，西欧諸国，東欧諸国などの政党政治を検討し，「草の根レベルへの権力の委譲が投票者の離反を招くというパラドックス」を解決する鍵は，「政党が民主政治の中核機関であることを理解することにある」（Rosenbluth and Shapiro 2018: 4）と論ずる。

　ローゼンブルースとシャピロはまず，反政党運動には危うい側面があることを指摘する。政党は，選挙民との接点が失われている，公共利益を犠牲にして党派的利益を優先する，自身の地位を利用して私腹を肥やす貪欲な政治家を育てているといった理由で非難されているものの，反政党運動は危険である。それらは，「市民に，表面上，民主的にみえるものの実際には民主的責任を弱めるようなプロセスを要求させる」，そして「それらのプロセスがよい結果をもたらさない場合，市民にデモクラシー自体を断念させる」という 2 つのやり方でデモクラシーを蝕むのである。「政党が投票者のことを考えていないと信じる人々は，ポピュリズム型煽動の攻撃にさらされやすい」（Rosenbluth and Shapiro 2018: 229）。

　ローゼンブルースとシャピロは「2 つの規律ある政党間の競争が，大半の投票者の長期的利益に役立つ政策を生み出す可能性が高い」（Rosenbluth and Shapiro 2018: 5）と指摘する。その理由は，政策の相対的コストと便益をその他の政策と長期にわたり比較評価する能力を政党がもっているからである。「もしある集団を優遇することが他の集団から

の票を失わせるとするなら，政党は限りなく多数の投票者に便益を与え，それらが損失を与える投票者へのコストを最小化する政策を追求するであろう。問題は政党ではない。問題は，弱体過ぎて自身が票を求める投票者に役立つ判断を下し，それを実施することができない政党である」(Rosenbluth and Shapiro 2018: 231-232)。

　このような視点からみると，アメリカの政党はきわめて弱体であり，2党競争の潜在的機能が活用されていない。そもそもアメリカが厳格な権力分離制と連邦制を採用しているため，議院内閣制型の強力な政党は存在しないし，中央の政党が州にまで影響力を及ぼすことはできない。しかも，「政治の断片化」が進んでいる。たとえば，1900年代初頭の革新主義運動の時代に2大政党の候補者選出に予備選挙が採用され，1970年代には，大統領候補者指名手続きが民主化された。また，1970年代より，カリフォルニア州の提案13号のようなイニシアティブや，死刑廃止，マリファナ合法化などレファレンダムが用いられるようになった。こうした民主化改革の結果，「広範な投票者の利益を代表しなければならない」という政党への選挙圧力は低下し，2大政党は個別的利益の集合体に変化した (Rosenbluth and Shapiro 2018: 97-99)[1]。

　したがって，これまでの研究者の間である程度まで評価されてきたアメリカの政党政治に固有の超党派型妥協慣行は，決して凝集的で一貫した政策形成を保障するものではない。むしろ，それは「投票者の利益に役立ち，穏健かつ国民一般を重視した政策を政党が体系的に形成し宣伝し実施してこなかったがゆえの進むべき道」に過ぎず，また，「アメリカ人が超党派取り引きを選好するのは，それが行き詰まりからの出口であることを知っている」からにほかならない (Rosenbluth and Shapiro 2018: 232, 245)。

　「責任政党」という概念は，1950年にアメリカ政治学会政党委員会の報告書『より責任ある2党制に向けて』で提示され，同報告書では，凝集的政策を形成し実施するために大統領府，連邦議会，州および地方政党の執行部からなる政党協議会を設置することが勧告された。ローゼン

ブルースとシャピロは，同報告書が憲法上の制約からアメリカに議院内閣制を導入することを提案しなかったものの，憲法上許容される改革として，多様な選挙民を含む選挙区を創出することを主張する[2]。

　　アメリカのデモクラシーにもっとも有用なのは，党派という意味においてだけでなく議員の再選の見込みが全体としての国の最良の利益と結びつくという意味においても競争的である選挙区である。・・・各選挙区が全体としての国の小宇宙になると，その代表は国民的政治家のように全員の利益を考えるようになる。政党は引き続きイデオロギー的に異なる政策プログラムを提示し，活動の過程でたとえば成長か平等かといったトレードオフが不可避となる。投票者は，環境次第でこれらの目標間の異なる均衡を選好するであろう。党派的競争の世界においては，統治政党がよい帰結を生む努力をし，反対党が代替案を提示する。そして，投票者が両者に関する信頼しうる情報に基づいて選択を行うのである（Rosenbluth and Shapiro 2018: 247）。

　報告書『より責任ある 2 党制に向けて』は刊行されたとき多くの注目を集めたものの，当時は，それが非現実的である，イギリス労働党を志向した理念的モデルであるという理由から批判された。また，当時は，憲法上の制約にもかかわらずアメリカ政党は多様な利益の間から合意を形成していると評価されていた（吉野 1989: 225–226, 277–278）。しかし，現在のアメリカ選挙デモクラシーの機能障害を考えると，ローゼンブルースとシャピロの主張を真剣に考える必要があろう。

　現在のアメリカでは，政治の分極化の中で選挙デモクラシーの機能障害がますます深刻化している。政治の分極化は，連邦議会では中道派議員が減少し，とくに保守過激派議員が増大する現象として表れている。この現象は，1970 年代以降の候補者中心選挙運動様式が台頭，境界線の操作や飛び地の設定（ゲリマンダリング）による安定選挙区の創出，選

挙運動における活動家と献金者の影響力の増大，予備選挙における候補者主張の過激化など複合的な要因の結果である。

　まさにローゼンブルースとシャピロの提案は，多様な選挙民を含む選挙区の創出をつうじて過激派議員を減らし，中道派議員を増加させるために不可欠の改革である。また，そのためには団体による無制限の独立支出を制限するなどの政治資金改革も必要であろう。確かにアメリカにおいては憲法の基本構造(厳格な権力分離制，連邦制)を変更することは不可能であり，小選挙区制を変更し，予備選挙それ自体を廃止することは難しいかもしれない。しかし，それ以外の改革であれば決して不可能ではない。現行制度の問題点，変更による期待効果，予測される抵抗など詳細を分析し，具体的な改革の可能性を探る必要があろう。

　さて，それでは，こうした制度改革以外に，アメリカの選挙デモクラシーを再起動させる方法は存在しないのであろうか。ここで目を向ける必要があるのが，2大政党の対立争点の見直しである。

　民主党・共和党の2党競争の慣行が確立しているアメリカでは，政党制の再編成と称されるプロセスにより，2大政党の対立争点と政党間の勢力関係が変わり，同時に政党間での支持者の組み替えが起こったとみなされている。歴史的にみると，1860年代には奴隷制の是非をめぐり共和党と民主党が対立し，1890年代には，工業化政策をめぐり共和党と民主党が対立した。また，1930年代には，経済恐慌後の経済政策と国家の役割をめぐり民主党と共和党が対立し，民主党は，都市労働者，黒人(アフリカ系)，南部人，カトリック，ユダヤ系から構成される「ニューディール連合」を形成した。これにより，それまで「地理」的対立が中心であった政党競争の中に，「階級」対立の要素が持ち込まれた(五十嵐・古矢・松本 1995 : 40-41)。

　しかし，1960年代になると，この選挙連合が崩壊し始めた。1968年選挙よりニクソンの南部戦略によって，共和党が南部の白人票を掘り起こした。1973年に連邦最高裁判所が女性に人工妊娠中絶の決定権を認めるロー対ウエイド事件判決を出すと，それに危機感をもった宗教右派

が政治に参入し，1980 年選挙以降，共和党支持に回った。オバマ政権
のもとでの医療保険制度改革法の立法化の過程でティーパーティ運動が
組織化され，2010 年の中間選挙では共和党の保守派議員を積極的に支
援した。クリントン (Bill Clinton) 大統領により民主党政策が中道化の方
向に向けられていたものの，共和党の保守化が進み，とくに女性の人権
を無視するような発言を繰り返し，明確な移民制限政策を主張するトラ
ンプ大統領が登場すると，民主党内の女性団体，マイノリティ勢力，リ
ベラル勢力が再び活性化した。こうして 1960 年代中頃以降，アメリカ
の政党競争の中に少しずつ「人種」対立の要素が浸透してきていたので
ある。

　一般選挙民の間では，大きな政府と再配分の民主党，小さな政府と競
争の共和党という伝統的イメージが根強く，そのような基準から投票す
る者が多い。しかし，選挙運動のレベルでは民主党活動家は女性とマイ
ノリティを，共和党活動家は白人を強調する。結果として，活動家が発
するメッセージは，政治の分極化を促す。この点では，民主党も共和党
と同じである。女性とマイノリティだけを強調し，貧困白人の支援に明
示的に訴えない民主党は，程度に差はあるにせよ，政治を「分極化」さ
せていることに違いはない。

　既に述べたように，1970 年代に新自由主義政策が採用されて以来，
アメリカでは産業の空洞化，移民の増大，経済不平等の拡大など問題が
発生し，これらの問題の解決を求めて第 3 党運動や抗議運動が繰り返さ
れた。それにもかかわらず，共和党政権も民主党政権もこれらの問題
に対策を講じることはなかった。また，2016 年の民主党の大統領候補
者指名競争においては，経済不平等の是正を主張するサンダース (Bernie
Sanders) 候補が善戦したものの，大統領候補者に指名されたヒラリー・
クリントンはそのような不満に応える具体的政策案を提示しなかった。
そろそろ 2 大政党の対立軸が刷新されてもいい時期である。

　また，政党や選挙の研究に目を向けると，現在，選挙民の間での政党
制の再編成の概念やその発生メカニズムについて研究者の間で意見の一

致はなく，最近ではそのようなプロセスの存在自体に疑問視するような指摘もなされている（Mayhew 2002）。しかし，新しい争点を提示し，選挙運動をつうじてその重要性を国民一般に理解させ，当選後にそれを実施するのは，まさに政党と政治家の任務である。

　アメリカにおいては，かつて政党制の再編成が行われ，新しい政治の方向が決まると，次第に2大政党の政策差異が減少し，選挙民に明確な選択肢をあたえていないとして批判された。しかし，2大政党の政策差異が大きくなり過ぎると，今度は政治の行き詰まりをもたらすとして批判される。この意味で，アメリカ政党はやっかいなジレンマに直面している。ここで重要なのは，2大政党の政策と議員個人が信奉する政策を区別することである。特定活動家の支持を動員して予備選挙で勝つために強調される議員個人の政策提案は，本選挙でより多くの選挙民からの支持を求める「公共財」として政党政策にはなりえないのである。

　現在，アメリカが直面している課題は，どのようにしてアメリカの経済を復活させ，技術における競争力を維持し，多様な個人にとって魅力ある国にするのかという点である。そのために政治家は，たとえば中産階級の復活を争点に掲げ，建設的な政策を提示して競争すべきである。もし中間階級の復活が主要な政治争点とみなされるなら，それが政党の対立争点となり，議員の中道志向も復活するであろう。さらに，その過程で，トランプ大統領によるジャクソニアン型外交の重視姿勢も見直されることになろう。政党は，政治家が協力して共通の目標を達成するための構造である。重要な政治問題を解決すれば，選挙での勝利が期待される。アメリカの政治家と政党には，あらためてこのような認識が求められている。

注

1　ローゼンブルースとシャピロは，連邦議会で凝集的な政策が形成されない理由として，選挙日程のずれにより，中間選挙で大統領の政党が連邦議会の議席を減らし分割政府が発生すること，そして，たとえ大きな権限が

あたえられているとしても議会政党指導部が連邦議員に大きな影響力を行使することができない理由として，政党への寄付が制限され，政治資金の大半が候補者への献金，候補者とは直接関係しないものの候補者やその政策を支持する独立支出に向けられていることを挙げている (Rosenbluth and Shapiro 2018: 99-101,105)。

2 ローゼンブルースとシャピロは，これ以外に，アメリカ政党に関する章で，予備選挙結果が代議員投票を拘束する規則を緩和すること，選挙人制度を廃止することを提案している (Rosenbluth and Shapiro 2018: 118-119,125)。

参考文献

Ceaser, James W., Andrew E. Busch, and John J. Pitney. 2017. *Defying the Odds: The 2016 Elections and American Politics*. Rowman and Littlefield.

Judis, Jon B. 2016. *The Populist Explosion: How the Great Recession Transformed American and European Politics*. Columbia Global Reports.

Mann, Thomas E., and Norman J. Ornstein. 2012. *It's Even Worse Than It Looks: How the American Constitutional System Collided with the New Politics of Extremism*. Basic Books.

Mayhew, David R. 2002. *Electoral Realignments: A Critique of an American Genre*. Yale University Press.

Rosenbluth, Frances M., and Ian Shapiro. 2018. *Responsible Parties: Saving Democracy From Itself*. Yale University Press.

五十嵐武士・古矢旬・松本礼二. 1995. 『アメリカの社会と政治』有斐閣.

西山隆行. 2016. 『移民大国アメリカ』ちくま新書.

吉野孝. 1989.「レオン・D・エプスタインの政党研究」『早稲田政治経済学雑誌』第 300 号. 254-281 頁.

エピローグ

　本書の企画段階での目的は，アメリカのデモクラシーの危機の意味を解明し，危機を克服する可能性について考察することにあった。まず，選挙民の保守・リベラルへの 2 分化，政党活動家のイデオロギー志向の増大，連邦議会政党の 2 極化，メディアによる合意形成の難しさ，連邦議会における政策の行き詰まりと最終的妥協など最近のアメリカ政治の混乱は，同国に特有の「選挙デモクラシー」の制度と慣行がうまく機能しないという事態に由来すると仮定し，この考えが正しいことを明らかにするため，同国に特有の「選挙デモクラシー」を定式化し，それがどのような制度からなり，どのようなアクターに仲介されて作動していたのかを明らかにする。次に，経済社会変化にともなう新しい団体の台頭，選挙民の政策選好や争点志向の変化がどのような意味で「選挙デモクラシー」の作動を困難にしたのかを解明し，それに主要アクターがどのように対応したのかを分析する。この企画に基づいて，年数回の研究会を開催し，民主・共和 2 大政党間の対決型政治に焦点を会わせた分析と考察が続けられた。

　しかし，2016 年の大統領候補者指名競争が本格化し，さらに大統領本選挙が始まると，アメリカ政治の様相は大きく変化した。1990 年代中頃より表面化していた対決型政治とそれに依拠した候補者選びに，異議が申し立てられたのである。

　民主党では，ヒラリー・クリントンに代表される「エリート層」にバーニー・サンダースが挑戦し，クリントンに代表される「エリート層（勝ち組）」対「非エリート層（負け組）」の戦いの構図が出現した。また，共和

党では，穏健派を代表するルビオ，ティーパーティ運動を代表するクルーズという「主流派」と「非主流派」の戦いに，トランプという従来型のタイプでない候補者が挑戦し，従来のエリート型妥協政治に不満をもつ選挙民から予想以上の支持を得た。トランプおよびサンダーズの人気には何らかのメディア効果が作用しているとしても，これらは妥協型政治，すなわち「選挙デモクラシー」への新しい異議申し立てであると同時に，新しい選択肢のあり方を示唆するものと考えることができる。そして，大方の予想に反してトランプ大統領が誕生し，アメリア政治はこれまでとはかなり異なる方向に進むことになった。

　もしこうした新しい現実を考慮せずに，当初の企画のままで本書を刊行すると，アメリカ選挙政治の新展開に言及することはできず，「選挙デモクラシー」の分析は中途半端なものに終わってしまう。そこで研究会メンバーの間で意見交換をし，執筆者が章ごとに必要に応じてトランプ現象の分析を加えることにし，そして，本書の副題を「社会経済的変化と政治的対応」から「社会経済変化からトランプ現象へ」に変更し，章の構成を見直すことにした。こうしてやっと完成したのが本書である。

　研究対象の時期を拡大し，トランプ現象に新しく言及する章もあったため，章ごとに研究時期や論点が異なり，当初の企画と比較すると，章と章の関係がやや希薄になっている。しかし，各章は独立しており，内容は完結し論理的である。アメリカの「選挙デモクラシー」の危機とその原因，そしてそれらとトランプ現象との関係を，各側面から分析したものとして読んでいただけると幸いである。

　アメリカでは，現在，民主党の大統領候補者選びが進み，このまま行けばバイデンが指名を獲得しそうである。しかし不確定要因は多い。というのは，かつて盤石といわれたトランプ大統領の支持基盤は揺らいでおり，また，新型コロナウィルス感染の拡大の速度や終息の時期，それの選挙運動や投票への影響，それの景気へ効果や経済損失の規模などがまだ見通せないからである。いずれにせよ，混乱の背後には，本書で分析したアメリカに固有の「選挙デモクラシー」の危機が潜んでいる。

　本書の企画・刊行にあたり，多くの方々の暖かいご支援をいただいた。まず，研究会の運営や施設利用にさいして，日米研究機構（現在，地域・地域間研究機構に再編成）の研究員および事務スタッフの方々に大変お世話になった。心からの謝意を表したい。また，本書の刊行にさいして，地域・地域間研究機構から出版助成をいただいた。ここであらためてお礼を申しあげたい。

　最後に，東信堂社長の下田勝司氏には，この出版企画を引き受け，いろいろ相談にのっていただいただけでなく，執筆者の原稿が完成するまで辛抱強く待っていただいた。心よりお礼を申しあげたい。また，前嶋和弘先生には，共編者として企画段階から多くの知恵を出していただき，原稿の点検をお願いしただけでなく，結論に対しても貴重なコメントをいただいた。この場を借りてお礼を申しあげたい。

　2020 年 3 月

編著者を代表して　吉野　孝

事項索引

248

人名索引

執筆者紹介（執筆順，編著者は奥付参照）

吉野　孝（よしの たかし）　　　　編著者，プロローグ・第 1・10 章，エピローグ
　　編著者紹介参照

前嶋和弘（まえしま かずひろ）　　　編著者，第 2・4 章
　　編著者紹介参照

川岸令和（かわぎし のりかず）　　　第 3 章
　　1962 年生まれ。早稲田大学政治経済学部卒業。同大学院政治学研究科博士後期
　　課程満期退学。1993 年イェール大学ロースクール LL.M. 課程修了，2004 年同
　　J.S.D. 課程修了。早稲田大学政治経済学部助手などを経て，2002 年より早稲田大
　　学政治経済学部教授（2004 年改組により政治経済学術院教授），2004 年より同大
　　学院法務研究科教授併任（2014 年より兼務）。専門は憲法学，関心領域は表現の
　　自由論，憲法理論，違憲審査制論など。最近の業績は，"Freedom of the Press" & "The
　　Judiciary" *Max Planck Encyclopedia of Comparative Constitutional Law*, Oxford University Press,
　　on line, 2017 & 2018, 共著『注釈日本国憲法 (2)・(3)』（有斐閣，2017 年・2020 年），
　　共著『憲法　第 4 版』（青林書院，2016 年），編著『立憲主義の政治経済学』（東洋経
　　済新報社，2008 年）など。

今村　浩（いむむら ひろし）　　　第 5 章
　　1954 年生まれ。早稲田大学政治経済学部政治学科卒業。同大学院政治学研究科
　　博士後期課程満期退学。早稲田大学社会科学部助手，専任講師，助教授を経て教
　　授（2004 年改組により社会科学総合学術院教授）。1995 年から 1997 年まで，バー
　　ジニア大学ウッドロウ・ウィルソン政治国際問題学部滞在研究員。専門分野は，
　　アメリカ政党，アメリカ政治，選挙制度。主要業績：共編著『巨大国家権力の分
　　散と統合』（東信堂，1997 年），共著『誰が政治家になるのか』（早稲田大学出版部，
　　2001 年），分担執筆『オバマ後のアメリカ政治』（東信堂，2014 年）など。

渡辺将人（わたなべ まさひと）　　　第 6 章
　　1975 年生まれ。北海道大学大学院メディア・コミュニケーション研究院准教授。
　　シカゴ大学大学院国際関係論修士課程修了。早稲田大学大学院政治学研究科よ

り博士（政治学）取得。テレビ東京政治部記者，コロンビア大学およびジョージ
ワシントン大学客員研究員を経て，2010年から現職。2019年から2020年まで
台湾国立政治大学社会科学学院政治学系および国際事務学院訪問学者，ハーバー
ド大学国際問題研究所客員研究員。主著に『現代アメリカ選挙の変貌』（名古屋大
学出版会，2016年），『評伝バラク・オバマ』（集英社，2009年），『現代アメリカ選
挙の集票過程』（日本評論社，2008年）など。

松本俊太（まつもと しゅんた）　　第7章

1976年生まれ。1999年京都大学法学部卒業。同大学院法学研究科博士後期課程
を経て，2006年フロリダ州立大学政治学博士課程修了。Ph.D.（Political Science）。
2005年10月から名城大学法学部専任講師。2017年4月から同教授。専攻は，
政治過程論，現代アメリカ政治，現代日本政治，議会政治。主要著作は，『アメ
リカ大統領は分極化した議会で何ができるか』（ミネルヴァ書房，2017年），「ア
メリカ50州における選挙管理組織」（『年報政治学2018-Ⅱ　選挙ガバナンスと民
主主義』2018年），「国会議員はなぜ委員会で発言するのか？」（『選挙研究』第26
巻第2号，2010年（共著））など。

飯田　健（いいだ たけし）　　第8章

1976年生まれ。同志社大学法学部政治学科教授。1999年同志社大学法学部政治
学科卒業，2001年同大学院アメリカ研究科博士前期課程修了，2007年テキサス
大学オースティン校政治学博士課程修了。Ph.D.（Government）。早稲田大学，神
戸大学を経て，2013年より同志社大学。主要著作は，『計量政治分析』（共立出版，
2013年），『有権者のリスク態度と投票行動』（木鐸社，2016年）他。専門は，政
治行動論，政治学方法論，アメリカ政治。

中山俊宏（なかやま としひろ）　　第9章

1967年生まれ。慶應義塾大学総合政策学部教授。青山学院大学国際政治経
済学部卒業。同大学国際政治経済学研究科博士課程修了。日本政府国連代
表部専門調査員，日本国際問題研究所主任研究員，津田塾大学准教授，青
山学院大学教授を経て，2014年から現職。専攻は現代アメリカ政治・外交。
著作は『介入するアメリカ』（勁草書房，2013年），『アメリカン・イデオロギー』
（同，2013年）など。

編著者

吉野　孝（よしの　たかし）

1954 年生まれ。早稲田大学政治経済学部卒業。同大学大学院政治学研究科博士後期課程満期退学。早稲田大学政治経済学部助手，専任講師，助教授を経て，1995 年より教授（2004 年改組により政治経済学術院教授）。1984 年から 1986 年までウィスコンシン大学（マディソン）政治学大学院留学（MA）。1991 年から 1993 年までジョンズ・ホプキンズ大学高等国際問題研究大学院（SAIS）客員研究員。2010 年から早稲田大学日米研究機構長。2015 年から早稲田大学地域・地域間研究機構長。専門は，英米政治学，政党論，アメリカ政治。主要業績は，『現代の政党と選挙』（共著，有斐閣，2001 年，2011 年新版），『オバマ後のアメリカ政治：2012 年大統領選挙と分断された政治の行方』（共編著，東信堂，2014 年）など。

前嶋和弘（まえしま　かずひろ）

1965 年生まれ。上智大学外国語学部英語学科卒業，ジョージタウン大学大学院政治学部修士課程修了（MA），メリーランド大学大学院政治学部博士課程修了。Ph.D.（Government）。文教大学などを経て，現在は上智大学総合グローバル学部教授・学部長。専攻はアメリカ政治外交。主な著作は『アメリカ政治とメディア』（北樹出版，2011 年），『オバマ後のアメリカ政治』（共編著，東信堂，2014 年），『現代アメリカ政治とメディア』（共編著，東洋経済新報社，2019 年），*Internet Election Campaigns in the United States, Japan, South Korea, and Taiwan*（co-edited, Palgrave, 2017）など。

早稲田大学地域・地域間研究機構

危機のアメリカ「選挙デモクラシー」：社会経済変化からトランプ現象へ

2020 年 4 月 30 日　　　初　版第 1 刷発行　　　　　　　　　　　　　〔検印省略〕

定価はカバーに表示してあります。

編著者© 吉野孝・前嶋和弘／発行者 下田勝司　　　　　印刷・製本／中央精版印刷

東京都文京区向丘 1-20-6　　郵便振替 00110-6-37828　　　　　　　　発　行　所

〒 113-0023　TEL（03）3818-5521　FAX（03）3818-5514　　　株式会社 東信堂

Published by TOSHINDO PUBLISHING CO., LTD.

1-20-6, Mukougaoka, Bunkyo-ku, Tokyo, 113-0023, Japan

E-mail : tk203444@fsinet.or.jp http://www.toshindo-pub.com

ISBN978-4-7989-1634-7　C3031　© Yoshino Takashi, Maeshima Kazuhiro

東信堂

〒113-0023　東京都文京区向丘 1-20-6
TEL 03-3818-5521　FAX03-3818-5514　振替 00110-6-37828
Email tk203444@fsinet.or.jp　URL:http://www.toshindo-pub.com/
※定価：表示価格（本体）＋税

東信堂

ネオリベラル期教育の思想と構造 ―書き換えられた教育の原理	福田誠治	六二〇〇円
世界の外国人学校	末藤美津子編著	三八〇〇円
アメリカ 間違いがまかり通っている時代 ―公立学校の企業型改革への批判と解決法	D・ラヴィッチ著 末藤美津子訳	三八〇〇円
教育による社会的正義の実現―アメリカの挑戦 (1945-1980)	D・ラヴィッチ著 末藤美津子訳	五六〇〇円
学校改革抗争の100年―20世紀アメリカ教育史	D・ラヴィッチ著 末藤・宮本・佐藤訳著	六四〇〇円
アメリカ公立学校の社会史	W・J・リース著 小川佳万・浅沼茂監訳	四六〇〇円
アメリカ学校財政制度の公正化 ―コモンスクールからNCLB法まで	竹沙知章	三四〇〇円
現代アメリカの教育アセスメント行政の展開 ―マサチューセッツ州(MCASテスト)を中心に	北野秋男編	四八〇〇円
アメリカ公民教育におけるサービス・ラーニング	唐木清志	四六〇〇円
[再増補版]現代アメリカにおける学力形成論の展開 ―スタンダードに基づくカリキュラムの設計	石井英真	四八〇〇円
ハーバード・プロジェクト・ゼロの芸術認知理論とその実践 ―内なる知性とクリエイティビティを育むハワード・ガードナーの教育戦略	池内慈朗	六五〇〇円
ハーバード法理学アプローチ ―高校生に論争問題を教える	渡部・溝口・橋本・三浦・中原訳	三九〇〇円
社会を創る市民の教育 ―協働によるシティズンシップ教育の実践	桐谷正信編著	二五〇〇円
現代ドイツ政治・社会学習論 ―「事実教授」の展開過程の分析	大友秀明	五二〇〇円
現代教育制度改革への提言 上・下	日本教育制度学会編	各二八〇〇円
日本の教育をどうデザインするか	上田学・田中耕治・岡田知也他編著	二八〇〇円
協働・対話による社会科授業の創造 ―授業研究の意味と方法を問い直す	梅津正美編著	三二〇〇円
社会科教育の未来―理論と実践の往還	伊藤・梅津・ 西村・井上編著	二八〇〇円
社会形成力育成カリキュラムの研究	西村公孝	六五〇〇円
社会科は「不確実性」で活性化する ―未来を開くコミュニケーション型授業の提案	吉永潤	二四〇〇円

〒113-0023 東京都文京区向丘1-20-6　TEL 03-3818-5521　FAX03-3818-5514　振替 00110-6-37828
Email tk203444@fsinet.or.jp　URL:http://www.toshindo-pub.com/

※定価：表示価格（本体）＋税